JN413057

콘텐츠 인사이트 2026

ⓒ 2025 더콘텐츠 All Right Reserved.

이 책의 저작권은 (주)더콘텐츠에 있습니다.
저작권법에 의하여 보호를 받는 저작물이므로 사전 협의 없이 내용을 전재 및 복제할 수 없습니다.

사례로 파헤치는 콘텐츠 전략

#contents insight 2026

콘텐츠 인사이트 2026

더콘텐츠연구소·박혜진 지음

THE CONTENTS

Contents

프롤로그　정보 위에 참여·고객경험·진정성이 얹힐 때,　•006
SNS는 비로소 브랜드의 얼굴이 된다

최신 트렌드

AI시대, 알고리즘에서 다시 사람으로 │ 소셜미디어 최신 트렌드 분석

대화에서 소비까지,　광고는 믿지 않지만 사람은 믿는다:　•015
소셜미디어가 바꾼 일상　요즘 세대가 만든 브랜드 소통 방식
1분 안에 웃기고, 팔리고, 설득되는 시대: 숏폼의 전성기　•017
AI 크리에이터 시대: 생각만 있으면 콘텐츠는 완성된다　•018

소셜 미디어(SNS)　유튜브 채널　•020　X(트위터) 채널　•047
플랫폼이 나누는　인스타그램 채널　•031　스레드 채널　•050
취향 지도　블로그 채널　•042

요즘 콘텐츠 우수 사례

서로 다른 콘텐츠, 그 안의 해법 │ 업종별 사안별 심층분석

업종별 분석　금융 업계　•058　유통·생활용품 업　•094
식품 업계　•071　행정기관, 공공기관　•110
에너지·정유 업계　•090　지방자치단체　•122

전략과 트렌드　트렌드 분석　•133　소통 전략　•141

Case Study

사례에서 찾은 인사이트 | 실제 사례로 보는 콘텐츠와 전략

기업

BNK금융그룹	•157	LG전자(팬덤/커뮤니티)	•194
DB손해보험	•160	넷마블	•199
DB생명	•162	노랑풍선	•204
DHL Express Korea	•165	롯데건설	•209
KT	•169	삼성전자	•214
LG유플러스	•176	포스코퓨처엠	•225
LG전자	•184	하이트진로	•229
LG전자(브랜드 캠페인)	•191	한화그룹	•236

정부·공공기관·공기업

국립부산과학관	•241	한국건강증진개발원	•283
근로복지공단	•246	한국교통안전공단	•287
대한적십자사	•249	한국마사회	•292
부산항만공사	•253	한국보건산업진흥원	•296
새만금개발공사	•256	한국보육진흥원	•300
새만금개발청	•258	한국산업기술시험원	•305
아동권리보장원	•260	한국산업인력공단	•309
인천국제공항공사(리브랜딩 캠페인)	•265	한국지식재산보호원	•312
인천국제공항공사(오리지널 콘텐츠)	•270	한국핀테크지원센터	•316
조달청	•275	한국해양과학기술원	•320
축산물품질평가원	•278	한국해양진흥공사	•324

지방자치단체·지방공공기관

경상남도	•329	부천시	•359
경상북도개발공사	•336	안산시	•362
대구공공시설관리공단	•341	인천관광공사	•367
대구광역시 관광과	•345	충청남도	•371
대구교통공사	•350	하남문화재단	•373
부산관광공사	•353		

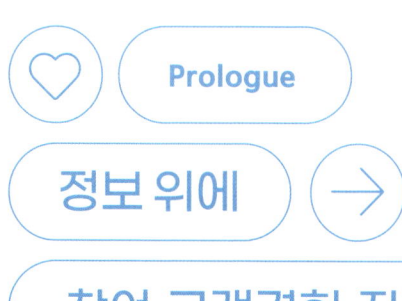

정보 위에 →
참여·고객경험·진정성이 얹힐 때,
SNS는 비로소
브랜드의 얼굴이 된다

소셜미디어 등장으로 본격적으로 디지털 소통이 활발하게 진행된 지 18여 년이 지났다. 그 동안 디지털 소통채널은 단순한 정보 전달의 도구를 넘어, 기업의 제품 판매와 공공의 정책 확산에 실질적으로 이바지해 왔다. 특히 개인화 채널인 SNS는 생활생활 전반에 영향을 미치면서 개인의 삶을 풍요롭게 이끌고 있으며, 기업이나 공공기관의 업무 방식과 조직문화에도 크게 영향을 미치고 있다. 이를 가능케 한 이유는 참여, 개방, 공유, 수평, 상호작용을 기본 속성을 가지고 있고, 강력한 네트워크와 빠른 정보확산과 공유를 기반으로 강력한 네트워크 사회를 지향했기 때문이다.

국내외를 막론하고 정치적인 이슈를 전파시키고 여론형성에도 주요한 역할을 담당하면서 각종 선거에 최적의 도구로 활용되고 있다. 엄혹한 환경에서도 유튜브 등을 통한 생중계는 시민의 정보공유를 통한 여론지형 변화에 지대한 영향을 미쳤고, 이는 대선에서도 고스란히 반영되어 국민의 선택에 없어서는 안 될 도구로 그 효용성을 입증했다.

돌이켜 보면, 트위터(X)만 운영하던 초창기에도 획기적인 소통의 공간으로서 각광을 받았다. 당시 KT의 트위터 담당자가 전국을 돌며 트윗을 통해 연결된 고객과 만난 것이 큰 화제가 되기도 했다.

홈페이지, 블로그에 의존하던 소통방식이 페이스북, 카카오스토리, 인스타그램, 유튜브 등의 강력한 디지털 플랫폼이 속속 등장하면서 순식간에 생활에 편리한 소통 도구로 자리를 잡았다.

기업企의 입장에서 브랜드 강화와 이미지 제고, 그리고 제품판매와 정책활동의 고객 소통 창구로서의 기존 홍보와 마케팅 영역이 무너지고 실질적인 통합마케팅커뮤니케이션IMC 환경을 앞당기는 계기가 되었다.

최근 기업은 홍보나 이미지 제고보다 실질적인 제품판매 촉진을 위한 실용적인 요구가 점점 커지고 있다. 이로 인해 디지털 소통 성과에 있어서도 업종간, 기업 간 편차가 생기고 있다.

공공기관 역시 과거와 다른 소통지형 변화에 대응하면서 기존의 딱딱하고 정형화된 소통방식에서 유연하고 감성적인 콘텐츠 개발로 전환하며 정책소비자와의 간극을 좁히고 있다.

SNS 활용 성공사례로 경찰청, 고양시, 충주시 등이 언급되는 이유이기도 하다. 다만 천편일률적인 콘텐츠 운영방식은 다음 단계로 진화해 나가는 데 다소 장애요인이 되고 있다는 의견도 존재한다.

2025년 한 해를 분석해 보면 재미와 정보 습득의 효율적인 매개체인 숏폼 콘텐츠 확대, AI 기술의 일상화와 생성형 콘텐츠 창작 혁신, 밀접한 소통 기반 참여형 최적화 채널인스타그램 강화, 시성비와 알고리즘 기반 개인화 채널유튜브, 틱톡 파급력 확대, 핵심 정보 허브 채널브랜드 미디어/뉴스룸의 전략적 활용 증대, MZ 세대 주도 챌린지 콘텐츠로 자발적 참여 브랜딩 강화, 팬덤 문화 형성, 프라이밋 커뮤니티 확산, 직원참여 콘텐츠 증가 등이 눈에 띈다. 이러한 현상은 2026년에도 주요한 트랜드로 자리 잡을 전망이다.

한편, SNS를 활용한 디지털 소통이 다소 주춤하고 있다는 목소리도 있다. 여러가지 요인이 있겠지만 SNS 도입 초기와는 다르게 조회수, 좋아요, 공유 등의 수치가 활동에 비해 현저히 저조하게 나타나고, 과도한 디지털 플랫폼 마케팅 비용, 기업 경기침체에 따른 SNS 운영비용 절감, 공공기관의 SNS 활용에 대한 제한된 예산과 인력, 이미지 제고 보다는 실용적인 제품판매/정책홍보 연계의 중요성 강조, 천편일률적인 콘텐츠 수급의 한계 등의 복합적인 요인이 작용하고 있다.

기업은 정량적인 수치에 민감하게 반응하고 있다. 업의 특성에 밀접한 관련성이 있는 정보통신, 가전, 주류, 종합식품, 게임, 자동차 등이 상대적으로 성과를 거두고 있다.

하지만 과거에 활발한 디지털 소통을 추진했던 금융권, 식음료, 유통, 마켓, 백화점, 패션, 뷰티 등은 저조한 성과를 보이고 있다. 코카콜라 등 업종과 무관하게 꾸준한 성과를 보이고 있는 기업은 손에 꼽힐 정도로 꾸준한 활성화가 필요한 시점이다.

공공기관은 법과 제도, 그리고 공익적인 환경에 영향을 받으며 운영되고 있어

쉽지만은 않다. 일부 지자체의 경우 기관장의 성향과 담당자의 능력에 따라 성과를 내고 있으나 환경적인 요인으로 지속적인 성과유지는 어려운 실정이다.

기관 호감도와 인지도 향상을 위해 재미와 흥미만을 내세울 수는 없다. 지역관광과 지역경제 활성화, 그리고 일자리 창출, 시민 복지 등과 연계된 정책홍보라는 본질적인 메시지가 있기 때문이다. 어느 기관의 성과를 답습하는 유행보다는 자신의 몸에 맞는 콘텐츠 개발과 일관성 있는 '소통'이 관건이다.

다소 정체되어 있는 시점에서 SNS는 이제 단순한 정보 알림판이 아니라 고객과의 사이에 놓인 '디지털 징검다리'라는 인식이 필요하다. 소통의 방식은 변했고, 이제는 제품이나 정책을 일방적으로 전하는 것이 아니라 고객과 '이야기'를 나누는 콘텐츠가 요구된다. 실용성 있는 정보 위에 참여, 고객경험, 진정성이 얹힐 때, SNS는 비로소 브랜드의 얼굴이 된다.

이를 위해 첫째, 소비자를 단순히 고객으로 보는 것을 넘어, 적극적인 소통 파트너이자 콘텐츠 생산자로서 참여를 확대해야 한다.

이러한 변화에 맞춰, 서포터즈 활동을 확대해 자발적인 팬덤을 구축하는 전략이 강화되고 있다. 서포터즈, 기자단, 체험단 등 다양한 이름으로 운영되는 프로그램들은 브랜드에 우호적인 소비자들을 모아 기업의 제품 런칭 및 마케팅 활동을 지원하는 역할을 한다. 이러한 활동을 통해 소비자는 브랜드에 대한 높은 로열티를 갖게 되고, 이는 곧 팬덤으로 이어지는 시작점이 된다.

기업들은 서포터즈를 단순한 일회성 조력자가 아닌, 브랜드의 경영과 제품 개발 과정에 참여하는 콘텐츠 생산자로 대우하고 있다. 소비자들의 의견을 수렴하여 콘텐츠에 반영하거나, 고객이 직접 참여하여 홍보 영상을 제작하는 이벤트 등을 진행함으로써 자발적인 참여를 이끌어낸다. 이처럼 서포터즈에게 팬으로서 활동할 수 있는 기회를 제공하고 지원을 강화하는 것이 진정한 팬덤을 형성하는 핵심이다.

둘째, 소비자는 자신이 필요한 정보와 소통을 위해 노이즈를 줄이고 관심사에 맞는 정보를 제공해 주는 프라이빗 커뮤니티를 방문하고 있다. 대규모 소셜 플랫폼에서의 느슨한 네트워크가 아닌 프라이빗 커뮤니티를 통해 더 깊고 의미 있는 관계 형성을 선호하고 있다.

프라이빗 커뮤니티는 주제나 관심사를 중심으로 모인 사람들이 깊이 있는 대화와 정보교류를 할 수 있다는 장점이 있다. 또한 회원들의 참여도가 높고, 브랜드나 크리에이터에 대한 충성도가 높아진다.

회원들이 더 자유롭고 편안하게 자신의 의견을 공유할 수 있는 환경이 조성되어 있고, 커뮤니티의 규모가 작고 집중되어 있어, 개별회원의 니즈에 맞는 맞춤형 경험을 제공하기 쉽다는 장점이 있다.

셋째, 브랜드 내부 구성원 특히 임직원 및 대표가 직접 콘텐츠에 참여하는 진정성이다. 인플루언서 마케팅 비용이 상승하면 가성비가 높은 임플로이언서나 캐릭터를 활동한 전략이 주목받고 있다.

임플로이언서는 직원Employee과 인플루언서Influencer를 합친 단어이다. 자신이 다니는 회사의 제품이나 업무과정을 SNS로 공유하는 직원을 의미한다. 내부 직원으로서 전문적이고 진정성 있는 메시지를 전달할 수 있어 소비자들에게 신뢰감을 줄 수 있다.

직원 직접 참여 콘텐츠는 브랜드의 인간적인 매력을 부각하고, 소비자와의 진정성 있는 소통을 강화하는 핵심 전략으로 떠오르고 있다. 직원들이 직접 기획하고 출연하는 영상은 완벽하게 연출된 광고와 달리, 꾸밈없는 모습으로 소비자들에게 신뢰를 준다.

이는 특히 젊은 세대에게 '솔직함'과 '친근함'이라는 긍정적 이미지를 심어주는데 효과적이다. 직원이 크리에이터가 되면, 자신의 업무에 대한 전문성을 살리면서도 재미있는 방식으로 콘텐츠를 풀어낼 수 있다.

이는 브랜드가 해당 분야의 전문가라는 점을 자연스럽게 알리는 동시에, 시청자에게 친밀감을 느끼게 하여 브랜드에 대한 호감을 높인다. 브랜드가 단순히 제품을 파는 것을 넘어, '우리와 함께 일하는 사람들'의 이야기를 보여줌으로써 소비자와 더 깊은 관계를 형성하는 데 기여하고 있다.

특히, 별도의 광고비용을 들이지 않고도 도달범위를 늘릴 수 있어, 제한된 마케팅 예산을 통해 진행할 수 있다는 장점도 있다. 이러한 추세는 전문성과 진성성이 필요한 B2B 분야에서 더욱 큰 영향을 미치고 있다.

직원들이 자신의 전문지식과 경험을 공유하며, 회사를 자연스럽게 알리는 효과를 톡톡히 입증하고 있다. 또한 넘쳐나는 광고의 홍수속에서 직원 외에 기업의 마스코트인 캐릭터를 통해 직원의 역할을 대신하며, 기업의 광고모델 역할을 수행하고 있다.

AI를 비롯한 디지털 신기술의 등장으로 고객에게 다가가는 소통방식은 점점 더 창의적이고 유연해지고 있다. 디지털 기반의 소통 전략이 단순히 트렌드가 아닌 브랜드 신뢰의 기반이 되는 시대, 앞으로의 SNS는 '정보를 전달하는 채널'이 아니라, '관계를 형성하는 창'이 되어야 할 것이다.

뱅뱅사거리 모퉁이 길목에서 더콘텐츠연구소·박 혜 진

1

최신 트렌드

AI시대, 알고리즘에서 다시 사람으로

소셜미디어 최신 트렌드 분석

소셜미디어의 트렌드는 이 순간에도 진화하고 있습니다.
지금 주목해야 할 흐름은 무엇인지,
그 '변화의 징후'를 사례와 함께 분석해 봅니다.

대화에서 소비까지,
소셜미디어가 바꾼 일상

국민 10명 중 9명이 하루 평균 1시간 14분 이상을 소셜미디어 이용에 소비하고 있다. 일상 소통부터 쇼핑, 정보 탐색 등 소셜미디어 플랫폼은 단순한 커뮤니케이션 수단을 넘어 실생활의 중심으로 자리 잡았다. 소셜미디어 트렌드는 숏폼의 성장과 함께 변화하고 있다. 오픈서베이 조사에 따르면 연령대를 가리지 않고 사람들이 가장 많이 이용하는 소셜미디어SNS는 유튜브와 인스타그램으로 나타났다.

최소 1주일 내 이용한 플랫폼
[Base: 본조사 1, 최근 1개월 내 응답자 이어 평정치, 중복응답, %]

* [▲▼] 2024년 대비 증감 순위

출처: 오픈서베이 / 2025   그래픽: 더콘텐츠연구소

10대부터 50대까지 가장 많이 이용하는 플랫폼은 1위 유튜브, 2위 인스타그램으로 변동이 없었다. 다만, 3위부터 연령별로 차이와 그 특징이 두드러진다. 15~24세의 경우 유행과 각종 밈의 시발점이 만들어지는 X구 트위터가 3위였고 대학생의 필수 앱인 애브리타임과 패션, 뷰티 등의 레퍼런스를 얻을 수 있는 핀터레스트가 그 뒤로 순위를 올렸다.

20대 후반부터 40대 초반에게는 직장 생활, 취업 준비, 이직에 도움이 되는 블라인드가 순위에 올랐다. 중장년층에게는 유튜브, 인스타그램 다음으로 네이버 밴드가 주요 플랫폼으로 자리매김했는데 이러한 이유로는 중장년층이 주로 동창회 및 동호회 활동, 건강 정보 공유 등을 위해 밴드를 활용하고 있다는 점에 주목하여 소규모 그룹 활동을 지원하는 기능을 강화했기 때문이라고 보여진다. 중장년층이 경제활동과 소비가 활발하게 이루어지는 세대인 만큼 기업(관)은 중장년층이 많이 이용하는 네이버 밴드를 통한 프로모션, 커뮤니케이션에 신경 써야 할 것으로 보인다.

전반적으로 2025년 국내의 소셜미디어는 콘텐츠의 개인화와 시각화, 그리고 참여화가 가속화되고 있다. 이러한 변화는 기업과 소비자 간의 소통 방식을 근본적으로 바꾸고 있으며, 플랫폼 간의 경쟁은 더욱 치열해질 것으로 예상된다. 사용자들은 단순히 콘텐츠를 소비하는 수동적인 존재를 넘어, 자신의 취향을 적극적으로 표현하고, 유행에 직접 참여하며, 때로는 정보의 진위를 스스로 판단하는 능동적인 존재로 변화하고 있다.

광고는 믿지 않지만 사람은 믿는다
: 요즘 세대가 만든 브랜드 소통 방식

MZ세대의 콘텐츠 소비는 철저히 개인의 '관심사'와 '취향'에 맞춰져 있다. 이들은 자신이 깊이 파고들고 싶어 하는 특정 분야에 대해 높은 정보 탐색 욕구를 가지며, 이는 곧 다양한 분야에서 전문성과 개성을 갖춘 인플루언서들의 부상으

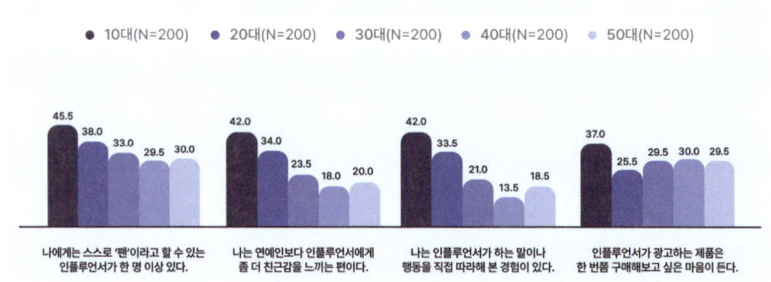

'인플루언서' 관심도 및 영향력 평가

● 10대(N=200) ● 20대(N=200) ● 30대(N=200) ● 40대(N=200) ● 50대(N=200)

나에게는 스스로 '팬'이라고 할 수 있는
인플루언서가 한 명 이상 있다.
45.5 / 38.0 / 33.0 / 29.5 / 30.0

나는 연예인보다 인플루언서에게
좀 더 친근감을 느끼는 편이다.
42.0 / 34.0 / 23.5 / 18.0 / 20.0

나는 인플루언서가 하는 말이나
행동을 직접 따라해 본 경험이 있다.
42.0 / 33.5 / 21.0 / 13.5 / 18.5

인플루언서가 광고하는 제품은
한 번쯤 구매해보고 싶은 마음이 든다.
37.0 / 25.5 / 29.5 / 30.0 / 29.5

출처: 트렌드모니터 / 2024 그래픽: 더콘텐츠연구소

'숏폼' 콘텐츠 시청 경험 및 이유

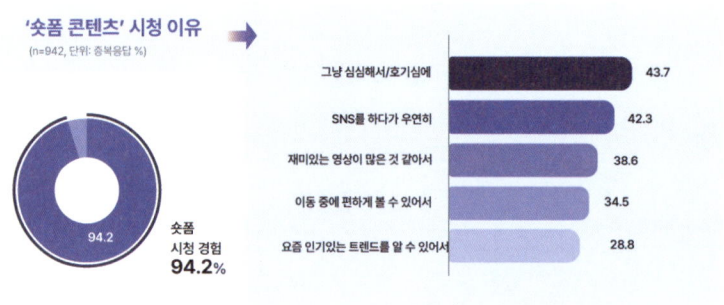

'숏폼 콘텐츠' 시청 이유
(n=942, 단위: 중복응답 %)

숏폼 시청 경험 **94.2%**

그냥 심심해서/호기심에 — 43.7
SNS를 하다가 우연히 — 42.3
재미있는 영상이 많은 것 같아서 — 38.6
이동 중에 편하게 볼 수 있어서 — 34.5
요즘 인기있는 트렌드를 알 수 있어서 — 28.8

데이터 출처: 트렌드모니터(2025) 그래픽: 더콘텐츠연구소

로 이어졌다. 각기 다른 관심사를 가진 수많은 MZ세대가 존재하고, 이들의 니즈를 충족시키기 위해 각 분야별 전문 인플루언서들이 등장하면서 팬덤을 형성하는 것은 필연적인 현상이다.

인플루언서는 이제 단순한 홍보 채널을 넘어, 특정 관심사에 대한 깊이 있는 정보와 경험을 공유하며 '생활 속 전문가'이자 '공감대 형성자' 역할을 수행한다. 이들은 기존 광고에 대한 MZ세대의 회의감을 해소하며, 진정성 있는 소통 방식으로 높은 신뢰를 얻고 있다.

특히 팔로워 수보다는 콘텐츠의 깊이와 소통의 밀도를 중시하는 나노 및 마이크로 인플루언서들이 MZ세대의 구매 결정과 행동 변화에 강력한 영향을 미치고 있는 것으로 분석된다.

이러한 흐름은 디지털 환경에서 정보 습득 및 신뢰 형성의 중심축이 일방적 광고에서 개개인의 관심사를 반영한 '수평적이고 자발적인 탐색'으로 전환되고 있음을 명확히 보여준다.

이로 인해 인플루언서들이 주로 활용하며 MZ세대가 선호하는 시각적이고 즉각적인 영상 및 숏폼 콘텐츠의 중요성이 더욱 강화되는 연쇄적인 트렌드가 발생하고 있다. 따라서 기업 및 기관은 단순히 제품 홍보를 넘어, MZ세대의 다변화된 관심사와 개인적 취향을 이해하고, 이를 충족시킬 수 있는 인플루언서 파트너십을 통해 MZ세대의 핵심 소통 흐름에 합류해야 할 것이다.

1분 안에 웃기고, 팔리고, 설득되는 시대
: 숏폼의 전성기

평균 15초에서 10분 이내의 짧은 동영상 형태인 숏폼Short-form 콘텐츠는 현재 디지털 환경에서 압도적인 인기를 누리고 있다.

최근 조사 결과에 따르면, 전체 응답자의 대다수인 94.2%가 숏폼 콘텐츠 시청 경험을 보유하고 있으며, 이는 특정 세대에 국한되지 않고 전 연령대로 광범위하게 확산되고 있는 추세를 명확히 보여준다.

특히 10대(98.0%), 20대(95.5%), 30대(95.0%), 40대(92.0%), 50대(90.5%)에 이르

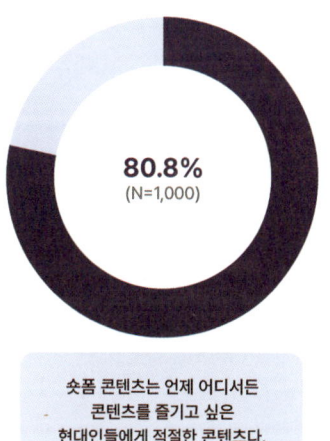

80.8%
(N=1,000)

숏폼 콘텐츠는 언제 어디서든
콘텐츠를 즐기고 싶은
현대인들에게 적절한 콘텐츠다.

출처: 트렌드모니터 / 2025   그래픽: 더콘텐츠연구소

기까지 높은 시청 경험률을 기록하며, 숏폼 콘텐츠가 일상적인 시청 패턴으로 확고히 자리 잡았음이 확인되었다.

이러한 전 연령대의 높은 선호도는 대중소비자들이 짧은 시간 내에 핵심 정보만을 효율적으로 습득할 수 있는 숏폼의 '시성비시간 투자 대비 성능' 장점83.4% 동의을

높이 평가하기 때문으로 분석된다.

또한, '언제 어디서든 콘텐츠를 즐길 수 있는 접근성80.8% 동의'과 '심심할 때 시간을 효율적으로 활용할 수 있는 편리성82.9% 동의' 역시 숏폼 콘텐츠가 현대인의 바쁜 일상 속에서 특별한 목적이나 부담 없이 즐길 수 있는 효율적인 콘텐츠로 부상했음을 뒷받침한다.

따라서 숏폼 콘텐츠는 더 이상 MZ세대만이 아닌, 전 세대가 짧은 시간 안에 다양하고 많은 정보와 트렌드를 공유하고 소비하는 필수적인 디지털 소통 도구로 진화하고 있다. 기업 및 기관은 이러한 전방위적인 숏폼 대세화를 인지하고, 전략적인 콘텐츠 기획을 통해 소통 효과를 극대화해야 할 것이다.

AI 크리에이터 시대
: 생각만 있으면 콘텐츠는 완성된다

생성형 AI 서비스는 이제 특정 전문가나 업무 영역에 한정되지 않고, 대중의 일상생활 전반에 깊숙이 스며들며 디지털 환경의 핵심적인 변화를 주도하고 있다. 시장조사전문기업 엠브레인 트렌드모니터가 2025년 실시한 조사 결과에 따르면, 생성형 AI 서비스가 사람들의 일상에 미치는 영향력이 커지고 있다는 응답이 85.2%에 달했다. 또한, 업무 외 개인적인 영역에서의 활용83.1% 동의과 일상생활에서의 익숙함80.6% 동의에 대한 인식이 높게 나타나, AI가 이미 우리 삶의 필수적인 부분으로 자리 잡았음을 시사한다.

이러한 AI 기술의 발전은 특히 숏폼 콘텐츠 제작 환경에 혁명적인 변화를 가져왔다. 정교하면서도 간단한 조작만으로 짧은 영상 콘텐츠를 생성하고 편집할 수 있게 되면서, 일반 대중도 손쉽게 자신만의 숏폼 콘텐츠를 제작하고 공유하며, 이를 통해 수익을 창출하는 것까지 가능해졌다.

이처럼 AI를 활용한 숏폼 및 영상 제작이 활발해지면서, SNS는 더욱 다양한 형태의 콘텐츠로 넘쳐나고 있으며, 사용자들은 고도화된 AI 기술이 적용된 콘텐츠에 빠르게 반응하고 있다. 따라서 기업 및 기관은 AI 기술을 단순한 도구를 넘어, 콘텐츠 제작 효율성을 극대화하고, MZ세대를 비롯한 디지털 사용자들의 새로운 소통 및 소비 경험을 충족시킬 수 있는 핵심적인 전략 자원으로 인식하고 적극적으로 활용해야 할 것이다.

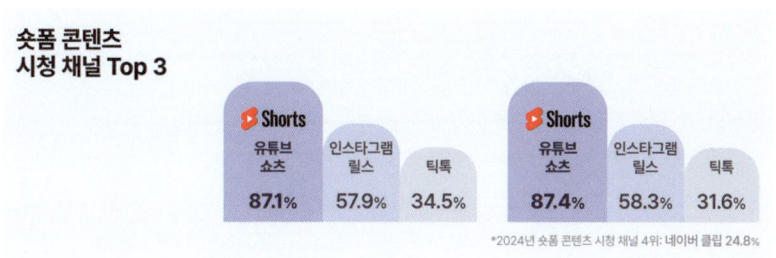

숏폼 콘텐츠
시청 채널 Top 3

유튜브 쇼츠 **87.1%** / 인스타그램 릴스 **57.9%** / 틱톡 **34.5%**

유튜브 쇼츠 **87.4%** / 인스타그램 릴스 **58.3%** / 틱톡 **31.6%**

*2024년 숏폼 콘텐츠 시청 채널 4위: 네이버 클립 24.8%

출처: 오픈서베이 / 2024   그래픽: 더콘텐츠연구소

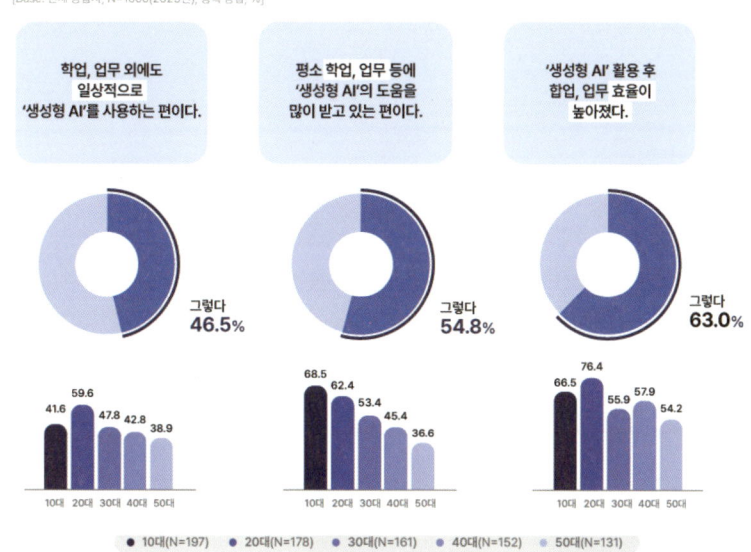

생성형 AI 서비스 활용도
[Base: 전체 응답자, N=1000(2025년), 중복 응답, %]

학업, 업무 외에도
일상적으로
'생성형 AI'를 사용하는 편이다.

평소 학업, 업무 등에
'생성형 AI'의 도움을
많이 받고 있는 편이다.

'생성형 AI' 활용 후
합업, 업무 효율이
높아졌다.

그렇다
46.5%

그렇다
54.8%

그렇다
63.0%

41.6 59.6 47.8 42.8 38.9
10대 20대 30대 40대 50대

68.5 62.4 53.4 45.4 36.6
10대 20대 30대 40대 50대

66.5 76.4 55.9 57.9 54.2
10대 20대 30대 40대 50대

● 10대(N=197) ● 20대(N=178) ● 30대(N=161) ● 40대(N=152) ● 50대(N=131)

데이터 출처: 트렌드모니터(2025)   그래픽: 더콘텐츠연구소

소셜 미디어SNS →

플랫폼이 나누는 취향 지도

 **유튜브 채널**

숏폼 시장의 성장과
정보 탐색 기능의 강화

유튜브는 국내 소셜미디어 중 가장 높은 점유율을 유지하는 플랫폼이다. 특히, 10대부터 50대 이상까지 전 연령층이 가장 많이 이용하는 앱으로 조사되었다. 소비자의 집중 시간이 짧아지면서 쇼츠는 가볍게 정보를 습득하거나 엔터테인 먼트를 즐기는 주요 수단이 되었다. 하지만 이로 인해 '중독성 있는 짧은 영상'에 대한 피로감도 증가하고 있어 일부 소비자들은 콘텐츠의 길이에 관계없이 '의미 있는 정보'를 찾아 롱폼 콘텐츠로 회귀하는 경향도 보인다.

주요 포털과 소셜미디어가 숏폼 콘텐츠를 내세우며 숏폼 이용률은 꾸준히 증가했다. 2022년 56.5% 수준이었지만 시청 경험률은 매년 증가해 2024년은 82.7%에 달했다. 이는 숏폼이 보편적인 콘텐츠로 자리잡음을 의미한다. 이에 여러 플랫폼에서 숏폼을 도입했지만 순위의 변동은 없었고 오히려 틱톡의 이용 률은 조금씩 감소하며 31.6%로 나타났다.

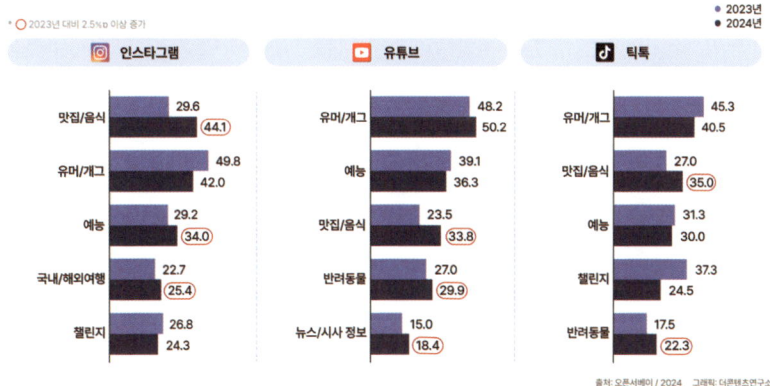

시청하는 숏폼 콘텐츠 카테고리

[Base: 플랫폼별 숏폼 이용자, 2023년 N=291(인스타그램), 307(유튜브), 400(틱톡) / 2024년 N=338(인스타그램), 331(유튜브), 400(틱톡), 중복 응답, %]

* ◯ 2023년 대비 2.5%p 이상 증가

● 2023년
● 2024년

인스타그램

맛집/음식	29.6 / (44.1)
유머/개그	49.8 / 42.0
예능	29.2 / (34.0)
국내/해외여행	22.7 / (25.4)
챌린지	26.8 / 24.3

유튜브

유머/개그	48.2 / 50.2
예능	39.1 / 36.3
맛집/음식	23.5 / (33.8)
반려동물	27.0 / (29.9)
뉴스/시사 정보	15.0 / (18.4)

틱톡

유머/개그	45.3 / 40.5
맛집/음식	27.0 / (35.0)
예능	31.3 / 30.0
챌린지	37.3 / 24.5
반려동물	17.5 / (22.3)

출처: 오픈서베이 / 2024 그래픽: 더콘텐츠연구소

소비하는 숏폼 콘텐츠의 카테고리 또한 다양해지고 있다. 2023년에는 유머/개그, 예능, 챌린지 콘텐츠가 주요 숏폼 플랫폼에서 가장 많이 소비되었지만 2024년은 맛집/음식, 국내 및 해외여행, 반려동물 등 다양한 소재의 콘텐츠가 순위권에 진입하며 카테고리의 다양화 현상이 일어나고 있는 것으로 보이고 이는 숏폼 콘텐츠의 성장세가 지속될 것임을 시사하는 지표로 파악할 수 있다.

또한, 고객들은 특정 정보를 검색할 때 텍스트 검색_{네이버, 구글}보다 유튜브를 먼저 찾는 현상이 더욱 뚜렷해졌다. 이는 레시피, 후기, 재테크 정보 등 실용적인 콘텐츠의 수요가 높다는 것을 의미한다고 볼 수 있다.

짧음의 시대에 긴 이야기가 통하는 이유

▲ 이마트LIVE   ▲ 롯데리아

롱폼 콘텐츠는 브랜드가 가진 철학과 제품 개발 과정, 실제 사용 후기와 고객 인터뷰 등 다양한 이야기를 시간 제약 없이 풀어낼 수 있는 형식이다. 짧은 순간의 자극이 아니라 깊은 이해와 공감을 형성한다는 점에서 다른 콘텐츠와 뚜렷하게 차별화된다.

특히 시리즈 형태의 롱폼 콘텐츠는 스토리텔링의 깊이를 극대화한다. 이미 유입된 시청자를 단순한 구독자가 아니라 브랜드 팬으로 전환시키고, 오랫동안 채널에 머무르게 만드는 힘이 있다. 이러한 이유로 많은 브랜드가 자체 시리즈를 기획·발행하며, 콘텐츠를 브랜드 세계관과 연결시키고 있다.

또한 롱폼은 특정 주제에 대한 심도 깊은 정보나 교육 콘텐츠를 제공함으로써 브랜드의 전문성을 드러내고 신뢰를 강화하는 도구가 된다. 단순히 광고성 메시지를 전달하는 것이 아니라, 다큐멘터리, 웹예능, 웹드라마, 인터뷰, 제품 시연 등 다양한 포맷을 통해 브랜드의 핵심 가치를 살아있는 이야기로 전환하는 것이 가능하다. 결국 롱폼 콘텐츠는 브랜드에게 단순한 홍보 수단이 아니라, 전문성과 신뢰를 기반으로 팬덤을 구축하고 장기적 관계를 형성하는 전략적 자산이다. 콘텐츠 홍수 시대에 브랜드가 차별화될 수 있는 강력한 해법이 된다.

브랜드가 살아남는 힘은 '전문성'이다

AI의 등장은 콘텐츠 양산의 시대를 열었다. 그러나 이제는 무엇을 말하느냐보

▲ 한국경제

▲ 한국제약·바이오협회

다 누가 말하느냐가 더욱 중요해진 상황이다. 브랜드가 온라인에서 신뢰를 쌓기 위해서는 단순히 화제를 따라가는 콘텐츠가 아니라, 자사 제품과 서비스와 직접 연결되는 전문성 높은 콘텐츠를 발행이 필요한 시점이다. 전문성을 강조한 브랜드 콘텐츠는 단순히 제품이나 서비스를 홍보하는 것을 넘어, 해당 분야에 대한 심도 깊은 지식과 통찰력을 제공한다. 예를 들어, 특정 기술의 작동 원리, 산업 트렌드 분석, 복잡한 문제에 대한 해법 등을 상세하게 다루며 시청자들이 브랜드에 대한 신뢰감을 느끼도록 한다. 시청자들이 겪을 수 있는 어려움이나 궁금증에 대해 브랜드가 가진 전문성을 바탕으로 명확하고 실용적인 해결책을 제시하기도 하며, 콘텐츠의 신뢰도를 높이기 위해 관련 연구 결과, 전문가 인터뷰, 실제 사례 연구, 통계 데이터 등을 적극적으로 활용하는 추세이다. 전문적이면서도 시청자가 이해하기 쉬운 언어와 친근하면서도 신뢰감을 주는 톤앤매너를 유지하여 브랜드의 전문적인 이미지를 강화한다.

결국, 콘텐츠의 홍수 속에서 브랜드가 차별화되는 방법은 전문성을 기반으로 한 신뢰의 구축이며, 이는 단기적 노출이 아닌 지속 가능한 팬덤과 매출 전환으로 이어지는 가장 확실한 길이다.

AI 시대,
왜 다시 부캐가 주목받을까?

한때 식어가는 듯 보였던 '부캐 열풍'은 다시금 유튜브를 중심으로 새로운 국면

출처 유튜브 가비 걸

을 맞이하고 있다. 특히 유튜브 채널 '가비 걸'의 '리얼 가이즈'는 실제 댄서들이 아이돌이라는 부캐를 설정해 활동하는 과정을 그리며 큰 화제를 모으고 있다. 단순한 패러디가 아니라 음원과 안무 영상까지 완성도 있게 제작하여, 출연진 뿐만 아니라 구독자들까지 가상의 아이돌 세계에 깊이 몰입하도록 설계한 점이 주목할 만하다.

이는 콘텐츠 마케팅 관점에서 중요한 시사점을 던진다. 첫째, 부캐는 단순한 캐릭터 놀이를 넘어 브랜드 팬덤을 확장하는 강력한 도구가 될 수 있다는 점이다. 부캐는 본캐의 이미지와는 다른 스토리텔링을 가능하게 하며, 새로운 서사를 통해 소비자에게 신선한 경험을 제공한다. 둘째, 완성도의 차별화가 곧 몰입도의 차별화를 만든다. 리얼 가이즈가 단순한 연출에 그치지 않고 음원과 퍼포먼스까지 풀 패키지로 제공한 것은 팬들이 가상의 세계를 현실처럼 느끼도록 한 결정적 요소이다.

브랜드 역시 이 점을 주목해야 한다. 제품이나 서비스를 넘어 '브랜드의 또 다른 자아부캐'를 만들어내고, 그것을 스토리와 체험으로 풀어낼 때 고객은 단순히 정보를 소비하는 것을 넘어 브랜드의 서사에 참여하게 된다. 이는 곧 브랜드 팬덤의 강화로 이어지고, 단발적 관심이 아닌 지속적 관계를 만들어낸다.

결국 부캐 전략은 단순한 유행이 아니라, 콘텐츠의 세계관을 확장하고 브랜드에 대한 몰입을 심화시키는 마케팅 전략이다. 콘텐츠 홍수의 시대에 브랜드가 살아남기 위해서는 단순히 많은 콘텐츠를 쏟아내는 것이 아니라, 소비자가 빠져들 수 있는 세계관과 이야기를 만들어내는 것이 핵심이다.

유행보다 관계
: 시니어 유튜브 열풍

유튜브에서는 최근 MZ 문화와 거리가 있어 보이는 시니어 연예인들이 오히려 MZ 세대의 놀이터에서 활약하며 새로운 흐름을 만들고 있다. 배우 김영옥은

김영옥

@영꿀할머니김영옥 · 구독자 3.83만명 · 동영상 32개

짧게 살자! ...더보기

instagram.com/mz__grandmother 외 링크 1개

 구독

동영상   Shorts   게시물   Q

출처 유튜브 김영옥

ASMR, 하이디라오, 가챠깡 등 MZ 문화 코드를 긍정적으로 수용하며 즐기는 영상을 제작하고 있다. 그러나 그녀가 구독자들에게 사랑받는 이유는 단순히 유행을 따라 체험하기 때문이 아니라, 제작진과의 유쾌한 케미가 돋보이기 때문이다.

 @ummmmmji 3주 전

할미 손녀 손자별 제작진 분들이랑 케미도 너무 좋아요 ㅎㅎㅎㅎ어떻게 이렇게 나이차이 많이 나는 분들과 위화감 없이 잘 즐기실 수 있지ㅜㅜ 진짜 힙하시다

👍 237   👎   답글

 @yoon_of 3주 전

솔직히 나한테는 ㅈㄴ 도움되는 영상임. 이를테면 하이디라오를 어른들이랑 방문할 때 어떤 순서로 설명을 해드려야하는지 뭘 하면 좋아하실 지, 내가 몰라서 혹은 해보지 않아서 설명해드리지 못하는 걸 이 영상을 통해서 배울 수 있어서 아주 좋았음 (타 스트리머나 영상은 정보의 정확성이나 왜인지 모를 거부감 때문에 잘 보질 않음;;) 그리고 김영옥 쌤의 반응도 지표 삼아서 (ex. 할무니~ 김영옥 배우도 이렇게 했는데 좋았대) 권할 수 있어서 더 좋음 ㅎ

👍 1.3천   👎   답글

출처 유튜브 김영옥

 @Rockman83 22시간 전

할명수가 보기 좋은게 요즘 유튜브의 자극적인 재미가 아니라 진행자와 연출자 사이에 부녀 지간 같은 케미가 있음. 보면서 편안~하면서도 미소짓게 하는.

👍 325   👎   답글

 @jbeomm1174 17시간 전

딸들이 아버지 강제 효도 관광 시키는 느낌이라 너무 좋아요!

👍 377   👎   답글

∨ 답글 2개

출처 유튜브 할명수

개그맨 박명수의 채널 '할명수' 역시 같은 맥락이다. 제작진은 직접 얼굴을 드러내지 않지만, 스타와 제작진 간의 호흡으로 인해 많은 구독자들의 호감을 얻고 있다. 특히 '할머니와 손주', '아버지와 딸' 같은 친근한 관계성을 떠올리게 하는 케미가 콘텐츠에 진정성을 부여하고, 이는 곧 구독자의 몰입과 충성도를 강화한다.

이 흐름은 브랜드에도 시사점을 남긴다. 첫째, 콘텐츠의 성공 요인은 단순한 유행 차용이 아니라 관계성에서 비롯된 케미스트리라는 점이다. 단순히 MZ 문화를 흉내 내는 것이 아니라, 이를 함께 즐기고 교감하는 과정에서 진정성이 담긴다. 둘째, 브랜드와 제작진, 혹은 브랜드와 고객 간의 관계성 자체가 하나의 콘텐츠 자산이 될 수 있다. 이는 브랜드가 '누구와 함께하느냐'에 따라 소비자의 감정적 연결을 훨씬 강화할 수 있음을 보여준다.

결국, 시니어 연예인의 유튜브 도전은 세대 간의 간극을 좁히는 콘텐츠 실험이자, 브랜드 관점에서는 '관계성 기반 콘텐츠 마케팅'의 가능성을 보여주는 사례이다. 소비자는 이제 정보보다 케미, 단순 체험보다 교감을 원한다. 브랜드가 이를 간파한다면, 콘텐츠는 더 이상 일방적 전달이 아니라 함께 만들어가는 경험이 될 수 있다.

모방이 아닌 차별화, AI 콘텐츠 성공의 조건

국내 생성형 AI 시장이 급격히 성장하면서 AI를 활용한 콘텐츠 역시 폭발적으로 증가하고 있다. 이제는 기업이나 기관뿐만 아니라 개인 창작자들조차 양질의 콘텐츠를 손쉽게 제작할 수 있는 시대가 된 것이다. 이는 콘텐츠 제작의 진입 장벽을 낮추는 동시에, 시장에 전례 없는 속도로 다양한 형식과 실험을 쏟아내게 만들고 있다.

유튜브 채널 '정서불안 김햄찌'는 대표적인 성공 사례이다. 햄스터 캐릭터를 통

당해보면 무서운 이야기	빌런이라 부르는 사람들	정서불안함의 끝
조회수 243만회	조회수 326만회	조회수 288만회

▲ 정서불안 김햄찌

해 직장인의 감정을 의인화한 AI 쇼츠는 자연스러운 표정과 움직임, 그리고 직장인이라면 누구나 공감할 만한 소재로 시청자의 마음을 사로잡았다. 신생 채널임에도 불구하고 하루에 2~3만 명씩 구독자가 증가하며 평균 조회수가 100만 회를 넘어선 것은, AI 콘텐츠가 단순 기술적 신기함을 넘어 공감과 스토리텔링의 힘을 보여주는 결과이다.

기업이 이 흐름을 참고한다면, 자사 마스코트나 기업 이미지를 반영한 AI 캐릭터를 활용해 일상 브이로그 형식으로 풀어내거나, 신입사원의 시선에서 부서별 업무를 담아내는 형식으로 콘텐츠를 제작할 수 있다. 그러나 단순히 기존 성공 포맷을 모방한다면 부정적 인식을 불러일으킬 수 있다. 따라서 AI 캐릭터에 고유한 개성과 차별화된 스토리를 부여하는 것이 반드시 필요하다.

실제로 야나두의 '실수하기 좋은 영어 시리즈'는 AI를 활용한 차별된 시도로 좋은 반응을 얻고 있다. 흑인 남성과 할머니 캐릭터를 활용해 실전 영어 회화의 오류를 유머러스하게 전달하면서, 시청자들에게 재미와 학습 효과를 동시에 제공한다. "기획력 미쳤다", "케미가 너무 좋다"와 같은 긍정적 반응이 이어지는 것은, 단순히 AI 기술을 활용했기 때문이 아니라 기술을 기반으로 한 독창적 기

실수하기 좋은 영어 시리즈 11탄 #조용히해주세요
조회수 485만회

실수하기 좋은 영어 시리즈 10탄 #마셔라!마셔라!
조회수 187만회

실수하기 좋은 영어 시리즈 9탄 #이건서비스야
조회수 1266만회

실수하기 좋은 영어 시리즈 8탄 #세트로주세요
조회수 382만회

▲ 야나두

회과 연출이 있었기 때문이다.

결국, AI 활용 콘텐츠의 성공은 단순히 기술 도입에 있지 않다. 공감을 이끌어내는 기획력, 캐릭터의 개성, 차별화된 스토리텔링이 결합될 때 비로소 브랜드는 AI 콘텐츠를 통해 팬덤을 형성하고, 나아가 지속 가능한 마케팅 자산을 구축할 수 있다.

15초로 끌고, 5분으로 설득하라
: 숏폼과 롱폼의 교차 활용

숏츠는 시청자의 관심을 단번에 끌어내고, 롱폼은 그 관심을 깊이 있는 팬덤으로 확장하는 역할을 한다. 이 두 가지 포맷의 결합은 이제 브랜드 콘텐츠 전략의 핵심 축이라 할 수 있다.

숏츠나 클립은 대량 노출에 유리한 형식이다. 짧고 임팩트 있는 제목, 간결한 정보, 그리고 빠른 훅으로 시청자의 시선을 사로잡는다. 그러나 숏폼만으로는 브랜드에 대한 깊은 이해와 충성도를 확보하기 어렵다. 숏폼에서 흥미를 느낀 새로운 시청자를 롱폼 본편으로 유도해 체류 시간을 늘리고, 그 과정에서 브랜드 철학과 스토리를 경험하게 할 때 팬층이 탄탄히 구축된다.

특히 최근 플랫폼들이 숏폼과 롱폼 간의 연결 기능을 강화하고 있다는 점은 주목할 만하다. 이는 단발성 관심을 장기적 관계로 이어주는 상호 보완적 효과를 극대화하는 장치이다. 브랜드 입장에서는 숏폼으로 빠르게 인지도를 확보하면서, 롱폼으로 신뢰와 전문성을 강화하는 투트랙 전략이 필요하다. 또한, 본편에서 다 담기 아쉬운 장면을 숏츠로 편집하거나, 비하인드 영상·인터뷰 클립을 숏폼으로 제작하는 방식도 효과적이다. 이는 콘텐츠의 재가공Repurposing 전략으로, 한 번의 제작으로 다양한 포맷을 창출해 효율성을 높일 수 있다.

숏폼은 관심을 끌어오는 관문, 롱폼은 브랜드와 관계를 심화시키는 자산이다. 브랜드가 단기 인지도와 장기 팬덤 형성을 동시에 추구한다면, 두 포맷을 어떻게 연결하고 운영할 것인가가 향후 성패를 가르는 핵심 전략이 될 것이다.

공공기관이 밈과 패러디를 선택한 이유

공공기관과 지자체는 젊은 세대와의 거리감을 좁히고, 기존의 권위적이고 딱딱한 이미지를 탈피하기 위해 밈과 패러디를 적극적으로 차용하는 전략을 펼치고 있다. 울산 옹기축제의 '옹기맨', 군산시의 '햄부기 챌린지'는 이를 대표하는 사례이다.

▲ 울주군

▲ 군산시

울산에서는 유명 게임 캐릭터를 패러디해 주무관이 항아리 대신 옹기 안에 들어가 도끼를 든 채 등장했다. 단순히 흉내 내는 수준이 아니라 축제의 정체성과 연결된 유머 코드를 입힌 것이다. 군산시의 경우 인플루언서 '햄부기'의 퍼포먼스를 차용하면서도 군산 대표 먹거리를 개사해 지역성을 녹여냈다. 이러한 재해석은 단순 모방을 넘어 시민의 생활 맥락과 공감대를 반영했기 때문에 강한 파급력을 만들어냈다.

콘텐츠 마케팅 관점에서 이는 중요한 시사점을 던진다. 첫째, 트렌드 수용만으로는 충분하지 않다는 점이다. 밈이나 패러디가 효과를 발휘하려면 반드시 지역적 맥락, 기관의 역할, 시민 경험이 결합되어야 한다. 둘째, 기관이 시민과 같은 언어를 사용한다는 신호를 주는 순간, 공공기관의 이미지는 '권위'에서 '친근함'으로 전환된다. 이는 단순한 홍보 효과를 넘어 시민 참여와 신뢰로 이어질 수 있다.

공공기관과 지자체의 SNS 전략은 더 이상 일방적 정보 전달에 머물 수 없다. 재미와 엔터테인먼트를 가미한 콘텐츠가 기본값으로 자리 잡았으며, 이를 기관 고유의 정체성과 연결했을 때 비로소 진정성 있는 브랜딩이 완성된다. 이는 앞으로 공공 커뮤니케이션의 핵심 방향성이 될 것이다.

재미로 시작해 팬으로 끝난다
: 스토리텔링이 만든 열광의 공식

'스토리텔링' 기반의 순수 재미 콘텐츠는 단순한 웃음을 넘어 강력한 팬덤을 형성하는 핵심 동력이 되고 있다. 정보 과잉의 시대에 소비자는 개인화된 맥락 속에서 자신과 맞닿은 스토리를 발견할 때, 그리고 브랜드와 진정성 있는 관계를 맺을 때 비로소 가치를 느낀다. 그렇기 때문에 기업과 기관은 획일적인 메시지를 반복하기보다는, 소비자의 변화를 읽고 각 디지털 접점에 맞는 차별화된 전략을 수립해야 한다.

스토리텔링 기반 순수 재미 콘텐츠가 가지는 힘은 브랜드 메시지를 소비자의

▲ iM금융그룹 육아기회비용 시리즈 콘텐츠

경험으로 전환한다는 점이다. 예를 들어, 단순한 제품 홍보가 아닌 캐릭터 기반의 드라마 형식, 밈과 접목된 에피소드, 혹은 소비자의 일상을 대변하는 짧은 스토리들은 고객으로 하여금 브랜드를 '정보 제공자'가 아닌 '동반자'로 인식하게 만든다. 이는 곧 팬덤으로 이어지는 장기적 관계 자산이 된다.

궁극적으로 성공적인 디지털 소통은 양적 도달이 아니라, 개인화된 관심에 깊이 공감하고 진정성 있는 관계를 구축하는 것에 달려 있다. 팬덤은 단순히 조회수와 팔로워 수로 만들어지지 않는다. 브랜드가 소비자와 함께 웃고, 공감하며, 스토리를 공유할 때 비로소 강력한 팬덤이 형성된다.

 인스타그램 채널

인스타그램, 이제 일상이 된다
: 생활형 플랫폼으로의 변화

인스타그램은 더 이상 사진 공유 중심의 SNS가 아니다. 검색, 쇼핑, 엔터테인먼

소셜미디어 내 쇼핑 경험

[Base: 플랫폼별 최근 1주일 내 이용자, N = 400, %]

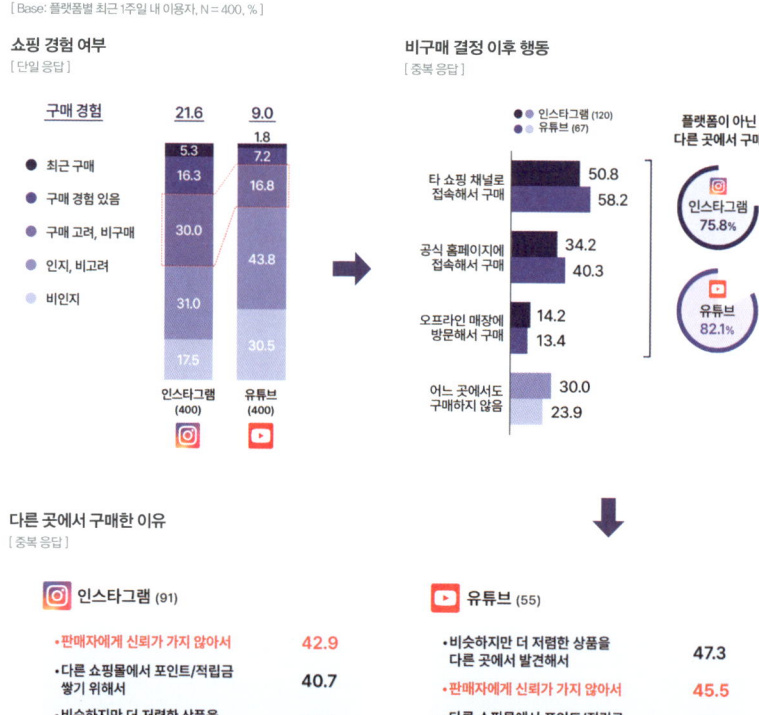

쇼핑 경험 여부
[단일 응답]

구매 경험 / 21.6 / 9.0

- 최근 구매
- 구매 경험 있음
- 구매 고려, 비구매
- 인지, 비고려
- 비인지

인스타그램: 5.3 / 16.3 / 30.0 / 31.0 / 17.5 (400)
유튜브: 1.8 / 7.2 / 16.8 / 43.8 / 30.5 (400)

비구매 결정 이후 행동
[중복 응답]

● 인스타그램 (120)
● 유튜브 (67)

- 타 쇼핑 채널로 접속해서 구매: 50.8 / 58.2
- 공식 홈페이지에 접속해서 구매: 34.2 / 40.3
- 오프라인 매장에 방문해서 구매: 14.2 / 13.4
- 어느 곳에서도 구매하지 않음: 30.0 / 23.9

플랫폼이 아닌 다른 곳에서 구매

인스타그램 75.8%
유튜브 82.1%

다른 곳에서 구매한 이유
[중복 응답]

인스타그램 (91)

- 판매자에게 신뢰가 가지 않아서 — 42.9
- 다른 쇼핑몰에서 포인트/적립금 쌓기 위해서 — 40.7
- 비슷하지만 더 저렴한 상품을 다른 곳에서 발견해서 — 39.6
- 다른 쇼핑몰에 쌓아둔 포인트/적립금으로 결제하려고 — 27.5

유튜브 (55)

- 비슷하지만 더 저렴한 상품을 다른 곳에서 발견해서 — 47.3
- 판매자에게 신뢰가 가지 않아서 — 45.5
- 다른 쇼핑몰에서 포인트/적립금 쌓기 위해서 — 38.2
- 다른 쇼핑몰에 쌓아둔 포인트/적립금으로 결제하려고 — 27.3

출처 오픈서베이(2024) 그래픽 더콘텐츠연구소

트가 결합된 생활형 플랫폼으로 확장되었다. 특히 20~30대 사용자는 맛집, 여행, 패션, 뷰티 정보를 네이버나 구글보다 인스타그램에서 먼저 탐색하는 경향이 뚜렷하다. 이는 인스타그램이 단순한 '소셜 네트워크'의 차원을 넘어, 소비 결정의 전환점이 되는 정보 검색 채널로 자리매김했음을 보여준다.

브랜드 입장에서 이는 단순히 콘텐츠를 노출하는 것을 넘어, 소비자가 직접 탐색할 때 발견되는 구조를 설계해야 한다는 점을 시사한다. 키워드 최적화, 해시태그 전략, (검색에 강한 카드뉴스나) 릴스, 콘텐츠의 활용은 이제 필수 전략이다.

릴스Reels는 인스타그램 트렌드의 중심축이다. 유머·밈, 뷰티 튜토리얼, 짧은 브이로그, 간단한 인포그래픽 형태의 숏폼 콘텐츠는 빠른 속도로 소비된다. 2022년부터 꾸준히 증가한 숏폼 소비율은 2024년 기준 80% 이상에 달했고, 2025년에도 여전히 압도적인 이용률을 기록 중이다.

그러나 숏폼의 성장은 동시에 '피로감'이라는 그림자를 낳았다. 사용자는 자극적인 짧은 영상에 쉽게 반응하지만, 금세 피곤함을 느끼고 '의미 있는 정보'와 '깊이 있는 스토리'를 갈망하게 된다. 일부 사용자가 다시금 롱폼 콘텐츠나 캐러셀 포스트, 인스타 라이브 등으로 이동하는 현상은 숏폼과 롱폼의 보완적 성장을 잘 보여준다.

브랜드가 이를 간과하면 안 된다. 단순히 알고리즘 노출을 노린 짧은 영상만으로는 장기적인 팬덤을 만들 수 없다. 숏폼은 관심을 끌어오는 입구일 뿐, 결국 팬덤으로 이어지려면 롱폼을 통해 맥락과 스토리를 전달하는 과정이 필요하다.

최근 인스타그램의 또 다른 특징은 AI 기반 추천 알고리즘이 강화되었다는 점이다. 이제 피드와 릴스는 사용자의 검색·관심사 패턴을 정밀하게 반영해 개인화된 콘텐츠를 우선 노출한다. 이는 사용자의 체류 시간을 늘리고, 브랜드 콘텐츠의 확산 가능성을 높여준다.

하지만 여기에는 중요한 함정이 있다. 개인화가 강화될수록 '누가 발행했는가'가 콘텐츠의 성패를 좌우한다. 콘텐츠 자체가 아무리 흥미로워도, 발행 주체의 신뢰도가 낮다면 노출 이후에도 소비자와 장기적인 관계로 이어지기 어렵다. 결국 브랜드가 살아남는 길은 단순히 숏폼을 많이 제작하는 것이 아니라, 브랜드 세계관과 전문성을 드러내는 차별화된 콘텐츠를 꾸준히 발행하는 것이다.

인스타그램은 숏폼의 대중성, 롱폼의 귀환, 개인화 알고리즘, 그리고 신뢰 기반 브랜딩이라는 네 가지 키워드로 요약할 수 있다. 브랜드가 성공적인 성과를 내기 위해서는 단순히 도달 수치를 올리는 데 집중하기보다, 개인화된 관심에 공감하고 진정성 있는 관계를 구축하는 것에 집중해야 한다. 인스타그램에서 브랜드의 미래는 스토리텔링과 신뢰를 중심으로 한 팬덤 구축에 달려 있다.

틀을 깨는 포맷,
참여를 부르는 콘텐츠로 이어지다

인스타그램 채널은 인터랙티브 경험과 도전적 포맷을 통해 사용자 참여를 극대화하고, 브랜드 메시지를 자연스럽게 각인시키는 장이 되고 있다. 결국 브랜드가 살아남는 길은 새로운 기능을 빠르게 실험하고, 이를 브랜드 세계관과 연결해 소비자 경험으로 전환하는 것이다.

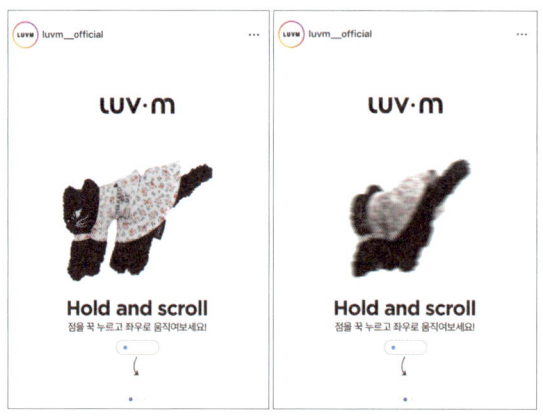

출처 인스타그램 @luvm_official

브랜드들은 홀드 앤 스크롤을 활용한 콘텐츠를 제작해 소비자들의 이목을 끌고 있다. '홀드 앤 스크롤'이란 인스타그램 피드에 여러 장의 사진을 업로드하면 생기는 점들을 누른 채 빠르게 좌우로 스크롤 하면 이미지가 빠르게 넘겨져 마치 애니메이션을 보는듯한 연출을 할 수 있는 기능이다. 이 단순한 기능은 높은 몰입도와 참여 경험을 제공한다는 점에서 주목할 만하다.

네이버가 선보인 Npay 부동산 VR투어 홍보 콘텐츠는 좋은 사례이다. 계절과 시간대에 따라 변하는 일조량을 홀드 앤 스크롤 형식으로 보여주며, VR투어 기능을 직접 경험하지 않아도 직관적으로 이해하도록 만들었다. 결과적으로 이용자는 단순한 정보 전달을 넘어 '내 손으로 움직이며 체험하는 브랜드 경험'을 얻

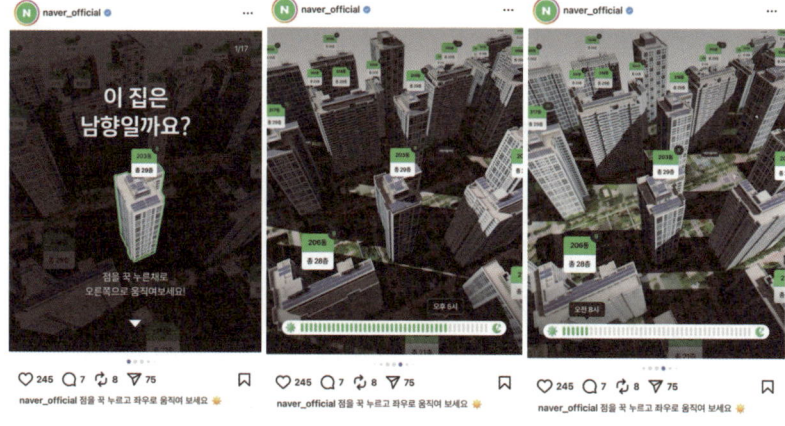

출처 인스타그램 @naver_official

게 된다.

이외에도 사용자가 직접 손가락을 움직이며 반응을 만드는 인터랙티브 콘텐츠가 확산되고 있다. 영상에 맞춰 스크롤하거나, 특정 지점에서 화면을 멈추면 숨겨진 메시지가 드러나는 방식 등이 대표적이다.

이러한 포맷은 사용자에게 '참여감'과 '발견의 재미'를 준다. 단순히 수동적으로 콘텐츠를 소비하는 것이 아니라, 능동적으로 콘텐츠를 완성하는 경험을 통해

출처 인스타그램 nh. nonghyupbank_official

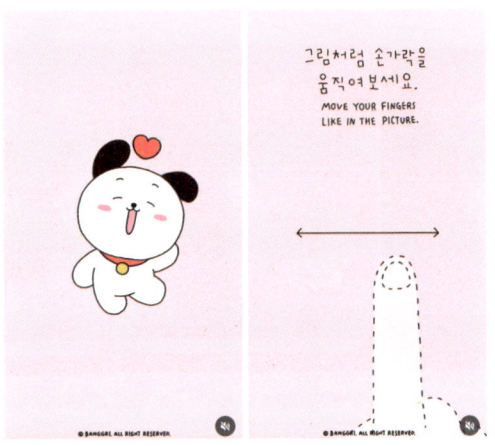

출처 인스타그램 banggri, official

브랜드와의 연결은 훨씬 강해진다. 참여 과정 자체가 곧 브랜드 메시지의 체화 과정이 되는 것이다.

영상에 맞춰 손가락을 움직이면 마치 사용자가 사진과 그림을 스크롤 하는 것처럼 보이는 인터랙티브 콘텐츠이다. 최근 이와 비슷한 인터랙티브 콘텐츠가 인스타그램, 틱톡, 릴스, 숏츠 등에서 보이고 있다.

이러한 포맷은 사용자에게 '참여감'과 '발견의 재미'를 준다. 단순히 수동적으로 콘텐츠를 소비하는 것이 아니라, 능동적으로 콘텐츠를 완성하는 경험을 통해 브랜드와의 연결은 훨씬 강해진다. 참여 과정 자체가 곧 브랜드 메시지의 체화 과정이 되는 것이다.

일반적으로 이용자가 알고 있는 게시글 피드와 숏폼 사이즈가 아닌, 5120×1080 사이즈가 최근 트렌드 열풍을 가지고 왔다. 기존의 틀에서 벗어나 새로운 콘텐츠에 도전하며 마케팅 효과를 이끌어 내고 있는 것으로 나타났다. 이러한 도전적인 콘텐츠는 사용자들의 호기심과 참여 욕구를 자극하여 '좋아요', '댓글', '공유', '저장'과 같은 적극적인 반응을 이끌어낸다.

이처럼 브랜드들이 인스타그램 채널 내에서도 기존의 틀을 깨는 과감한 시도를 하고 있다는 것이 특징이다. 전통적인 피드 사이즈나 숏폼 규격에 머무르지 않

고, 예상치 못한 크기나 배치를 통해 차별화된 경험을 제공한다. 이는 사용자의 호기심과 탐험 욕구를 자극하고, 자연스럽게 '좋아요', 댓글, 공유, 저장으로 이어진다.

특히 새롭고 도전적인 포맷은 낯설지만 재미있는 경험을 선사하며 바이럴 가능성을 높인다. 콘텐츠 자체가 하나의 대화거리가 되면서 적은 비용으로도 브랜드 메시지가 확산되는 효과를 기대할 수 있다.

<u>출처</u> 5120×1080 과감한 콘텐츠 사이즈 활용 인스타그램

사라짐이 주는 힘
: 24시간 스토리가 만든 가치

인스타그램 스토리는 24시간 후 사라지는 휘발성 콘텐츠라는 특성 덕분에, 게시물보다 훨씬 부담 없이 공유할 수 있는 채널이다. 완벽하게 연출된 사진보다는 순간적인 생각과 일상의 경험을 친근하게 보여주는 방식이 인기를 얻고 있으며, 이는 사용자들이 스토리를 가볍게 즐기면서도 더 자연스럽게 소통하게 만든다.

또한 스토리는 단순한 콘텐츠 공유를 넘어, 다양한 양방향 소통 기능을 제공한다는 점에서 주목할 만하다. 질문 스티커, 투표 스티커, 퀴즈 스티커, 멘션 기능 등을 활용하면 팔로워와 직접적으로 대화를 나누고 의견을 수집할 수 있다. 이 과정에서 팔로워들은 단순한 '시청자'가 아닌 참여자로 변모하며, 브랜드는 보다 활발하고 깊이 있는 소통을 이어갈 수 있다.

브랜드 관점에서 스토리는 팬덤 형성과 고객 리서치, 자발적 확산, 다른 콘텐츠로의 연결이라는 네 가지 중요한 전략적 가치를 가진다. 첫 번째, 우선 스토리는

▲ 국립부산과학관   ▲ 근로복지공단

'날 것의 순간'을 공유하는 성격 덕분에 팔로워에게 친밀감을 주어 심리적 거리 감을 좁히고, 이는 자연스럽게 팬덤으로 이어진다. 두 번째, 질문·투표·퀴즈 스티커는 단순한 재미 요소를 넘어 소비자의 의견과 니즈를 빠르게 수집할 수 있는 실시간 리서치 도구로 기능한다. 세 번째, 언급 기능이나 리그램은 팔로워가 직접 브랜드 콘텐츠를 확산시키는 UGC 기반의 자발적 참여로 이어져 낮은 비용으로도 높은 바이럴 효과를 만든다. 네 번째, 스토리는 즉각적인 관심을 끌어낸 후 피드 게시물이나 릴스와 같은 롱폼 콘텐츠로 자연스럽게 유도하는 관문 gateway 역할을 하며, 브랜드 인지도 확보와 깊이 있는 경험을 연결해주는 다리로 작동한다.

함께 하면, 더 커지는 이야기
: 챌린지로 퍼지는 파급력

챌린지는 짧은 시간 안에 특정 행동이나 메시지를 따라 하되, 각자의 스타일로 재해석할 수 있다는 점에서 매력을 가진다. 이는 단순한 참여가 아니라, 개인화된 창의성을 발휘하는 무대이며, 그 결과 자발적인 확산과 강력한 유대감을 만들어낸다.

인스타그램의 '투어스 하지마 챌린지' 사례처럼, 브랜드가 제시한 최소한의 가이드라인 안에서 이용자가 자유롭게 변주할 수 있을 때, 고객은 단순 소비자가 아닌 브랜드 메시지의 공동 창작자로 변모한다.

▲ 인스타 투어스 하지마 챌린지

이러한 구조는 두 가지 중요한 효과를 낳는다. 첫째, 참여 기반 몰입이다. 고객이 직접 참여할 때 브랜드는 수동적 시청이 아닌 능동적 체험으로 자리 잡는다. 둘째, 자발적 확산의 가속화이다. 특정 해시태그를 중심으로 형성된 네트워크는 기하급수적인 바이럴을 만들어내며, 브랜드 메시지의 도달율을 극대화한다.

챌린지 콘텐츠는 단순한 놀이가 아니다. 이는 브랜드와 소비자 간의 경계를 허무는 소통 전략이며, 고객을 메시지 확산의 주체로 전환하는 가장 강력한 방식이다. 브랜드가 이를 전략적으로 설계할 때, 챌린지는 일시적 유행을 넘어 지속 가능한 팬덤과 충성도를 구축하는 동력이 된다.

챌린지 콘텐츠는 '참여' 욕구를 직접적으로 자극하며, 이는 곧 높은 몰입도와 자발적인 콘텐츠 생성으로 이어진다. 브랜드가 제시한 최소한의 가이드라인 안에서 개인의 창의성을 발휘하게 함으로써, 고객 스스로가 브랜드 메시지를 '재창조'하고 '확산'하는 주체가 되게 한다. 이는 브랜드에 대한 강력한 유대감을 형성할 뿐만 아니라, 특정 해시태그를 중심으로 폭발적인 바이럴 효과를 창출하여 메시지 도달률을 극대화하는 가장 강력한 소통 방식 중 하나다.

다양한 시선이 모여 완성되는 브랜드 콘텐츠

브랜드들이 운영하는 공식 서포터즈와 크리에이터 커뮤니티는 인스타그램 채널에서 점점 더 중요한 역할을 담당하고 있다. 단순히 일방적으로 메시지를 전달하는 것이 아니라, 실제 고객과 팬이 직접 브랜드를 경험하고 이를 자신만의 언어로 기록·공유함으로써 친근한 소통과 높은 신뢰를 만들어내는 방식이다. 인스타그램은 이미지, 릴스, 스토리 등 다양한 포맷을 통해 참여자의 개성과 즉흥성을 자연스럽게 드러낼 수 있는 플랫폼이다. 따라서 브랜드는 서포터즈나 팬 크리에이터가 제작한 콘텐츠를 활용해 브랜드의 공식 메시지에 생동감을 더하

▲ 인천국제공항공사   ▲ BNK금융그룹

고, 동시에 소비자와의 양방향 대화 구조를 구축할 수 있다.

인스타그램은 브랜드가 단순한 프로모션 채널을 넘어, 고객과 함께 이야기를 만들어가는 참여형 무대로 진화하고 있다. 브랜드가 서포터즈, 팬, 고객 크리에 이터와의 협업을 전략적으로 설계한다면, 인스타그램은 단기적 노출 이상의 지속 가능한 관계 구축 플랫폼이 될 수 있다.

톤앤매너에서 친근감으로
핵심 전략이 바뀌다

브랜드 인스타그램 운영에서 가장 두드러진 변화는 '친근함'이 핵심 전략으로 부상했다는 점이다. 과거에는 완벽하게 연출된 이미지와 일방적인 정보 전달이 중심이었다면, 이제는 밈, 챌린지, 짧은 유머 코드 등을 통해 소비자와 같은 언어로 대화하는 방식이 확산되고 있다.

▲ 소방청 인스타그램　　▲ 현대자동차 르르르 인스타그램

현대자동차의 부계정 '르르르'는 대중교통과 공유 모빌리티를 활용하는 일상의 이야기를 밈 콘텐츠로 풀어내며, 자동차 브랜드임에도 소비자와 동등한 위치에

서 소통하는 전략으로 신선함을 주었다. KT&G는 캐릭터 '케프로'를 전면에 내세우며 개그우먼과 협업한 밈 시리즈로 재미와 공감을 동시에 확보했다. 넷플릭스는 '오징어 게임' 밈을 공식 계정에서 활용하며 전 세계 팬덤과 함께 콘텐츠를 재생산하게 만들었다. 이처럼 밈과 유머는 브랜드의 무게감을 가볍게 덜어내고, 소비자와 심리적 거리를 좁히는 강력한 무기가 된다.

중요한 점은 이러한 콘텐츠가 단순히 웃음을 주는 데 그치지 않고, 참여와 확산을 유도하는 구조를 가진다는 것이다. 챌린지, 투표, 해시태그 릴레이 등은 소비자가 콘텐츠를 단순히 소비하는 것을 넘어 직접 재창조하고 공유하도록 만든다. 이는 자발적 바이럴로 이어지며, 결과적으로 브랜드 메시지를 저비용으로 널리 확산시키는 효과를 낸다. 물론 밈과 유머는 양날의 검이다. 지나치게 가볍거나 맥락이 맞지 않으면 브랜드 이미지와 충돌하거나 오해를 불러일으킬 수 있다. 따라서 성공적인 밈 활용은 브랜드 톤앤매너와의 일관성, 유행 맥락을 읽는 민첩성, 메시지와 재미 사이의 균형이 전제되어야 한다.

b| 블로그 채널

숏폼 시대에도
유효한 깊이를 가진 채널

많은 사람들이 정보를 확인하기 위해 활용하는 플랫폼에서 여전히 1순위 서비스는 네이버이다. 특히 네이버 검색 시 노출되는 결과 중 블로그로 유입되는 비중은 여전히 높은 수준을 유지하고 있으며, 이는 블로그가 텍스트, 사진, 영상 등 다양한 포맷을 활용해 정보를 구조적으로 전달할 수 있는 채널임을 보여준다.

브랜드 입장에서 블로그는 단순한 콘텐츠 허브가 아니라 검색 최적화와 신뢰 구축을 동시에 실현하는 핵심 채널이다. 소비자들은 블로그를 통해 브랜드가 제공하는 정보를 빠르게 확인할 수 있으며, 실제 사용자 경험을 기반으로 한 세

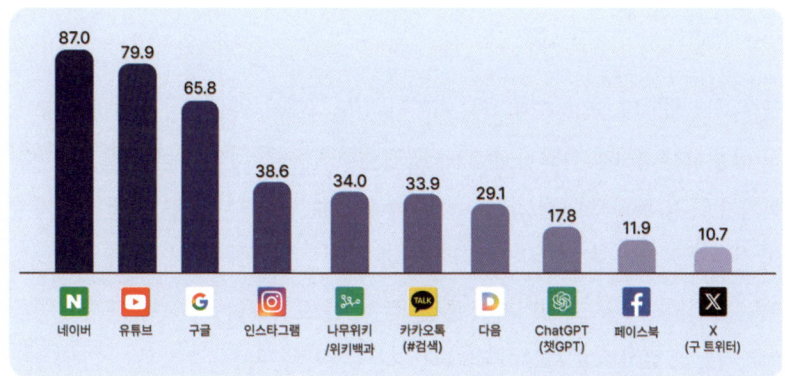

평소 궁금한 것을 검색하기 위해 이용하는 서비스 TOP 10
[Base: 전체 응답자, N=1000, 중복응답, %]

네이버	유튜브	구글	인스타그램	나무위키/위키백과	카카오톡(#검색)	다음	ChatGPT(챗GPT)	페이스북	X(구 트위터)
87.0	79.9	65.8	38.6	34.0	33.9	29.1	17.8	11.9	10.7

출처 아이보스(2024) 그래픽 더콘텐츠연구소

부적이고 체계적인 정보를 탐색할 수 있다. 이 때문에 많은 기업이 신제품 리뷰, 서비스 가이드, 활용 팁, 산업 트렌드 등 검색 친화적인 콘텐츠를 블로그에 집중적으로 배치하며 브랜드 신뢰도를 높이고 있다.

또한 블로그는 인스타그램이나 틱톡 같은 숏폼 플랫폼과 달리 깊이 있는 설명과 맥락 전달이 가능하다는 장점을 가진다. 검색을 통해 유입되는 독자들은 이미 특정 주제에 관심을 가진 의도 기반 트래픽이기 때문에 전환 가능성이 높으며, 글과 이미지뿐만 아니라 동영상까지 삽입할 수 있어 멀티모달 콘텐츠로 소비자의 다양한 니즈를 충족시킬 수 있다.

이제 블로그는 단순히 기업 소식을 알리는 공간을 넘어 검색과 브랜딩을 동시에 잡는 하이브리드 플랫폼으로 자리 잡고 있다. 단기적으로는 검색 최적화와 고객 관점의 정보 제공을 통해 트래픽을 확보하고, 장기적으로는 브랜드의 전문성과 신뢰성을 구축하는 도구로 발전할 것이다.

블로그는 여전히 검색 관문에서 강력한 영향력을 유지하는 채널이며, 소비자의 탐색 여정을 브랜드 경험으로 연결하는 핵심 매개체이다. 기업이 블로그를 단순한 홍보 창구가 아니라 콘텐츠 아카이브이자 신뢰 자산으로 인식할 때, 블로그는 시대를 넘어 지속적인 경쟁력을 발휘할 수 있다.

보는 순간 브랜드가 느껴지는
콘텐츠의 힘

블로그는 채널의 특성상 텍스트, 이미지, 인포그래픽, 영상까지 결합해 풍부하고 심층적인 정보를 전달할 수 있는 공간이다. 단순히 짧은 주목을 끌기보다는 독자가 특정 주제에 대해 깊이 이해할 수 있도록 설계되는 만큼, 브랜드나 기관의 전문성을 드러내기에 최적화된 플랫폼이다.

메인 화면의 프롤로그 이미지와 톤앤매너는 블로그가 하나의 브랜드 채널임을 직관적으로 보여주며, 세분화된 카테고리는 독자가 원하는 주제를 빠르게 탐색할 수 있도록 돕는다. 이 과정에서 블로그는 단순한 '정보 게시판'이 아니라, 기관·기업의 아이덴티티를 반영하는 브랜디드 미디어로서 기능한다.

네이버 블로그 이외에도 독자적으로 기업에서 운영하고 있는 블로그도 이목을 끌고 있다.

네이버에서 제공하는 정형화된 템플릿에서 제작하는 것이 아니기 때문에 더욱 퀄리티 높게 기업이 원하는 방향성을 만들어나갈 수 있다. 토스가 운영하는 '토스피드' 사례는 이를 잘 보여준다. 금융이라는 전문 영역을 다루면서도 뉴스·정

▲ 고용노동부 블로그

이 주의 콘텐츠

트럼프의 MAGA, 투자자는 어떻게 대응해야 할까?

미국 역사 속에서 반복되는 미국 우선주의

✏ 토스증권 리서치센터 ⏳ 8분

출처 토스피드

보·인사이트를 폭넓게 다루어 블로그의 장점인 깊이 있는 정보 전달력을 효과적으로 활용하고 있다. 또한 네이버 블로그의 정형화된 템플릿을 활용하지 않고 독자적으로 운영되는 기업 블로그는, 브랜드의 철학과 시각적 아이덴티티를 고도화할 수 있다는 강점을 가진다.

통계청 블로그의 경우 키 컬러를 활용한 일관된 디자인 라인으로 안정감을 주는 동시에, 주제별 특성에 맞춘 인포그래픽을 적용해 콘텐츠 차별성을 확보했

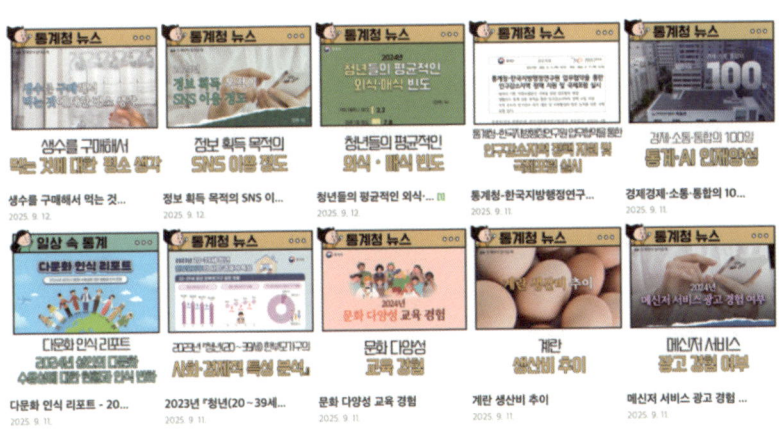

▲ 통계청 블로그

▲ 여수시 공식 블로그

다. 이는 블로그가 단순한 가독성 제공을 넘어, 정보의 신뢰성과 시각적 설득력을 동시에 강화할 수 있음을 보여준다.

무엇보다 블로그는 이제 콘텐츠 허브의 역할을 수행한다. 숏폼, 카드뉴스, 인스타그램 포스트 등 다른 플랫폼에 맞춰 제작된 콘텐츠를 블로그에 맞게 재가공하고 아카이빙함으로써, 콘텐츠의 생명력을 연장하고 확산력을 극대화할 수 있다. 즉, 블로그는 콘텐츠의 출발점이자 집합소로서, 브랜드 메시지를 장기적으로 축적하고 검색을 통해 꾸준히 노출시키는 기능을 한다.

클릭보다 신뢰, 트래픽보다 팬: 브랜드가 다시 웹으로 돌아가는 이유

자사 웹사이트와 블로그는 기업과 기관이 원하는 메시지를 가장 정적인 환경에서, 가장 상세하고 정확하게 전달할 수 있는 플랫폼이다. 특히 정보의 신뢰성과 접근성이 중요해진 지금, 고객은 광고성 메시지보다는 브랜드가 직접 운영하는 채널에서 제공하는 콘텐츠에 더 높은 신뢰를 부여한다.

이는 단순히 선호도의 문제가 아니라, 변화하는 소비 행태와 맞닿아 있다. 오늘

날 고객은 '영리한 소비'를 지향하며, 구매를 결정하기 전에 브랜드가 제공하는 공식 자료, 전문적 설명, 실제 사례와 같은 깊이 있는 정보를 탐색한다. 이 과정에서 웹사이트와 블로그는 브랜드의 입장을 투명하게 전달하고, 고객의 의사결정을 돕는 정보 탐색의 핵심 거점으로 기능한다.

또한 웹사이트와 블로그는 브랜드가 장기적으로 신뢰성과 전문성을 축적하는 자산이다. 숏폼과 SNS가 빠른 주목을 얻는 데 효과적이라면, 웹사이트와 블로그는 그 주목을 깊이 있는 이해와 관계 구축으로 이어가는 역할을 한다. FAQ, 백서, 성공 사례, 산업 분석 등 구조화된 콘텐츠는 단순한 홍보를 넘어 브랜드를 '정보의 출처'로 자리매김하게 만든다.

자사 웹사이트와 블로그는 단순한 홍보 채널이 아니라, 브랜드 신뢰와 전문성을 증명하는 정보 허브이다. 기업과 기관이 이를 전략적으로 운영한다면, 고객은 단발적 광고 노출이 아닌 장기적 관계 속에서 브랜드를 신뢰할 수 있으며, 이는 곧 지속 가능한 경쟁 우위로 이어진다.

❎ X(트위터) 채널

대화는 브랜드를
사람답게 만든다

트위터는 여전히 세상의 실시간 대화가 모이는 디지털 광장이다. 실시간 트렌드를 통해 대중의 관심사를 즉각 확인할 수 있고, 브랜드는 이를 활용해 빠르고 재치 있는 콘텐츠를 제작하며 공감을 얻는다. 드라마 속 한 장면이나 스포츠 경기의 순간을 트렌드재킹으로 연결하면, 단순한 정보 전달을 넘어 폭발적인 참여와 확산을 끌어낼 수 있다.

트위터의 구조적 강점은 리트윗과 인용 리트윗이다. 리트윗은 메시지를 기하급수적으로 확산시키고, 인용 리트윗은 다양한 해석과 참여형 확산을 가능하게 한다. 신제품 출시나 이벤트처럼 빠른 확산이 필요한 순간에 트위터는 가장 효과적인 플랫폼이다.

또한 트위터는 브랜드가 고객과 인간적인 방식으로 소통할 수 있는 드문 채널이다. 멘션과 답글로 실시간 대응을 제공하면 신뢰를 높일 수 있고, 운영자의 개성 있는 말투와 유머러스한 대응은 브랜드를 친근한 존재로 인식하게 만들어 팬덤을 형성한다.

이 플랫폼은 콘텐츠 테스트와 아이디어 발굴에도 강점을 가진다. 짧은 슬로건이나 영상 클립을 올려 반응을 확인하는 것은 A/B 테스트와 유사한 효과를 제공한다. 좋아요, 리트윗, 댓글은 즉각적인 피드백 데이터로 작동하며, 트렌드와 해시태그는 새로운 콘텐츠 소재의 원천이 된다.

트위터는 글자 수 제한 덕분에 간결하면서도 임팩트 있는 메시지를 요구한다. 여기에 공감, 유머, 감동 같은 감정 요소와 GIF, 짧은 영상 같은 시각적 매력이 더해질 때 콘텐츠는 빠르게 확산된다. 트위터는 실시간성, 확산성, 인간적인 소통이라는 강점을 제공한다. 브랜드가 이를 전략적으로 활용한다면 단기적인 화제성뿐 아니라 장기적인 신뢰와 팬덤 형성까지 이어질 수 있다.

신뢰는 대화에서 시작된다
: 마음의 거리를 좁히는 소통의 힘

X구 트위터는 빠른 속도로 최신 정보를 전달하고 실시간 소통을 통해 소비자와 직접적으로 교류할 수 있는 소통 채널이다. 이에 브랜드는 X의 특성을 활용해 친근한 이미지를 구축하고 신속한 정보 전달과 고객 소통을 강화하는 데 주력하고 있다. X는 특히 트렌드에 민감하게 반응하여 '밈'을 활용한 유머러스한 소통을 통해 소비자의 참여를 유도한다.

고양특례시는 '내가 그걸 모를까'라는 밈과 고양이 캐릭터를 활용해 단순한 정보를 유희화하여 몰입도를 높이는 전략을 사용했다. 마치 친한 친구처럼 다가가

▲ 고양특례시　　　　　　　　　　　▲ 빙그레

기 위해 이슈화 되는 밈과 정보를 접목시켰다. 빙그레의 '비밀학기'콘텐츠는 학교라는 세계관을 돌입해 홍보하며 1020 이용자가 많은 X구 트위터에서 많은 호응을 얻은 우수 사례가 등장하고 있다.

트위터 용어 중 '트친'이라는 단어가 있다. 트친이란 트위터 친구를 뜻하는 것으로 보통 새로운 트친을 구할 때 '#트친소'(트위터 친구를 소개합니다)라는 해시태그와 함께 많이 쓰인다. 이렇듯 트위터는 소통이라는 개념을 중시하는 채널

올리브영
@oliveyoung

올영이 동년배들 다들 열심히 일할 때
올영이는 올갱이 트친소만 열심히 하는 거 몬주알지
어쨌든 열심히 하니까 같은 결로 볼 수 있는 거 아니겠어?
올영이랑 트친할 사람 답멘으로 흔적 남겨줘

💚 일정 : 4/9(수)~4/15(화)
💚 발표 : 4/18(금)
💚 경품 : 올리브영 기프트카드 1만원권 (10명)
💚 올리브영 팔로우 필수

#올리브영 #올영 #이벤트

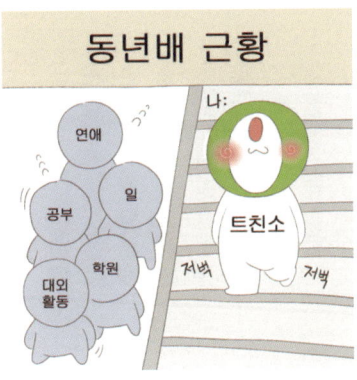

출처 올리브영 X

이다. 따라서 브랜드 역시 단순히 정보를 제공하는 수단으로 트위터 계정을 이용하지 말고 소비자들의 트친 개념으로 접근하면 효과적이다.

⑥ 스레드 채널

스레드의 경우 여전히 X구 트위터와의 경쟁 구도는 유효하다. 다만 X가 속보와 실시간 이슈, 다소 자극적인 논쟁의 장이 될 때, 스레드는 좀 더 긍정적이고 건설적인 커뮤니티를 지향하는 방향으로 진화하고 있다. 이는 특히 브랜드와 소비자가 소통하는 데 있어 보다 안정적이고 긍정적인 환경을 제공하는 중요한 차이점을 보이고 있다는 점에서 주목할 만하다.

와이즈앱에서 2025년 2월 기준 집계한 주요 SNS 앱 사용자 수 변화를 보면 가장 많이 사용한 SNS 앱 1위 인스타그램, 2위 밴드, 3위 네이버 카페 순이고, 가장 많이 성장한 SNS 앱 1위 스레드, 2위 X, 3위 틱톡 순이다.

요즘 SNS 앱 중 주목해야 할 앱은 스레드Threads이다. 2025년 2월 한국인이 사용한 SNS 순위는 7위지만 1년 사이 가장 많이 성장한 앱이기 때문이다.

사용자가 작년 2월보다 133% 증가한 원인에는 젊은 세대 중심의 소통 방식과 맞

출처 와이즈앱(2024.08) 그래픽 더콘텐츠연구소   출처 와이즈앱(2025.06) 그래픽 더콘텐츠연구소

아떨어지는 앱의 특성도 해당한다. 간결한 텍스트 기반의 소통과 현재 가장 많이 사용되는 앱, 인스타그램과의 연동으로 빠른 가입이 가능하다. 기존 인스타그램 계정 정보를 불러올 수 있기 때문에 회원가입의 번거로움도 줄어들어 진입장벽이 낮다.

스레드는 바이럴 효과를 높이는 핵심 플랫폼으로 자리 잡고 있다는 점에서 많은 기업들이 스레드 마케팅 전략을 이용해 소비자와의 접점을 넓히고 있다. 주요 SNS 앱 사용자 연령대별 비중을 보면 인스타그램과 비슷한 연령대의 사용자가 스레드를 이용한다.

인스타그램에서 강한 팬을 보유한 브랜드는 스레드로 빠르게 확장해 멀티 플랫폼 마케팅을 진행할 수 있다.

또한 젊은 세대는 트렌드 변화에 따라 플랫폼 이동성도 높으므로 스레드에서 젊은 세대와의 접점을 높여 인스타그램과의 중복 참여율을 높이는 전략을 가져야 한다.

유머는 최고의 브랜딩 언어 중 하나: 고객의 마음을 가볍게 여는 법

스레드 내에서는 비교적 공식적인 이미지에서 벗어나 유머러스하고 솔직한 소통을 선호하며 친구와 대화하듯 편안하게 의견을 주고받는 모습이 브랜드의 인간적인 모습을 더해준다.

예를 들어, '배달의민족'의 스레드 콘텐츠들은 단문의 공감형 게시물이나 '오늘 뭐 먹지'와 같이 열린 질문을 던져 댓글을 유도한다. 또한 유행하는 밈이나 인터넷 용어를 재치 있게 활용하여 소비자에게 재미 요소를 느끼도록 한다. 이는 특히 젊은 층과의 공감대를 형성하는데 매우 용이하다.

스레드는 소비자의 자발적 리포스트가 가능해 확산력을 높일 수 있고 재치있는 글로 친근한 존재로 인식시킬 수 있다. 이는 긍정적인 브랜드 이미지를 구축

▲ 배달의 민족 스레드

하고 소비자의 댓글 및 좋아요를 통해 쌍방향 소통이 가능하다.

인스타그램 스레드가 처음 등장했을 때부터 지속적으로 잘 활용하고 있는 브랜드는 '스픽'이다. 스레드를 운영하는 담당자의 일상을 라이트하게 담아낼 뿐만 아니라 영어 회화 표현을 유쾌하게 전달하고 있어 이용자와 긴밀한 유대감을 형성하고 있는 것으로 나타났다.

인스타그램과 다르게 톤앤매너를 맞출 필요가 없으니 일상 사진을 올리거나 텍

출처 스픽 스레드

스트로 구성된 정보를 전달하고 있는 것을 알 수 있다. 스레드는 다른 SNS 채널과 달리 운영 부담이 적기 때문에 여러 방법을 테스트해보면서 브랜드만의 방식을 찾아갈 수 있는 환경이 갖추어져 있다.

스레드는 일방적 정보 전달 채널이 아닌, 적극적인 소통을 통한 커뮤니티 구축의 장으로 활용하는 것이 중요하다. 관련 분야의 오피니언 리더, 잠재 고객, 협력사 등의 스레드에 진심을 담은 댓글을 달고, 유익한 콘텐츠는 재게시하거나 인용하며 소통의 범위를 넓혀가는 것도 유효한 시점이다.

f 페이스북 채널

페이스북은 예전만큼의 파급력은 줄었지만, 여전히 다양한 연령대의 소비자가 이용하는 채널로서 브랜드 마케팅에서 무시할 수 없는 플랫폼이다. 사진, 영상, 카드뉴스 등 타 채널에 비해 다채로운 포맷을 지원하며 채널간 연계를 강화하고 있는 것이 특징이며, 특히 참여형 이벤트는 여전히 소비자와의 소통을 강화하는 효과적인 방식으로 주목받고 있다.

모두에게 말하지 말고, 맞는 사람에게 깊게 말하라
: 서브 채널의 전략

브랜드별로 톤앤매너를 차별화하는 전략도 중요하다. 예를 들어, CJ는 젊은 세대를 겨냥해 발랄하고 활기찬 디자인을 활용하고, 보건복지부는 신뢰를 우선시해 정적이고 직관적인 포스터를 내세운다. 이러한 맞춤형 접근은 메시지의 도달률과 참여도를 높이며, 페이스북이라는 채널의 브랜드-소비자 관계 유지에 기여한다.

페이스북 이벤트 콘텐츠를 통해 소비자에게 재미와 함께 보상에 대한 기대감을 주고 이에 소비자는 콘텐츠가 실시간으로 확산되는 것을 보며 소속감과 만

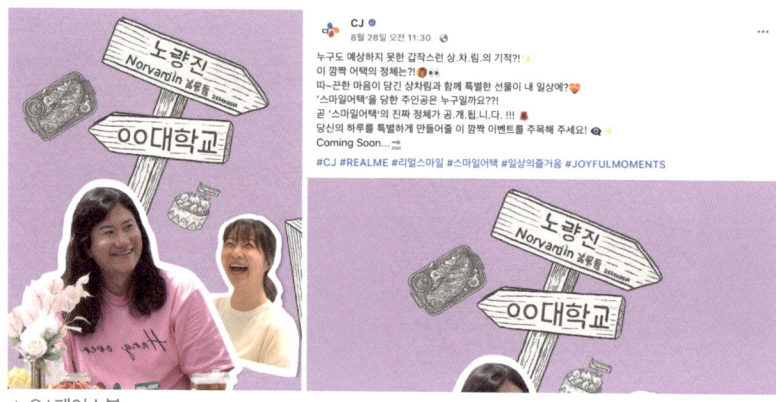

▲ CJ 페이스북

족감을 여전히 느끼고 있는 것으로 분석됐다. 또한 직관적인 이미지의 카드뉴스로 메시지를 쉽게 전달하고 있는 중이다.

공공기관은 정책 정보를 시각화한 정보전달 콘텐츠에 주력한다. 국민의 생활과 직결된 정책이나 정보를 포스터를 통해 알리고 해시태그를 이용해 정보를 확산시켰다. 페이스북은 전반적으로 이미지와 영상에 대한 반응이 높으며 좋은 반응을 얻은 브랜드들은 복잡한 정보를 인포그래픽, 카드뉴스, 포스터, 릴스 등 시각적으로 가공해 메시지 전달의 효과를 극대화한다.

페이스북은 트렌드 플랫폼으로서의 위치는 약화되었지만, 여전히 참여·시각화·

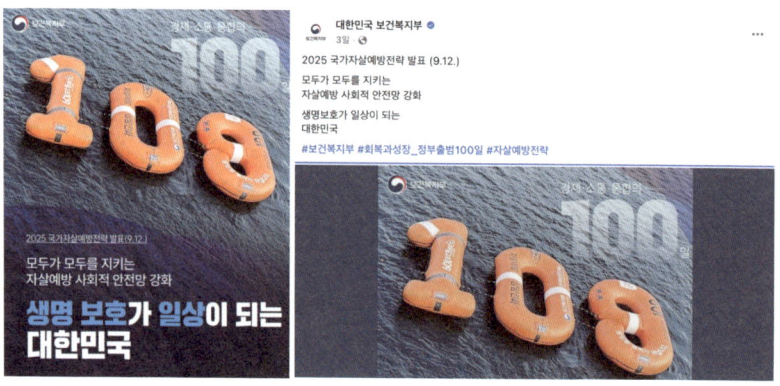

▲ 보건복지부 페이스북

맞춤화 전략을 통해 브랜드 신뢰도와 인지도를 공고히 할 수 있는 공간이다. 특히 공공기관과 기업 모두가 소통형 이벤트와 맞춤형 비주얼 콘텐츠를 결합할 때, 페이스북은 단순한 홍보 채널을 넘어 관계 구축형 플랫폼으로 기능할 수 있다.

2

요즘 콘텐츠 우수 사례

서로 다른 콘텐츠, 그 안의 해법

업종별 사안별 심층분석

각 업종 특성과 맞닿은 주목해야 할 사례와
그것을 통해 도출해 낼 수 있는 솔루션을
2025년 더콘텐츠연구소가 발행한
소셜미디어 전략 칼럼을 중심으로 엮어보았습니다.

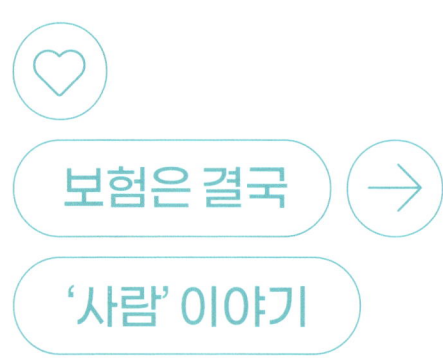

보험은 결국 '사람' 이야기

금융 업계 · 생명보험

보험이라는 무겁고 복잡한 주제를 어떻게 대중에게 가깝게 전달할 수 있을까? 생명보험사들은 단순한 홍보를 넘어, SNS 콘텐츠를 통해 고객과 정서적으로 연결되려는 시도를 본격화하고 있다. MZ세대를 중심으로 소비와 소통의 방식이 급변하면서, 삼성생명, 한화생명, 교보생명, 신한라이프 등 주요 보험사들 역시 브랜드 이미지 제고와 고객 접점 확대를 위한 콘텐츠 전략에 박차를 가하고 있다.

정보전달을 넘어 브랜드 경험으로

한화생명은 '공간 브랜딩'과 '사람 중심 콘텐츠'로 SNS 감성을 잡았다. 63빌딩을 주제로 한 유튜브 챌린지는 20만 회가 넘는 조회수를 기록했고, 인스타그램에서는 임직원 브이로그, 사내문화 쇼츠 콘텐츠로 브랜드를 보다 인간적으로 느끼게 한다. 전통적인 금융기업의 무거운 이미지를 벗고, 실제 일하는 사람들과의 연결을 통해 친근하고 실체감 있는 브랜드 이미지를 구축하고 있다. 공간·사람·브랜드를 연결하는 감성적 접근은 보험을 '사는 것'이 아니라 '경험하는 것'으로 전환시킨 사례라 할 수 있다.

▲ 교보생명 X 정해인의 유리 교감해 볼까요? (유튜브 콘텐츠)

교보생명은 '감성 금융'을 표방하며 디자인 통일성과 정보 시각화에 집중한다. 카드뉴스, 일러스트 콘텐츠로 인스타그램을 정갈하게 운영하고 있으며, 블로그에서는 금융 지식을 스토리텔링 방식으로 풀어내 따뜻한 브랜드 이미지를 구축하고 있다.

콘텐츠 유형과 채널별 운영 목적을 명확히 구분한 전략적 구성력은 브랜드 신뢰도를 높이는 데 중요한 역할을 하고 있으며, 디지털 콘텐츠의 기획-제작-배포 흐름이 체계적으로 설계되어 있다는 점에서 주목할 만하다.

신한라이프는 감성 브랜디드 콘텐츠의 정석을 보여준다. 유튜브와 인스타그램 모두 '감정 환기'를 중시한 영상 중심 전략으로 운영되며, 브랜드 필름, 고객 사연 기반 인터뷰 등을 통해 라이프스타일 브랜드로의 전환을 꾀하고 있다. 짧고 강렬한 인상을 남기는 릴스 콘텐츠는 디지털 네이티브 세대와의 접점을 넓히는 핵심 수단으로 자리 잡았다. 정보보다 감성을 우선시하고, 상품보다 메시지를 중심에 두는 콘텐츠 설계는 신한라이프의 브랜드 철학과도 맞닿아 있다.

삼성생명은 콘텐츠의 폭과 깊이에서 가장 눈에 띈다. 유튜브 쇼츠에서는 '모기 잡다 사람 잡으면 보험 처리 가능?', 'UFO에 납치되면 상해보험 VS 생명보험'과 같은 위트 있는 주제를 활용해 보험이라는 주제를 가볍게 풀어내며, 보험이

낯선 젊은 세대에게 친숙하게 다가간다. 동시에 마스코트 '별리'를 활용한 인스타그램 콘텐츠는 직장인의 일상과 공감대를 공유하며 브랜디드 캐릭터 전략을 효과적으로 운영하고 있다.

▲ 삼성생명의 〈궁금해리 알려달리〉 쇼츠 시리즈

삼성생명의 강점은 영상 콘텐츠의 형식과 정서적 연결을 모두 잡으려는 시도에 있다. '젊음이 길어진 시대 삼성생명'이라는 광고 카피는 고령화 사회에서의 삶과 자산에 대한 근본적인 메시지를 던지며, 브랜드의 방향성과 시장 변화에 대한 이해를 보여주는 사례다. 300만 회 이상의 조회수를 기록한 이 광고는 단순 인지도 확보를 넘어, 브랜드 철학을 감성적으로 전달한 콘텐츠로 평가받는다.

과제는
'도달률'과 '지속성'

생명보험사들의 끊임없는 노력에도 불구하고 SNS 콘텐츠 전략에는 여전히 과제가 남아 있다. 무엇보다 '도달률'과 '지속성'의 문제다. 퀄리티 높은 콘텐츠가 생산되고 있음에도 불구하고, 일부 콘텐츠는 제한된 알고리즘과 타겟 설정의 한계로 충분한 소비자에게 도달하지 못하고 있다. 특히 장기적인 콘텐츠 시리즈 운영을 통해 스토리텔링을 강화하고자 할 경우, 플랫폼 최적화 전략과 외부 협업, 해시태그 전략, 인플루언서 연계 등 보다 적극적인 노력이 필요하다.

또한, 채널 간 브랜딩 톤의 일관성 유지도 중요하다. 유튜브와 인스타그램에서 전혀 다른 메시지를 전달하거나, 정보형과 감성형 콘텐츠가 혼재되어 소비자의 혼란을 야기하는 사례도 적지 않다. 금융업의 신뢰성과 콘텐츠의 친근함 사이에서 균형을 어떻게 잡을 것인가가 풀어야 할 과제다.

결국 보험 콘텐츠가 정보 전달을 넘어서 '브랜드 경험'으로 진화하고 있다는 흐름은 분명하다. 보험을 광고가 아닌 이야기로, 계약이 아닌 관계로 바꾸는 작업. 이 새로운 흐름 속에서 소비자는 브랜드의 상품이 아니라 철학을 보고, 광고가 아니라 '스토리'를 기억하게 된다.

생명보험업계의 디지털 커뮤니케이션은 지금 전환점에 있다. 단순히 보험 가입을 유도하는 도구를 넘어서, 브랜드의 가치와 메시지를 소비자의 일상 속으로 자연스럽게 녹여내는 콘텐츠가 핵심이다. 삼성생명이 시도한 브랜디드 예능, 한화생명의 공간형 콘텐츠, 신한라이프의 감성 브랜딩, 교보생명의 정보 디자인 전략은 모두 하나의 공통점을 갖는다. 바로 "보험은 결국 사람이야기"라는 점이다. 앞으로 생명보험 콘텐츠가 얼마나 '사람의 언어'로 소통하고, 얼마나 '생활의 맥락' 속에 스며들 수 있는지가 생존과 성패를 가를 것이다.

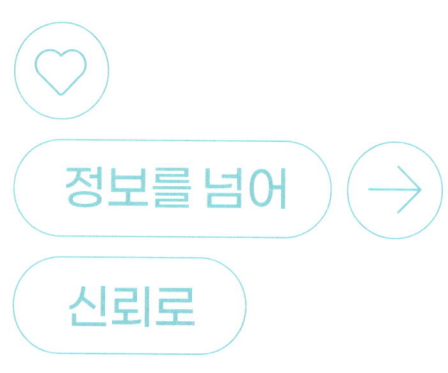

정보를 넘어 →

신뢰로

금융 업계 _ 증권

개인 투자자의 꾸준한 증가로 주식 및 경제 관련 콘텐츠 수요가 늘면서, 증권업계는 소셜 미디어를 기반으로 한 소통 창구를 확대하고 독창적인 콘텐츠로 고객에게 다가가고 있다. 특히 유튜브 채널을 중심으로 주식 및 투자 관련 정보가 범람하는 가운데, 증권업계는 신뢰성 있는 이미지와 정보를 앞세워 차별화된 콘텐츠 제작에 심혈을 기울이며 단순한 정보 제공자를 넘어 신뢰할 수 있는 투자 동반자로서의 이미지를 구축하는 데 주력하고 있다.

한국인터넷소통협회 부설 더콘텐츠연구소의 모니터링 분석 결과, KB증권은

▲ 〈슬기로운 연금의생활 : 은퇴 후 10억 필요?〉 KB증권 유튜브

재테크 팁, 금융과 관련된 내용을 담은 정보성 콘텐츠에 집중하고 있다. 연금 상품에 관한 정보를 전달하는 〈슬기로운 연금의 생활〉은 6만 회의 조회수를 기록했다. 고령인구가 증가하고 많은 청년들도 노후자금에 대해 관심이 높은 요즘 시대의 시의성을 반영한 주제의 콘텐츠라고 볼 수 있다.

유명한 드라마의 제목을 벤치마킹한 콘셉트로 고객에게 친숙하게 다가가려고 노력했지만 1대1 토크 형식으로 지루하게 전개가 되는 부분은 아쉬움이 들었다. 이 외에도 리서치 방송, 경제 이슈 등 다양한 내용을 소개한다. 매력적인 콘셉트 이거나 모든 고객들이 편하게 시청할만한 수준은 아니지만 투자자 관점에선 다방면의 정보를 제공해주는 전문성 높은 채널로 자리 잡을 수 있을 것이다.

▲ 〈테린이를 부탁해〉 Ep.6-하나증권 유튜브

하나증권은 이전부터 공감과 해답이라는 키워드로 독보적인 이야기를 풀어나가고 있다. 메인 콘텐츠 중 하나인 〈테니스에 진심인 편〉은 이제 막 테니스를 배우기 시작한 하나증권의 아나운서의 성장 드라마 스포츠 콘텐츠이다.

테니스가 MZ세대를 사로잡은 스포츠로 떠오르는 요즘, 해당 콘텐츠는 13만 회의 조회수를 기록하며 많은 관심을 받았다. 이와 같은 콘텐츠는 예능형 콘텐츠로 일반 소비자도 부담 없이 즐길 수 있는 장점이 있다. 증권과 테니스라는 연결

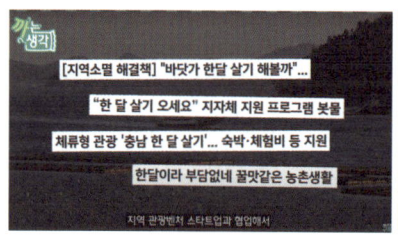

▲ 〈까는 생각〉 하나증권 유튜브

고리가 없음에도 독특한 매치가 보는 이의 호기심을 사로잡기 충분한 콘텐츠다.
소통과 정보형에 주력한 콘텐츠도 있다. '까는 생각'은 5분 내외의 숏 뉴스 형식
이며 눈길을 끄는 유머러스한 썸네일로 관심 있는 주제만 빠르게 시청이 가능
하다. 정신없는 현대인을 위해 뉴스에서 다루는 주제를 쉽게 풀어서 설명한다.
전통 미디어 속 뉴스는 어려운 단어와 집중해서 한 글자씩 들어야 하기 때문에
집중력이 떨어졌지만 해당 콘텐츠는 자막과 어울리는 모션그래픽과 예시 영상
으로 설명을 도와 주제의 핵심을 파악하기 용이해 소비자의 호응을 얻고 있다.

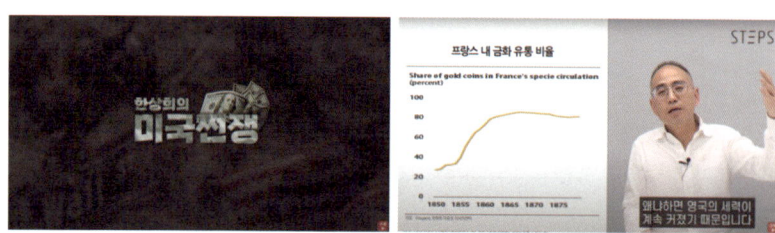

▲ 〈한상희의 미국주식 쩐쟁〉 한화투자증권 유튜브

한화투자증권은 아직 비교적 타 증권사에 비해 눈에 띄는 행보는 부족하다. 자
체 콘텐츠의 참신함보다는 증권사의 신뢰성을 바탕으로 한 투자 정보 전달형
콘텐츠에 주력한다. 〈한상희의 미국주식 쩐쟁〉은 리서치 센터 팀장이 전하는
미국 주식 분석에 관한 내용으로 한화투자증권만의 색을 나타내는 콘텐츠라고
판단하기 어려운 부분이 있다. 형식적이면서 딱딱한 구성은 접근성이 부족해
보여 타깃층을 넓히기 위해선 다양한 콘텐츠 구성이 필요해 보인다.
대신증권의 〈수요시장〉은 주목받는 산업계 이슈를 다룬 코너로 최근 업로드한

 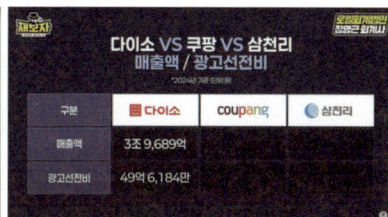

▲ 좌〈수요시장〉, 우〈재무제표 살펴보는 자-재보자〉

영상 중 '니콜라 수소트럭' 편은 81만 회를 기록할 만큼 큰 인기를 얻고 있다. 투자자들에게 중요한 정보 중 하나는 산업 이슈인 만큼 그에 관한 정보를 김바비 작가와 쉽게 풀어내고 있다. 편안한 내레이션과 적절한 영상 효과로 이해가 쉽도록 도우며 원하는 이슈만 골라 시청할 수 있어서 간편하다.

이외에도 〈재무제표 살펴보는 자 : 재보자〉는 기업의 매출, 재무구조의 특징과 산업 현황 등을 회계사와 풀어나가며 경제 트렌드를 쉽고 재밌게 설명한다. 이 콘텐츠는 핵심만을 전달하고 잘 정돈된 시각화 이미지로 조회수 41만 회에 도달하며 소비자에게 긍정적인 반응을 얻었다.

증권사들은 소셜 미디어를 핵심 소통 채널로 활용하며 고객과의 접점을 확대하고 있다. 특히 유튜브를 중심으로 양질의 콘텐츠를 선보이며 단순한 정보 제공을 넘어 신뢰할 수 있는 동반자로서의 입지를 굳히는데 주력하는 모습이다.

과거 딱딱하고 어려운 이미지에서 벗어나 소셜 미디어를 통해 고객의 눈높이에 맞춘 다채로운 콘텐츠를 선보이며 변화를 모색한다. 정보성 콘텐츠로 전문성을 강조하거나 예능형 콘텐츠로 친근함을 어필하는 등 각 기업의 전략은 다르지만 고객과의 소통으로 신뢰를 구축하려는 공통된 목표를 가지고 있다. 증권사들은 앞으로 고객의 라이프스타일에 스며들고 함께 성장하는 진정한 투자 동반자로서의 역할을 강화해 더욱 차별화된 콘텐츠를 선보일 것이라 기대된다.

MZ의 카드,
감성으로 결제하다

최근 금융권이 MZ세대와의 감성적 소통을 주요 마케팅 전략으로 삼으며, 카드 업계도 SNS 채널을 통한 소통 강화에 속도를 내고 있다. 신한카드, 삼성카드, 우리카드, BC카드 등 국내 주요 카드사들은 브랜드 인지도 확대는 물론, 젊은 세대와의 친밀감을 높이기 위해 다양한 형식의 디지털 콘텐츠를 선보이며 차별화된 전략을 펼치고 있다.

특히 인스타그램과 유튜브를 중심으로 MZ세대가 선호하는 '참여형 이벤트', '재미 중심 콘텐츠', '스토리텔링 기반 영상' 등을 적극 도입하고 있으며, 브랜드

▲ 참여형 콘텐츠로 카드업계 선도, MZ콘텐츠 다양화는 과제(신한카드 인스타그램)

메시지를 보다 유연하게 전달하려는 노력이 뚜렷하다. 한국인터넷소통협회 부설 더콘텐츠연구소의 디지털 소통효과 분석에 따르면, 최근 3개월간 각 카드사의 SNS 콘텐츠 운영에서 성과와 과제가 동시에 드러났다.

국내 카드사 중 인스타그램 팔로워 수(83.3만 명)가 가장 많은 신한카드는 브랜드 캠페인과 이벤트를 통해 MZ세대와의 소통에 있어 우위를 점하고 있다. '스토리 퀴즈 어택', '미니언즈 마라톤', '누나쇼 티켓 추첨' 등의 댓글 참여형 콘텐츠는 높은 좋아요 수와 댓글 수를 기록하며 소통형 콘텐츠의 효과를 입증했다. 특히 '스토리 퀴즈 어택'은 최근 3개월간 3회 이상 반복 운영되며 고정 콘텐츠로 자리잡았고, 참여자들로부터 "지루하지 않고 기대되는 콘텐츠"라는 반응을 얻으며 브랜드와의 유대감을 높이고 있다.

유튜브 채널 역시 75.9만 구독자를 보유하고 있으며, '공식 브랜드 캠페인 영상' 3편 중 대표 영상은 204만 회의 조회수를 기록해 콘텐츠 확산력 측면에서 주목받았다. 이외에도 일본 맛집 소개형 쇼츠 콘텐츠와 카드 연계 예약 이벤트, '솔까말(쏠직하게 말하다)'과 같은 줄임말 유머 콘텐츠 등도 MZ세대의 관심을 고려한 기획물로 평가된다.

모수(팬수) 대비 공유되는 콘텐츠의 실질적인 참여율을 높이기 위한 전략이 필요하다. 이벤트성 참여형 콘텐츠 외에 일반 콘텐츠에 대한 반응은 다소 미흡하다. 또한 카드 상품 정보에만 집중된 콘텐츠 구성으로 인해 콘텐츠 간 온도차가 발생하고 있다. MZ세대가 선호하는 감성적 콘텐츠, 일상 공유형 콘텐츠, MZ세대 취향저격 공감 콘텐츠 확대가 필요하다는 의견이다.

삼성카드는 '삼성'이라는 브랜드 파워를 기반으로 인스타그램 팔로워 45.6만 명을 확보하고 있으며, '삼성 라이온즈' 팬덤과 연계한 마케팅 전략이 눈에 띈다. 캐릭터 '라온이' 중심의 콘텐츠와 굿즈 중심 이벤트는 야구 팬을 중심으로 높은 반응을 얻으며, 팬심을 카드 사용으로 연결하는 전략을 성공적으로 시도하고 있다.

그 외 콘텐츠, 특히 '포엠매거진'과의 협업 게시물은 감성 중심 콘텐츠로의 확장

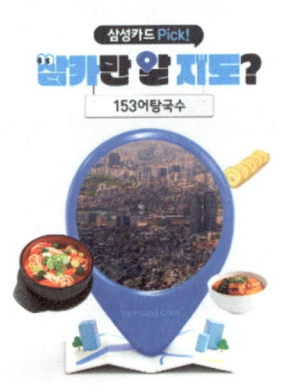
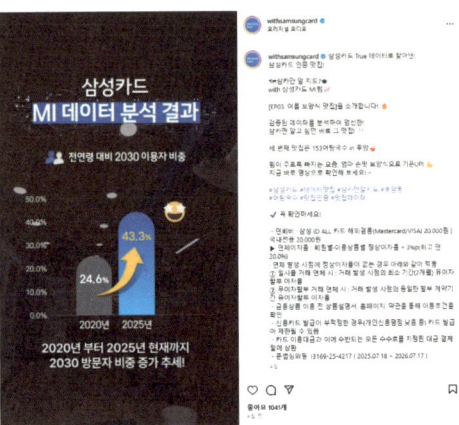

▲ MI데이터 분석 맛집 소개 인기, 재미와 공감 콘텐츠 확대 필요(삼성카드)

을 시도했음에도 불구하고, MZ세대의 취향을 저격하지 못해 낮은 반응을 기록했다. 이는 이벤트성 콘텐츠는 효과가 있으나 일반 게시물에서 재미와 공감 요소가 부족하다는 점을 반영한다.

유튜브 채널(구독자 10.8만 명)에서는 '삼성 주유 카드' 공식 광고 영상 2편이 각각 896만 회, 342만 회라는 조회 수를 기록하며 브랜드 파급력을 입증했다. 하지만 3개월간 업로드된 쇼츠 12편 중 대부분은 1천 회 이하의 조회수에 그쳤다. 특히 감성 시 콘텐츠와 카드 정보형 영상들은 MZ세대의 시청 패턴과 괴리가 컸고, 짧고 임팩트 있는 정보성 또는 유머 콘텐츠의 부족으로 콘텐츠 소비가 이어지지 못했다는 지적이다.

우리카드는 인스타그램 팔로워 수는 35.1만 명으로 적은 편이지만, 콘텐츠당 반응률은 업계 상위 수준을 기록하고 있다. '시드니 마라톤 2025' 협업 초성퀴즈, '정석 찾기' 등 위트 있는 유머와 참여를 결합한 콘텐츠는 높은 댓글 수를 기록하며 젊은 층과의 소통 성과를 이끌어냈다.

유튜브 채널(구독자 8.76만 명)에서도 자체 브랜드 슬로건 '~정석'을 활용한 '꿀팁의 정석' 시리즈가 평균 3만 회 이상의 조회수를 기록하며 브랜드 자산을 콘텐츠로 자연스럽게 녹여냈다는 평가를 받고 있다. 또한 '원터치 솔로해제' 같은 소개팅 콘셉트 콘텐츠는 8만 구독자 대비 5만 회라는 높은 조회수를 기록하며 콘텐츠 기획의 힘을 보여주었다.

▲ 반응률 높은 참여형 콘텐츠, MZ세대 맞춤형 전략 필요(우리카드)

이는 우리카드가 단순 카드 정보 전달을 넘어, MZ세대의 감성과 일상에 밀접한 콘텐츠 설계에 성공하고 있음을 의미한다. 다만 쇼츠나 숏폼 콘텐츠의 활용 빈도는 낮아, 장르적 다양성 확보는 과제로 남는다.

BC카드는 인스타그램 팔로워 수 31만 명을 기반으로 다양한 경품 이벤트와 협업 콘텐츠를 시도하고 있다. 김조한 미니콘서트, 친환경 굿즈 추첨, 이디야 콜라보 등은 일정 수준의 참여 반응을 유도하며 긍정적인 성과를 보였다.

다만, '여행지 소개', '카드 혜택 맛집 정보'와 같은 일반 콘텐츠의 반응은 저조했으며, 이는 브랜드 고유의 정체성이 SNS 콘텐츠 내에서 명확히 드러나지 않았기 때문으로 해석된다. MZ세대가 기대하는 것은 단순한 혜택 전달이 아닌, 브랜드만의 스토리와 세계관이 묻어나는 '경험 중심' 콘텐츠이기 때문이다.

유튜브 채널(7.75만 명) 운영에서도 콘텐츠 수가 적은 점이 한계로 작용하고 있다. 최근 3개월간 쇼츠 콘텐츠는 단 1건, 일반 영상도 2건에 불과했으며, 조회 수 역시 수백 회 수준에 머물렀다. 이는 콘텐츠 완성도보다 주제 선별, 스토리텔링 방식, 플랫폼 최적화 전략 부재가 복합적으로 영향을 미쳤다는 분석이다.

전반적으로 카드사들은 SNS 채널을 고객과의 소통 창구로 활용하며 디지털 브랜딩에 집중하고 있으나, 플랫폼별 전략과 콘텐츠 정체성의 선명도는 기업마다

페어북 트래블월렛 덕분에

▲ AI캐릭터를 활용한 참신한 콘텐츠, 경험 중심 콘텐츠 강화해야(BC카드)

큰 차이를 보이고 있다.

신한카드는 압도적 팔로워 수와 브랜드 파워를 활용한 이벤트 중심 소통에 강점을 보이며, 'SOL' 슬로건을 다양한 콘텐츠로 확장 중이다. 삼성카드는 팬덤과 브랜드 자산의 결합에는 성공했으나, 일상적 콘텐츠나 쇼츠 전략의 고도화가 필요한 상황이다. 우리카드는 기획력과 유머 코드의 정석을 보여주며, 후발주자로서 주목받는 디지털 존재감을 형성하고 있다. BC카드는 이벤트성 콘텐츠를 통해 성과를 보이고 있으나, 지속 가능한 브랜드 정체성 유지 전략이 필요한 시점이다.

향후 카드업계가 SNS 콘텐츠를 단순한 '홍보 도구'가 아닌, 고객과 함께 브랜드를 만들어가는 '공감 플랫폼'으로 발전시킬 수 있을지 귀추가 주목된다.

광고는 잊혀도 브랜드는 남는다

식품 업계 _ 유가공

디지털 환경이 급변하면서 소비자와 기업간의 소통 방식도 빠르게 달라지고 있다. 단순히 제품을 알리는 것을 넘어, 기업은 콘텐츠를 통해 해당 브랜드가 어떤 가치관을 가지고 있는지, 어떤 철학과 태도를 지향하는지를 전달하는 데 집중하고 있다. 특히 MZ세대를 비롯한 젊은 소비자들은 브랜드의 메시지와 정체성에 민감하게 반응하며, 이는 기업의 소셜미디어 전략 전반에 큰 영향을 주고 있다.

한국인터넷소통협회 부설 더콘텐츠연구소가 유가공업계 디지털 소통효과 분석결과, hy(구 한국야쿠르트), 빙그레, 매일유업, 남양유업 모두 SNS를 정보 제공과 소통의 창구로 활발히 활용하고 있는 가운데 각 기업은 고유한 브랜드 자산과 소통전략에 따라 차별화를 강조하고 있다.

빙그레는 '콘텐츠 마케팅의 선두주자'라고 불릴 만큼 독창적인 캐릭터(빙그레우스 더 마시스)와 세계관, 그리고 B급 감성을 활용한 유머로 압도적인 차별성을 보여 주목된다. 단순한 제품 홍보를 넘어선 스토리텔링과 팬덤 마케팅을 통해 젊은 세대의 강력한 팬덤을 형성하고, 브랜드에 대한 긍정적이고 즐거운 이미지를 구축했다는 점이 강점으로 평가된다.

23만여 명의 팔로우를 보유하고 있는 빙그레 인스타그램은 '빙그레우스 더 마시스'와 같은 독창적인 세계관과 캐릭터를 적극 활용하여 젊은 세대 참여를 기

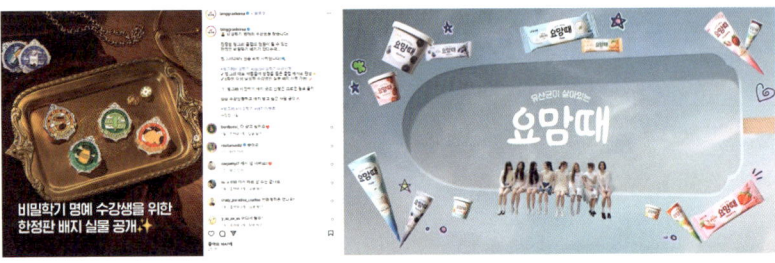

▲ 빙그레의 SNS 콘텐츠

반으로 브랜드 인지도를 높이고 있다. 이 또한 빙그레만의 차별점으로 부각되고 있다. 또한 트랜드를 반영한 밈, 유행하는 챌린지 등을 빠르게 콘텐츠에 접목하여 트렌디하고 재미있는 이미지를 구축하고 있다. 제품 자체의 홍보보다는 스토리텔링과 유머를 결합한 콘텐츠로 소비자에게 자연스럽게 다가가며 긍정적인 브랜드 이미지를 형성하고 있다.

빙그레의 세계관은 유튜브 채널을 통해서도 고스란히 전달되고 있다. 유튜브의 '빙그레우스 더 마시스' 세계관을 확장한 애니메이션 콘텐츠는 단순한 제품 광고를 넘어선 스토리텔링으로 시청자들의 몰입도를 높이며 캐릭터 팬덤을 형성하고 있다.

아울러 특정 제품(메로나, 바나나맛우유 등)을 의인화하거나 상상력을 더한 짧은 영상 콘텐츠는 댓글 창에서 팬덤을 형성하며 브랜드와 제품에 대한 애정을 강화하는 데 기여하고 있다. 이는 단순한 제품 홍보를 넘어 소비자들에게 '덕질'할 만한 요소를 제공하여 충성도를 높이는 전략으로 성공적이라는 평이다.

hy(구 한국야쿠르트)는 사명을 바꾸고 사업 구조를 재편하며, '건강한 일상'을 키워드로 한 디지털 커뮤니케이션 전략을 강화해 나가고 있다. 사명 변경은 단순한 리브랜딩이 아닌 브랜드 방향성 전체를 다시 설계한 시도였다. 'hy'는 'how are you'라는 BI(브랜드 정체성) 리뉴얼을 통해 소비자에게 '건강을 전하는 인사'를 건네 건강한 삶에 밀접하게 연결되는 브랜드가 되고자 하는 의지를 담고 있다. 이름뿐 아니라 시각적 아이덴티티, 웹사이트, 쇼핑 플랫폼 '프레딧(Fredit)'

까지 함께 새롭게 구축하면서, 소비자가 체감하는 브랜드 경험 자체를 바꿨다.

hy는 다양한 소셜미디어를 통해 변화된 브랜드 정체성을 전하고 있으며 인스타그램, 유튜브, 자사몰(프레딧) 등 채널별 특성을 고려한 콘텐츠 전략은 hy의 큰 강점 중 하나다. 특히 건강, 라이프스타일, 식문화와 연결된 콘텐츠를 중심으로 브랜드 철학을 드러내고 있으며, 형식적으로 정보만 전달하는 것이 아니라 일상 속에 녹아든 메시지 전달을 지향하고 있다.

hy의 인스타그램은 단순 홍보 게시물이 아닌, MZ세대 사이에서 트렌디한 라이프스타일 키워드로 떠오르는 '헬시 플레저(Healthy Pleasure)'라는 트렌드에 맞춰 건강한 습관과 식단 아이디어를 감각적인 이미지로 풀어낸다는 점에서 주목할 만하다. 색감이 조화로운 카드뉴스 형식의 콘텐츠, 레시피를 담은 영상, 소비자 댓글 참여형 이벤트 등이 적절히 혼합돼 있어 단조롭지 않다.

특히 자사몰인 '프레딧'과 연결된 게시물에서는 단순한 제품 구매를 유도하기보다는, 브랜드 철학과 연결된 생활 정보를 자연스럽게 제공한다는 점에서 브랜드 콘텐츠의 완성도와 일관성을 동시에 잡고 있다.

▲ hy, 다양한 콘텐츠를 통해 브랜드의 이미지, 정보 전달

[프레시우먼2] 한국말을 끝까지 들어봐야 하는 이유 #촌데레 | ...

[프레시우먼2] 갈굼은 돌아오는 거야~ #인과응보 | 프레시우먼...

[프레시우먼2] 보여줄게 360도 달라진 나 #인생여전 | 프레시...

▲ '야쿠르트 아줌마'라는 브랜드 자산을 유머와 브이로그 포맷으로 재해석한 콘텐츠

또한 브랜드의 친근함을 높이기 위한 캐릭터 마케팅 전략도 병행하고 있으며 대표 제품인 '야쿠르트 라이트'를 모티브로 제작된 캐릭터 '야쿠'는 귀엽고 감성적인 디자인으로 MZ세대에게 친숙하게 다가가며, 브랜드 철학을 시각화한 콘텐츠 자산으로 활용되고 있다.

유튜브 채널에서는 내부 직원의 일상, 프레시 매니저의 하루, 건강 기능 식품을 주제로 한 정보형 콘텐츠 등 다양한 장르의 카테고리를 활용해 콘텐츠를 운영하고 있다. 브이로그, 인터뷰 콘텐츠 포맷이 다양하며, 이를 통해 브랜드의 건강한 이미지와 신뢰감을 전달한다.

그 중 '프레시우먼 시리즈'와 같이 프레시 매니저를 주인공으로 한 유머러스한 영상도 선보이며, 재미를 겸비한 콘텐츠로 소비자와의 거리를 좁히고자 한 시도 역시 주목된다. 유산균 제품이나 건강보조식품을 활용해 솔직하고 유쾌하게 풀어내는 콘텐츠는 무겁지 않은 말투와 현실적인 표현으로 공감을 이끌고 있으며, 이를 통한 웹드라마 형식의 콘텐츠는 소비자에게 웃음을 선사하며 친밀감을 자연스럽게 높이는 데 기여하고 있다.

hy는 브랜드 전환 이후 꾸준히 건강하고 믿을 수 있는 콘텐츠를 만들어왔고, 다양한 SNS 채널에서 세분화된 콘텐츠 전략을 유지하며 소비자와의 소통을 이어가고 있다. 건강이라는 보편적 가치를 일상과 연결하고, 기업의 신뢰와 전문성을 동시에 담은 콘텐츠를 만들어간다는 점에서 hy의 SNS 활동은 높은 평가를 받을 수 있지만, 브랜드 명칭 변경에 대한 소비자 인지도가 아직 충분하지 않은 점은 앞으로 보완해야 할 과제로 남아 있다. 이에 콘텐츠의 외적 확산을 고려한 전략과 채널 홍보가 병행된다면 hy의 정체성은 더 많은 소비자에게 강하게 각인될 수 있을 것이다.

매일유업 인스타그램은 빙그레 비해 상대적으로 팔로우는 5.3만명 수준으로 적지만 전문가/셰프 협업 레시피 릴스 등을 통해 브랜드의 전문성을 강화해 나가고 있다. 브랜드별 패션쇼 시리즈와 밈 콘텐츠 적극 활용 등을 통해 젊은 세대의 트렌드에 맞추는 소통전략을 펼치고 있다. 퀴즈, 댓글 이벤트, 체험단 모집 등

▲ 매일유업 인스타그램 콘텐츠

소비자 참여를 유도하는 이벤트를 활발하게 운영하고 있으며, 실제 고객 후기를 공유하여 소통을 강화하고 있다.

유튜브의 경우 상대적으로 적은 영상 수에 비해 높은 구독자 수를 보유하고 있고 각 브랜드별 전문성을 살린 고품질 영상 콘텐츠를 제작하여 호평을 받고 있다. 특히 일상생활에 도움이 되는 정보성 레시피, 건강 관리 컨텐츠를 통해 소비자들에게 유익한 정보를 제공하며 친근하게 다가가고 있다. 또한 제품 생산 과정이나 브랜드 스토리 등 기업의 투명성과 진정성을 보여주는 다큐멘터리 형식의 콘텐츠는 소비자들의 신뢰를 높이고 있다.

감성 vs 정보?

균형을 맞춰라!

식품 업계 _ 음료

한국인터넷소통협회 부설 더콘텐츠연구소가 최근 탄산음료 시장 내 주요 브랜드들의 디지털 콘텐츠와 SNS 운영 현황을 분석한 결과, MZ세대와의 감성 소통 전략이 핵심 경쟁력으로 떠오르고 있는 것으로 나타났다. 이번 분석은 코카콜라, 펩시코리아, 롯데칠성음료(칠성사이다), 동아오츠카(포카리스웨트·오로나민C) 등 국내외 주요 브랜드들의 인스타그램을 중심으로 진행되었으며, 콘텐츠 유형, 반응도, 브랜드 메시지 전달력, 소비자 참여 유도 측면에서 특징과 과제를 도출했다.

코카콜라는 오랜 시간 탄산음료 시장을 선도해온 글로벌 브랜드답게 SNS 콘텐츠 구성에서도 가장 높은 수준의 브랜디드 감성을 유지하고 있다. 인스타그램에서는 직관적인 비주얼과 감성 중심의 콘텐츠를 중심으로 브랜드 이미지를 강화하고 있으며, 특히 '레드리본' 콘텐츠를 통해 코카콜라와 잘 어울리는 음식들을 큐레이션하고, 관련 식당 위치까지 안내하는 등 실생활과 연결된 콘텐츠로 소비자의 관심을 유도하고 있다.

넷플릭스 드라마 '폭싹 속았수다'의 인기와 더불어 등장 배우의 대사를 활용한 밈 콘텐츠를 발 빠르게 SNS 홍보에 접목시킨 사례도 눈길을 끌었다. 이는 드라마 팬들의 자발적 공유로 이어져 콘텐츠의 도달 범위와 조회 수를 비약적으로

▲ 감성 이미지와 라이프스타일로 브랜드 위상 강화(코카콜라 인스타그램)

끌어올리는 데 성공했다는 평가다.

하지만 감성적 비주얼 중심 콘텐츠에 집중된 나머지, 제품의 맛, 차별점, 신제품 특징 등 정보 제공 측면에서는 부족하다는 지적도 함께 제기됐다. 특히 제로 슈거 라인업 등은 차별성을 강조할 수 있는 콘텐츠 구성이 미흡하다는 분석이다. 또한 콘텐츠 타깃이 20~30대에 지나치게 집중되면서 10대나 중장년층은 소외되고 있다는 점도 개선 과제로 지목된다.

펩시코리아는 최근 '펩시 제로 라임' 출시를 기점으로 인스타그램 콘텐츠에서 단일 신제품에 집중한 강한 캠페인 전개로 주목받고 있다. 특히 '펩제라는(펩시 제로 라임은)'이라는 짧고 임팩트 있는 문구를 통해 캠페인의 통일성과 기억도를 높였으며, 타이틀 키워드를 이미지 내 반복 배치해 소비자 인지도를 강화하

▲ '펩제라는'으로 신제품 집중 홍보, 메시지 전략 돋보여(펩시코리아 인스타그램)

는 전략이 성공적이라는 평가를 받는다.

또한 인기 아이돌 그룹 '아이브'를 모델로 기용하여 MZ세대와의 접점을 강화하고, 시즌별 피드 큐레이션(예: 여름 하이라이트)을 통해 콘텐츠를 구조화하여 정보 탐색의 편의성과 흥미 유도 효과를 동시에 꾀했다.

하지만 브랜드 전체를 아우르는 콘텐츠 구성에서는 아쉬움도 존재한다. '펩시 제로 라임'에 대한 홍보가 집중되는 반면, 오리지널 펩시, 제로 슈거, 망고 등 다른 제품군의 노출 빈도는 현저히 낮아 브랜드 전체의 균형 잡힌 인식 형성에는 한계가 있다는 평가다. 제품 라인업을 넓게 다루는 콘텐츠 기획이 향후 과제로 제시된다.

칠성사이다는 인스타그램을 통해 자사의 핵심 자산인 '청량함'과 '깔끔함'을 감

▲ 브랜드 정체성은 명확하나 콘텐츠 다양성 확대 필요(칠성사이다 인스타그램)

각적인 이미지로 표현하며 브랜드 고유의 이미지를 성공적으로 전달하고 있다. 특히 '칠성사이다 제로 오렌지'와 모바일 게임 '세븐나이츠'의 협업 콘텐츠는 제품 홍보와 게임 커뮤니티를 연결시켜, 소비자 참여를 유도하는 참신한 시도로 평가받았다.

제품 외형과 성분에만 집중하지 않고 소비자 일상 속 맥락을 고려한 콘텐츠 설계는 좋은 반응을 이끌었으며, 신제품 중심 홍보 전략도 소비자들의 체험 욕구를 자극하는 데 긍정적으로 작용하고 있다.

그러나 유명 연예인 활용, 밈 콘텐츠, 대중적인 트렌드 반영 등에서 상대적으로 보수적인 콘텐츠 구성은 젊은 세대의 주목도 확보 측면에서 다소 아쉬운 점으로 지적된다. 전반적으로 정제되고 차분한 콘텐츠 스타일이 브랜드 안정성을 주지만, 확장성이나 재미 요소는 부족하다는 것이 전문가들의 평가다.

동아오츠카는 대표 제품인 포카리스웨트의 청량한 이미지를 강조한 하늘색 계열 디자인을 중심으로 피드를 구성하고 있다. 전체 콘텐츠에서 '깨끗함'과 '에너지'라는 브랜드 정체성이 잘 드러나며, 페스티벌 관련 영상이나 스포츠 연계 콘텐츠는 여름철 소비자와의 공감대를 강화하는 데 효과적이라는 분석이다. 특히 포카리스웨트의 SNS 콘텐츠는 단순한 제품 홍보를 넘어서 '함께 뛰고, 함께 즐기는 브랜드'라는 메시지를 잘 담아내며 활동적 라이프스타일 브랜드로의 확장 가능성을 보여주고 있다.

반면, 동일한 색상 계열이 지나치게 반복되며 전체 제품군에 대한 인지도가 약화될 수 있다는 우려도 제기된다. 실제로 오로나민C, 데미소다 등 자사 주요 브랜드들이 존재하지만, 피드 내에서는 포카리의 비중이 지나치게 크며 타 제품 존재감은 희박하다.

▲ 색상 통일성과 브랜드 아이덴티티는 강점(동아오츠카 인스타그램)

오로나민C의 경우 전현무 모델을 장기 기용하며 브랜드 일관성을 유지하고 있으나, 광고 표현 방식이나 콘텐츠 기획의 변화가 부족해 신선도가 떨어지고 있다는 평가도 있었다. SNS·유튜브에서의 활용도 확대와 새로운 시도 도입이 요구되는 시점이다.

한국인터넷소통협회 더콘텐츠연구소는 "탄산음료 시장은 단순한 맛 경쟁을 넘어 브랜드 경험의 경쟁으로 진입하고 있다"며 "SNS는 제품 인지도를 넘어서 브랜드 세계관을 확장하는 핵심 창구로 기능하고 있다"고 평가했다.

이번 분석에서 공통적으로 드러난 시사점은 브랜드 감성과 정보성의 균형이 콘텐츠 구성의 핵심이다. 또한 신제품 중심의 집중 홍보는 효과적이나, 제품군 전체의 노출 균형 확보도 필요하다. 그리고, 소비자와 함께 즐기고, 공감하는 콘텐츠는 SNS 참여율과 자발적 공유를 유도한다 등으로 요약된다. 아울러 동일한 콘텐츠 스타일 반복은 피로감을 줄 수 있으므로, 계절별·트렌드별 콘텐츠 기획력 강화가 요구된다.

MZ세대를 중심으로 한 소비자들은 단순 제품 소개보다 감각적 연출, 밈 문화, 참여형 콘텐츠 등 경험 중심의 콘텐츠에 더욱 반응한다. 주요 음료 브랜드들이 향후 SNS 콘텐츠 전략을 어떻게 세분화하고 브랜드 간 감성 경쟁에서 어떻게 차별화를 이뤄낼 지 주목된다.

이 브랜드와 → 놀 준비가 되어 있나요?

식품 업계 _ 제과

디지털 세대는 더 이상 제품만 소비하지 않는다. 브랜드와 함께 '노는 경험'을 원한다. 최근 한국인터넷소통협회 부설 더콘텐츠연구소의 콘텐츠 분석에 따르면, 국내 주요 제과업체들이 단순 홍보를 넘어 세계관과 팬덤을 중심으로 한 콘텐츠 전략을 전면에 내세우고 있다. 제품 그 자체보다도, '어떤 이야기와 함께 먹느냐'가 브랜드 선택의 기준이 되고 있는 셈이다.

▲ (좌)해태제과 인스타그램/(우)해태제과 블로그 메인화면

해태제과는 대표적인 캐릭터 중심 브랜드다. '아바타스타 슈', '허비', '로', '갱이' 등 총 4개의 캐릭터 계정을 인스타그램에서 각각 운영하며 세계관을 구축해 왔다. 특히 '슈'는 릴스 콘텐츠를 통해 MZ세대와의 감성적 소통에 성공했고, '허니버터 캐슬' 이벤트는 소비자 몰입을 유도하며 브랜드 경험을 확장시켰다. '슈' 콘

텐츠는 단순한 제품 소개가 아니라, 하나의 캐릭터 일상처럼 구성되어 팔로워들과의 정서적 연결을 유도하고 있다. 또한, 베베숲과 미니덕트 등과의 협업을 통해 콘텐츠 외연을 넓혔고, 소비자가 직접 감자칩 맛을 제안하는 참여형 캠페인은 브랜드 애착을 유도하는 데 효과적이었다.

다만, '로'와 '갱이' 계정은 운영 지속성이 부족하고 업데이트가 뜸하다. 캐릭터 중심 전략이 장점이 될 수 있지만, 각 계정 간 콘텐츠 품질과 활동 빈도의 편차는 브랜드 일관성을 해칠 수 있다. 장기간 중단된 유튜브와 페이스북 채널 역시 멀티채널 전략의 약점으로 지적된다. 팬덤 기반이 견고한 만큼, 일부 캐릭터 계정의 통합 운영과 장기적인 콘텐츠 포트폴리오 다변화가 과제로 남는다.

▲ (좌)오리온 캠페인 콘텐츠/(우)오리온 인스타그램

오리온은 스토리텔링 중심의 콘텐츠 기획이 강점이다. 블로그에서는 신제품 소식을 개발자 인터뷰나 소비자 Q&A 형식으로 풀어내며 제품에 맥락을 부여한다. 브랜드에 담긴 철학과 이야기를 전달하며 정보성과 흥미를 동시에 충족시키는 전략이다. 유튜브에서는 16초 이내의 숏츠 영상을 중심으로 구성하여, 반복 노출에 최적화된 구조를 만들었다. 특히 만우절 시즌에 선보인 한정 캐릭터 캠페인은 유머와 위트를 가미한 브랜드 콘텐츠로 긍정적인 반응을 얻었다. 저관여 소비재 특성상, 짧고 강렬한 메시지로 브랜드 인지를 높이는 전략이 효과를 발휘하고 있다.

인스타그램에서도 셀럽 콜라보, 팝업스토어 콘텐츠, 제품 응용 레시피 등 신선하고 유행에 민감한 콘텐츠 구성이 눈에 띈다. 브랜드 고유의 감성과 트렌드를 조화롭게 반영하며, 특히 피드 구성의 균형감이 시각적으로 높은 완성도를 보인다. 오리온은 '짧고, 명확하며, 위트 있게'라는 키워드로 디지털 콘텐츠를 설계하고 있다.

롯데웰푸드는 콘텐츠 그 자체를 브랜드로 만들고 있다. 유튜브 채널 '맛깔스튜디오'와 '풋TV' 시리즈는 웹예능, 애니메이션 세계관을 결합한 콘텐츠로 MZ세대에게 강한 팬덤을 형성했다. '주전부리 영업사원'이나 '식사이론' 같은 콘텐츠는 100만 조회수를 기록하며, 이제는 롯데웰푸드의 자체 콘텐츠가 하나의 브랜드 IP로 자리매김하고 있다.

▲ (좌)롯데웰푸드 인스타그램/(우) 롯데웰푸드 주전부리 영업사원 콘텐츠(유튜브)

인스타그램에서도 이들의 전략은 분명하다. 단순한 홍보 이미지 대신, 놀이형 AI필터, 밈 콘텐츠, '간식대학교'와 같은 세계관 기반 콘텐츠를 통해 사용자의 참여와 자발적 확산을 유도한다. 제품별 인스타그램 계정을 분리해 각 브랜드의 개성을 분명히 하는 전략 역시 팬덤 형성에 효과적이다. 브랜드와의 관계를 '놀이'로 재정의한 롯데웰푸드는 SNS 콘텐츠의 확장성과 창의성을 가장 적극적으로 활용하는 기업 중 하나로 평가받는다.

크라운제과는 레트로 감성을 기반으로 소비자와의 정서적 유대를 강화하고 있다. 유튜브나 블로그 채널은 비교적 조용하지만, 인스타그램에서는 꾸준히 감성 콘텐츠를 선보이며 브랜드의 독자적인 정체성을 만들어가고 있다. 배드바츠마

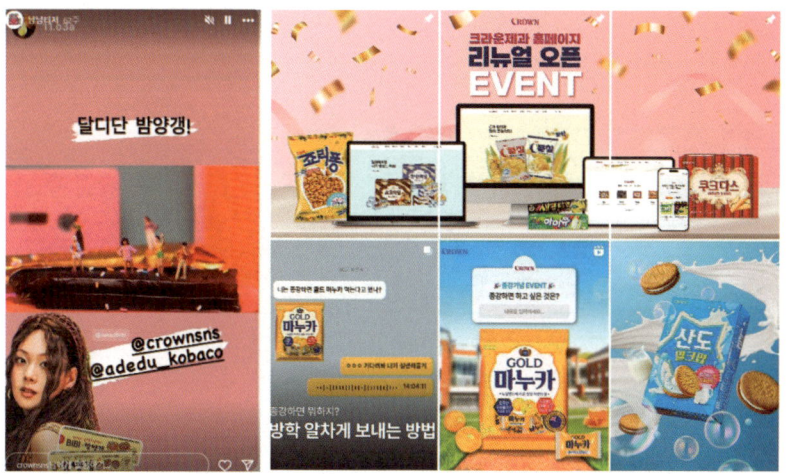

▲ (좌)크라운제과 밤양갱 콘텐츠/(우)크라운제과 인스타그램

루 캐릭터와의 협업, 참크래커 그림대회, 장난스러운 키트 제작 등은 소비자의
향수와 가족 경험을 브랜드 소비와 연결시키는 데 탁월하다.

'가장 거짓말 같은 조합' 캠페인은 크라운제과 특유의 B급 유머 감각을 살렸고,
아이 그림을 제품 패키지에 반영하는 콘텐츠는 단순한 제품 소비를 넘어 브랜
드에 대한 애정을 이끌어냈다. 크라운제과는 '정서적 참여'를 통해 브랜드 가치
를 증폭시키는 데 집중하고 있다.

결국 이들 브랜드가 추구하는 방향은 하나로 모아진다. 콘텐츠를 단순한 광고
수단이 아닌 '하나의 경험'으로 전환하는 것이다. 오리온은 짧고 반복적인 노출
로, 롯데웰푸드는 콘텐츠 자체의 재미와 참여를 통해, 크라운제과는 감성적 연
결로 팬덤을 형성하고 있다. 해태제과 역시 강력한 캐릭터 자산을 기반으로 전
략적 리뉴얼을 이룬다면 충분한 확장 가능성을 지닌다.

콘텐츠가 브랜드의 첫인상이 되는 시대. 과자의 맛을 묻기 전에, 소비자는 '이 브
랜드와 놀 준비가 되어 있는가'를 묻는다. 디지털 세대에게 브랜드는 하나의 놀
이, 하나의 감정선, 하나의 세계관이다. 제과업계의 미래는 결국 '어떤 콘텐츠로
소비자와 연결되느냐'에 달려 있다.

소비자 기억 속에
서사로 존재하는 브랜드

디지털 환경에서 기업의 SNS 전략은 브랜드 정체성과 소비자 관계를 결정짓는 핵심 요소로 자리 잡았다. 종합식품 기업 청정원 역시 오랜 시간 쌓아온 브랜드 신뢰와 감성 이미지에 기반해 실용성과 따뜻을 강조한 콘텐츠 전략을 전개하고 있다. 특히 블로그와 인스타그램에서는 레시피 중심의 콘텐츠와 정돈된 감성 톤으로 일상 속 브랜드로 자리매김하고자 했다.

풀무원은 브랜드 철학인 '바른먹거리'를 전면에 내세우며, ESG·채식·환경 보호 등 사회적 가치와 연결된 콘텐츠로 MZ세대와의 소통을 강화하고 있다. 인스타 툰, 릴스, 캠페인 기반 콘텐츠는 브랜드에 대한 감성적 연결뿐만 아니라 확산성도 확보하고 있다. 유튜브에서는 식생활과 환경을 주제로 한 브랜디드 다큐를 통해 브랜드 신념을 콘텐츠로 시각화하고 있다.

CJ제일제당은 더 나아가 글로벌 브랜드 전략을 담은 콘텐츠 운영으로 차별화에 성공했다. 'CJ뉴스룸' 블로그를 통해 브랜드 철학, 식문화 콘텐츠, 글로벌 비전 등을 저널리즘 기반으로 풀어내고, 제품별 인스타그램 계정 분리 운영을 통해 타깃 세분화 마케팅을 정교하게 수행 중이다. 유튜브에서는 예능과 음악을 활용한 한식 기반 콘텐츠로 높은 몰입도와 감성적 서사를 동시에 확보하고 있다.

청정원의 콘텐츠는 조리법 안내, 제품 활용 꿀팁 등 실생활 밀착형 정보 제공에 강점이 있다. 특히 블로그에서는 단계별 사진과 친절한 설명으로 사용자 편의성을 높이고, 인스타그램은 집밥·정성·소박함을 강조한 비주얼 콘텐츠로 신뢰감 있는 브랜드 이미지를 전달한다. 이는 '감성'과 '실용'이라는 두 축을 유지하며 꾸준히 운영되어 왔다.

그러나 SNS 채널의 도달력, 콘텐츠 확산성, 참여율 측면에서는 아쉬움이 남는다. 반복되는 콘텐츠 구성과 보수적인 포맷, 한정된 스토리텔링 구조는 디지털 환경에서의 차별성과 확장성을 약화시키고 있다. 이러한 한계는 경쟁사인 풀무원, CJ제일제당과 비교했을 때 더욱 분명해진다.

▲ CJ제일제당 뉴스룸, 브랜드 세계관을 담아내다

한국인터넷소통협회 부설 더콘텐츠연구소가 풀무원, CJ제일제당, 청정원 3사의 SNS 채널을 분석해 식품업계의 SNS 소통전략 방향성을 제시했다. 먼저 블로그 채널의 경우, 풀무원은 '바른먹거리'라는 철학을 중심으로 ESG, 환경 보호 등 사회적 가치와 연계된 콘텐츠를 제공하고, CJ제일제당은 'CJ뉴스룸'을 통해 글로벌 전략, 브랜드 세계관을 담아내며 콘텐츠의 저널리즘 성격을 강화한다. 반면, 청정원은 제품을 활용한 실용 레시피 중심 콘텐츠에 강점을 보이며 조리 단계별 사진과 설명을 제공해 사용자의 편의성을 높이고 있다. 청정원이 실용성에 집중한다면, 경쟁사들은 브랜드 철학과 방향성을 콘텐츠 전면에 드러낸다는 차이가 있다.

인스타그램 채널에서는 풀무원이 채식, ESG, 윤리적 소비 기반 캠페인을 중심으로 인스타툰, 릴스 등 다양한 포맷을 활용하며 MZ세대와 소통하고 있다. 이에 비해 청정원은 고정된 감성 톤의 레이아웃을 유지하며 집밥, 정성, 따뜻한 브랜드 이미지를 전달하고 있다. CJ제일제당은 제품별 계정을 분리해 타깃을 세분화하고 브랜드 팬층을 형성하며 더욱 정교한 타깃 마케팅을 진행 중이다. 청정원은 브랜드 신뢰도는 높지만, 참여형 콘텐츠 확장성은 상대적으로 낮은 편이다.

▲레시피를 통한 브랜드 체험 (좌)풀무원 인스타그램/(우)풀무원 블로그

유튜브 채널을 비교하면, 풀무원은 식생활과 환경을 연결한 브랜디드 다큐, CJ제일제당은 글로벌 캠페인 및 한식 콘텐츠를 예능처럼 구성해 고퀄리티 콘텐츠로 브랜드 메시지를 시각화하고 있다. 청정원은 주로 제품 시연 중심의 실용형 콘텐츠를 제작하지만, 영상미와 내러티브 중심의 콘텐츠는 제한적이다. 청정원의 영상 콘텐츠는 실용성은 높지만, 몰입도나 메시지 전달력 면에서는 경쟁사 대비 다소 보수적인 전략을 보인다.

이러한 분석을 바탕으로 업계 전반에서 공통적으로 나타나는 트렌드는 다음과 같다. 첫째, 브랜드 철학을 강조하는 콘텐츠의 증가다. 소비자는 제품 정보뿐만 아니라 기업의 가치와 철학에 공감하길 원하고 있으며, 이를 충족하는 콘텐츠가 주목받고 있다. 둘째, 소통형 콘텐츠의 확대다. 릴스, 챌린지, 리뷰 공유 등 참여 기반 콘텐츠가 브랜드와 소비자 간의 관계를 더욱 견고하게 만들고 있다. 셋째, 스토리텔링을 기반으로 한 브랜디드 콘텐츠의 고도화다. 단편적 광고보다 브랜드 세계관을 서사적으로 전달하는 형식이 확산되고 있다.

결국 종합식품 업계의 SNS 콘텐츠 전략은 '제품을 파는 콘텐츠'에서 '브랜드를 체험하게 하는 콘텐츠'로 진화하고 있다. 풀무원이 환경과 윤리를, CJ제일제당이 세계관과 엔터테인먼트를 앞세운 것처럼, 청정원 역시 감성과 실용성에 브랜드 철학과 메시지를 결합시킨 콘텐츠 전략을 재정립해야 한다.

지금까지 풀무원을 비롯해 종합식품 업계는 꾸준히 신뢰와 따뜻함을 중심으로 고객과 소통해 왔다. 이제는 그 감성에 새로운 형식과 참여, 그리고 브랜드 스토리텔링을 더할 때다. 콘텐츠는 정보가 아니라 경험이며, 브랜드는 소비자의 기억 속에서 감정으로 존재해야 한다. 종합식품 업계의 다음 콘텐츠는 단순한 레시피가 아닌, 삶과 가치를 담은 '브랜드 서사'여야 한다.

MZ세대의 마음을
사로잡기 위한 소통경쟁

정유업계가 SNS 콘텐츠를 통해 젊은 세대와의 접점을 확대하고 있는 가운데, 각 기업의 콘텐츠 전략이 뚜렷한 차이를 보이고 있다. 최근 한국인터넷소통협회 더콘텐츠연구소 분석에 따르면 브랜드 캐릭터를 활용한 스토리텔링부터 밈 콘텐츠, 숏폼 영상까지 다양한 시도가 이어지고 있지만, 전문성과 대중성, 정보성과 유희성을 어떻게 조화롭게 운영하는지가 브랜드 이미지 강화와 소비자 공감 확보의 핵심요소로 떠오르고 있다.

GS칼텍스는 공식 블로그 '미디어 허브'를 통해 에너지 산업의 동향, ESG 관련 정보, 전문 용어 해설 등을 일반 대중이 이해하기 쉽게 전달하고 있다. 특히 에너지와 화학처럼 어렵게 느껴질 수 있는 분야에 대해 일러스트와 모션그래픽을 적극 활용, 시각적 정보 전달력을 높였다. 해당 콘텐츠는 페이스북 카드뉴스와 유튜브 영상으로도 연계 발행되며, 다양한 채널에서 동일한 메시지를 소비자에게 전달하는 구조를 갖추고 있다.

하지만 인스타그램과 같은 이미지 중심 채널에서는 최근 3개월간 콘텐츠 발행이 현저히 적은 점이 아쉬운 대목이다. GS칼텍스의 마스코트 '펭군'을 활용한 디지털 달력, 밈 콘텐츠 등의 시도도 있었지만, 반응이 미비한 것으로 분석된다. 전문가들은 "미디어 허브의 양질의 정보를 인스타툰 등 스토리텔링 콘텐츠로

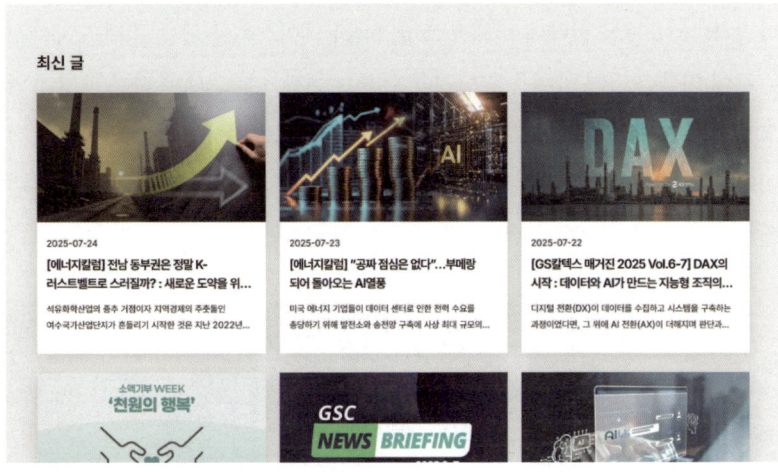

최신 글

2025-07-24
[에너지칼럼] 전남 동부권은 정말 K-러스트벨트로 스러질까? : 새로운 도약을 위...
석유화학산업의 종주 거점이자 지역경제의 주춧돌인 여수국가산업단지가 흔들리기 시작한 것은 지난 2022년...

2025-07-23
[에너지칼럼] "공짜 점심은 없다"...부메랑 되어 돌아오는 AI열풍
미국 에너지 기업들이 데이터 센터로 인한 전력 수요를 충당하기 위해 발전소와 송전망 구축에 사상 최대의 규모이...

2025-07-22
[GS칼텍스 매거진 2025 Vol.6-7] DAX의 시작 : 데이터와 AI가 만드는 지능형 조직의...
디지털 전환(DX)이 데이터를 수집하고 시스템을 구축하는 과정이었다면, 그 위에 AI 전환(AX)이 더해지며 판단과...

▲ 전문성과 신뢰를 겸비한 '미디어 허브' (GS칼텍스)

전환해 인스타그램에 정기적으로 업로드한다면 정보성 콘텐츠와 친근한 브랜드 이미지를 동시에 구축할 수 있다"고 평가했다.

현대오일뱅크는 유튜브를 메인 플랫폼으로 삼고, 웹드라마 형식의 '오일전사' 콘텐츠를 통해 유머러스하고 신박한 B급 감성 콘텐츠로 젊은 세대의 관심을 끌고 있다. 최근 업로드된 콘텐츠 대부분이 100만 뷰에 가까운 조회 수를 기록하며, 영상 속 브랜드 이미지도 자연스럽게 긍정적으로 인식되는 효과를 얻고 있다.

당신 차, 사랑하긴 하나요? [오일전사 2025 | 권태기]
조회수 109만회 · 4주 전

사랑 질투 짜증 다툼 화해 키스 주유 [오일전사 2025 | 러브 노이즈]
조회수 91만회 · 4주 전

지친 하루, 잠시 쉬어 갈까요? [오일전사 2025 | 벚꽃 엔진]
조회수 100만회 · 4주 전

▲ 유튜브 중심의 'B급 감성 전사' 웹드라마 콘텐츠(현대오일뱅크 유튜브)

공식 블로그 역시 유튜브 및 SNS 콘텐츠를 한데 모아 소비자가 쉽게 최신 정보를 접할 수 있도록 큐레이션한다. 게시물마다 연관 해시태그를 통해 내용을 간단히 요약함으로써, 사용자의 탐색 편의성도 향상됐다.

다만, 유튜브 중심 전략에 비해 인스타그램과 페이스북은 단순 콘텐츠 재게시 수준에 머물러 있어 아쉬움을 남긴다. 유튜브 콘텐츠를 그대로 다른 채널에 업로드하는 형식은 플랫폼별 콘텐츠 다양성과 소통력을 떨어뜨릴 수 있다는 지적이다. 따라서 유튜브의 인기 콘텐츠를 기반으로 하되, 각 채널만의 특성을 살린 짧은 밈, 챌린지, 참여형 콘텐츠의 병행 전략이 필요하다는 분석이다.

▲ 신뢰 기반의 '정보 큐레이션형 콘텐츠'로 브랜드 이미지 강화(SK이노베이션)

SK이노베이션은 지식 콘텐츠의 차별화를 통해 정보 신뢰도와 브랜드 정체성을 공고히 하고 있다. 대표적으로 유튜브 '오픈 더 에너지'와 '유레카' 시리즈는 모션그래픽과 캐릭터 일러스트를 활용해 에너지, 환경 분야의 정보를 쉽고 흥미롭게 전달하고 있다. 특히 '유레카'는 몰랐던 사실을 알게 되는 순간을 강조하며, 지적 호기심을 자극하는 콘텐츠 구성으로 호평을 받고 있다.

인스타그램에서는 기업의 사회공헌 활동을 강조한 '어린이 책Dream 프로젝트'와 함께, 과학자의 명언을 담은 배경화면 콘텐츠 '과학자들POV' 시리즈가 주목받고 있다. 해당 콘텐츠는 기업의 혁신 이미지와도 자연스럽게 연결되며, 특히 취업을 준비하는 20대들에게 위로와 응원의 메시지로 긍정적인 반응을 얻고 있다.

하지만 숏폼 콘텐츠와 릴스의 반응은 다소 저조한 것으로 나타났다. 전문가들은 "20대 신입사원의 일상을 담은 브이로그형 숏츠 콘텐츠는 취준생의 관심을 끌며 직무 정보를 전달하는 데도 효과적일 수 있다"며 젊은 세대를 겨냥한 감성형 영상 콘텐츠의 확대를 제안했다.

S-OIL은 4개사 중 가장 많은 인스타그램 팔로워를 보유하며, MZ세대를 대상으로 한 콘텐츠 경쟁력에서 강점을 보이고 있다. 언어유희를 활용한 '이달에 뭐하지?' 이벤트, '쏘일메이트' 여행 콘텐츠 등은 참여 장벽을 낮추고, 사용자와 브랜드 간의 친밀도를 높이는 데 효과적이다. 특히 '쏘일메이트'는 지역 명소 소개와 S-OIL 스토리를 자연스럽게 연결함으로써, 인위적이지 않은 브랜드 노출을 실현하고 있다.

유튜브에서는 '퇴근 후 모음.zip' 시리즈를 통해 장소 정보를 영상 내에서만 공개하는 전략을 펼치며, 시청자의 영상 완주율을 높이고 있다. 다만 일부 시청자 입장에서는 정보 부족으로 이탈할 가능성이 있어, 영상 설명란에 최소한의 힌트를 제공하거나 지도 콘텐츠를 추후 공유하는 방식도 고려할 수 있다.

에너지 빅4의 디지털 콘텐츠 전략은 각 기업의 아이덴티티와 마케팅 방향성에 따라 뚜렷한 차이를 보이고 있다. GS칼텍스는 정보 신뢰성과 전문성을, 현대오일뱅크는 유머 감성 기반의 브랜드 친근성을, SK이노베이션은 지식 콘텐츠 기반의 지속 가능성을, S-OIL은 젊은 세대와의 유대감 형성을 각각 강점으로 삼고 있다.

향후 에너지 기업들이 플랫폼별 특성을 반영한 콘텐츠 전략을 고도화하고, 단순한 정보 전달을 넘어 감성적·참여형 콘텐츠로 확장해 나갈 수 있을지 주목된다.

고객 라이프스타일

플랫폼으로의 확장

유통 · 생활용품업계 _ 편의점

소비자와 브랜드의 접점이 매장이나 광고 전단에서 SNS로 옮겨간 지는 이미
오래다. 특히 편의점업계는 제품 판매를 넘어 소비자의 생활 전반을 담아내는
라이프스타일 플랫폼으로서의 역할을 강화해야 하는 시점에 서 있다. 단순히
'무엇을 팔고 있다'는 사실을 알리는 것을 넘어, 소비자들이 브랜드와 함께 일상
적인 재미와 공감을 나눌 수 있는 소통 채널로 진화해야 한다.

한국인터넷소통협회 더콘텐츠연구소가 진행한 편의점업계 SNS 채널 분석 결
과는 이를 잘 보여준다. 주요 브랜드들은 이미 제품 품질을 강조하는 정보 전달
을 넘어, 소비자 눈높이에 맞춘 스토리텔링과 몰입형 콘텐츠로 새로운 경쟁력
을 쌓고 있다. 그러나 여전히 각 채널별 운영에서 뚜렷한 강점과 한계가 병존하
며, '참여'와 '팬덤 형성'이라는 과제를 안고 있다.

롯데마트의 SNS 운영은 정돈되고 완성도가 높다. 블로그는 친근하면서도 체계
적인 글 배치와 가독성 높은 디자인으로 소비자의 눈길을 끈다. 인스타그램은
대형 타이포그래피와 신선식품 비주얼을 시원하게 활용해 자칫 밋밋할 수 있는
제품군에 활력을 불어넣었다. 유튜브 역시 '신선지능 작동중', '최강록의 나야'
같은 에피소드형 콘텐츠를 통해 제품의 품질과 신뢰를 자연스럽게 전달한다.

그러나 문제는 '교류의 부재'다. 현재 롯데마트의 SNS는 다채로운 형식으로 제

▲ 완성도 높은 정보 전달 강점, 고객과 쌍방향 교류 확대 필요(롯데마트 인스타그램)

품의 우수성을 알리지만, 결국 확장된 전단지를 보는 듯한 인상을 준다. 소비자가 직접 참여하고 즐길 수 있는 구조가 부족하다. 브랜드 팬덤을 형성하기 위해서는 댓글 이벤트, 유저 생성 콘텐츠(UGC), 브랜디드 챌린지와 같은 쌍방향 전략이 반드시 필요하다.

▲ 트렌드 선점 능력이 강점, 소통형 채널로 개선 필요(GS25 유튜브)

GS25의 최대 강점은 '속도'다. 인스타그램과 유튜브에서 트렌드를 빠르게 캐치하고, 밈과 인플루언서를 활용해 소비자의 호감을 즉각적으로 끌어낸다. 젊은 세대가 열광하는 포맷을 브랜드에 녹여내며 높은 조회수와 노출 효과를 거두고 있다.

그러나 블로그는 정반대의 모습이다. 구시대적 템플릿과 낮은 가독성, 통일성 없는 썸네일은 브랜드 이미지에 오히려 악영향을 준다. 유튜브도 조회수에 비해 댓글과 공유 반응은 적어, 소통형 채널로서의 기능은 약하다. 앞으로 GS25는 블로그 전면 개편과 더불어, 유튜브 영상에 질문·투표·댓글 유도 요소를 삽입해 '소비자와 함께 만드는 채널'로 전환해야 한다.

CU는 전체적으로 브랜드 자산을 일관되게 관리하고 있다는 점에서 높은 평가를 받는다. 인스타그램은 브랜드 컬러와 메시지 통일성이 돋보이고, 유튜브는 '점주님, 계산이요'라는 시리즈를 통해 신제품 리뷰를 자사 채널에서 직접 해내고 있다.

하지만 이 역시 한계가 있다. 블로그는 올드한 디자인과 불편한 UX로 호감도를 떨어뜨리고, 인스타그램은 바이럴 콘텐츠가 없어 단순 제품 홍보 이상의 매력을 주지 못한다. 유튜브는 시리즈 콘텐츠의 집중 전략은 긍정적이지만, 포맷 다

▲ 차별적 일관된 브랜드 운영 강점, 재미와 콘텐츠 다변화 필요(CU 블로그)

변화가 부족하다. 웹예능형 시리즈, 알바생 브이로그, 대형 인플루언서와의 협업 등 새로운 시도가 필요한 이유다.

▲ 브랜드 컬러는 강점, 유머·참여 기반 숏폼 강화 필요(이마트24 인스타그램)

이마트24는 인스타그램에서 브랜드 컬러를 일관되게 적용하며 깔끔한 피드를 유지하고, 제품 중심의 콘텐츠 기획으로 명확한 메시지를 전달한다. 그러나 이런 '모범생 같은 운영'이 오히려 심심하게 느껴지는 것이 문제다.

유튜브에서는 숏폼 채널을 표방했지만, 단순 제품 설명 위주의 영상은 중독성과 재미라는 숏폼의 본질적 장점을 살리지 못한다. 최신 밈을 반영하고 편집은 세련됐지만, 소비자들이 끝까지 보고 싶어 하거나 공유하고 싶은 포인트는 부족하다. 숏폼맛집을 표방하려면 유머와 챌린지, 공감형 스토리텔링을 결합해야 한다.

소비자가 단순히 브랜드 콘텐츠를 '소비하는' 것을 넘어, 함께 만들고 공유하며 즐길 수 있어야 한다. 그 과정에서 브랜드는 제품을 파는 공간을 넘어 '보고 싶고, 사고 싶은 라이프스타일 플랫폼으로 진화할 수 있다.

편의점은 이미 우리의 일상에 가장 가까운 생활 공간이다. 이제 중요한 것은 그 일상 속에서 소비자가 브랜드와 함께 웃고, 공감하고, 참여할 수 있도록 만드는 것이다. 이러한 SNS 기반 디지털 소통활동이 편의점업계가 지속가능한 성장을 이루는 핵심 경쟁력이 될 것이다.

누가 더 소비자와 가까울까?

위생용품 3사의 전략 비교

브랜드 신뢰 형성의 출발점은 단순한 제품 홍보를 넘어 소비자와 얼마나 '가까워질 수 있는가'에서 시작된다. 특히 기저귀, 생리대, 휴지 등 위생용품 업계는 제품의 특성상 소비자의 위생과 직결되기 때문에 브랜드에 대한 신뢰와 친밀도가 소비자 선택에 절대적인 영향을 미친다. 이에 따라 국내 대표 위생용품 브랜드인 유한킴벌리, 깨끗한 나라, LG생활건강은 각기 다른 SNS 전략을 통해 소비자와의 거리를 좁히고 있다.

▲ 환경 캠페인을 통한 정서적 친밀도 강화(유한킴벌리 블로그 및 그린캠프)

유한킴벌리는 대표 제품 브랜드인 크리넥스, 좋은 느낌, 하기스 등보다도 사회공헌 캠페인 '우리강산 푸르게 푸르게(우푸푸)'를 전면에 내세우며 자연과 환경을 생각하는 브랜드 이미지를 강화하고 있다. 특히 SNS 채널 운영에 있어 인스타그램과 네이버 블로그를 핵심 창구로 삼고 있으며, 2030 세대를 타깃으로 공익적 메시지를 중심으로 한 디지털 콘텐츠를 제작하고 있다.

유한킴벌리의 공식 블로그는 '#FOREST'와 '#우푸푸' 두 가지 카테고리로 운영된다. #FOREST에서는 실제 나무 심기 활동, 전국 숲길 소개 등 자연 친화적인 콘텐츠를 통해 소비자의 일상에 숲을 연결시키고 있으며, 촬영 이미지와 유튜브 영상 연동을 통해 채널 간 유기적 연결도 강화하고 있다. #우푸푸 카테고리는 사회공헌 행사, 캠페인 이벤트 등을 중심으로 브랜드의 철학과 활동을 구체적으로 소개하며 소비자의 신뢰를 얻고 있다.

가장 활발한 플랫폼인 인스타그램에서는 숲길 지도, 국내외 환경이슈(몽골 사막화, 산불 등), 지역 축제 연계 등으로 MZ세대와의 접점을 넓히고 있다. 특히 숏폼 콘텐츠인 '사진 찍어드려요' 시리즈는 숲길 여행지에서 트렌디한 감성을 자극하며 브랜드 메시지를 자연스럽게 각인시킨다. 여의도 벚꽃축제와 같은 오프라인 현장 방문을 통해 온라인과 오프라인의 경계를 넘는 브랜드 경험도 시도하고 있다.

반면 깨끗한 나라는 SNS 전략 전반에 있어 과도기적인 양상을 보이고 있다. 유튜브와 페이스북은 최근까지 실질적인 콘텐츠 업데이트가 없으며, 인스타그램과 블로그 중심의 채널 운영에 집중하고 있다. 특히 인스타그램은 지난 4월 말

▲ 브랜드 인지도 강화를 위한 제품 체험 기회 제공(깨끗한 나라 인스타그램)

이후 매거진 스타일로 리뉴얼하며, 제품 중심 콘텐츠로 전환을 시도 중이다. 쿨링타올, 웰니스 브랜드 'Better' 등 신제품을 중심으로 야구장 협업 이벤트, 팬톤 컬러 휴지 케이스 출시 등으로 소비자 체험 기회를 늘리고자 한다.

그러나 콘텐츠 구성이 전반적으로 제품 홍보에 치중되어 있으며, 브랜드의 메시지나 철학을 전달하는 콘텐츠는 부족하다. 블로그 역시 상품 개발 비하인드, 이벤트 당첨자 발표 등 정보 제공용 게시물 중심이어서 소비자와의 정서적 연결에는 한계가 있다. SNS 전반에서 타 브랜드에 비해 인지도가 낮은 점도 여전히 과제로 남아 있다.

▲ 유튜브 중심, 감정 공감형 숏드라마 콘텐츠 강점(LG생활건강 유튜브)

LG생활건강은 유튜브를 중심으로 한 감성 콘텐츠 전략을 통해 소비자와의 공감대를 형성하고자 한다. 자사 제품을 활용한 숏드라마 형식의 콘텐츠를 제작해, 실생활 속 감정을 소재로 시청자 참여형 콘텐츠를 운영하고 있다. 댓글 이벤트, 사연 공유 등으로 소비자의 감정을 이끌어내는 시도를 하고 있지만, 지난 3개월간 총 5개의 영상만이 업로드 되는 등 업로드 주기가 비정기적이라는 점에서 아쉬움이 남는다. 또한 에피소드 간 연결성이 부족해 스토리의 연속성을 통한 지속적인 관심 유도에도 어려움을 겪고 있는 것으로 분석된다.

이처럼 유한킴벌리, 깨끗한 나라, LG생활건강은 각자의 방식으로 '브랜드와 소비자의 거리 좁히기'를 시도하고 있다. 유한킴벌리는 공익 캠페인과 자연환경을 중심으로 소비자의 정서에 깊이 침투하는 전략을, 깨끗한 나라는 제품을 체험할 수 있는 현실 기반 콘텐츠를, LG생활건강은 감성적 스토리텔링을 통해 브랜드에 대한 공감을 유도하는 전략을 구사하고 있다.

그러나 모든 브랜드에게 공통된 과제는 SNS 채널별 특성에 맞는 콘텐츠 전략 수립과 지속적인 운영이다. SNS를 통해 단순히 제품을 알리는 수준을 넘어, 소비자와 '같이 걷는 브랜드'로서 일상의 일부가 되어야 한다는 점이 점차 중요해지고 있다. 위생용품업계는 이처럼 일상과 가까운 제품군이기에, 브랜드와의 관계 역시 '친근함'과 '신뢰'가 핵심 자산으로 작용하게 된다.

디지털 시대의 브랜드는 이제 제품으로만 기억되지 않는다. 가치와 철학, 사회적 책임, 감성적 연결이라는 다층적 의미를 소비자에게 전할 수 있을 때, 브랜드 신뢰는 자연스럽게 형성된다. 위생용품 3사의 SNS 전략이 앞으로 어떤 방식으로 진화할지, 소비자와의 거리를 어떻게 좁혀 나갈 지 향후 행보가 주목된다.

패밀리 브랜드의

시너지를 높이는 '낙수형' 콘텐츠 전략

유통 · 생활용품업계 _ 화장품 ①

한국인터넷소통협회 부설 더콘텐츠연구소가 화장품업계를 분석한 결과, 다수의 브랜드를 거느린 '모기업'일수록, 개별 브랜드를 어떻게 지원하고 전체 브랜드 세계관을 어떻게 보여주는지가 핵심 성공요인으로 조사됐다. 모기업의 SNS가 어떻게 콘텐츠를 설계하고, 이를 통해 패밀리 브랜드에 낙수(落水) 효과를 제공할 수 있는지 등이 성과의 뚜렷한 차이를 보여주고 있다.

아모레퍼시픽 인스타그램은 매달 하나의 '뷰티 테마'를 설정하고, 해당 주제에 맞는 제품들을 다양한 패밀리 브랜드에서 골라 하나의 콘텐츠에 큐레이션 하

▲ 모기업의 메시지와 브랜드 철학을 일관되게 전달 (아모레퍼시픽 유튜브)

듯 소개한다. '수분 충전', '썬케어', '숙면'과 같은 구체적인 키워드를 기반으로 라네즈, 마몽드, 이니스프리 등 계열 브랜드들이 보유한 제품을 자연스럽게 연결한다. 감각적인 이미지 구성과 글로벌 감성의 언어 선택, 세련된 피드 구성은 아모레퍼시픽의 브랜드 아이덴티티를 직관적으로 드러내며, 콘텐츠 내 댓글 이벤트나 투표 기능 등을 활용해 소비자의 참여를 이끌어내는 전략도 적극적이다.

유튜브에서는 보다 깊이 있는 콘텐츠가 중심을 이룬다. 대표 콘텐츠 시리즈인 '태평양에서 아모레까지'는 단순히 브랜드 히스토리를 나열하지 않고, 현직 실무자가 직접 등장해 퀴즈나 토크 형식으로 스토리를 풀어간다. 브랜드의 철학, 기술력, ESG 활동까지 진중한 주제를 부담 없이 전달하는 이 구성은 소비자의 몰입도를 높이고, 브랜드에 대한 신뢰를 자연스럽게 형성하게 한다.

이처럼 아모레퍼시픽은 모기업의 SNS를 하나의 콘텐츠 허브 플랫폼으로 설계하고, 패밀리 브랜드에 대한 낙수 효과를 극대화하고 있다. 브랜드 하나하나를 분절된 존재로 소비하게 하는 것이 아니라, 아모레퍼시픽이라는 브랜드 생태계 전체를 경험하도록 유도하는 것이다.

반면 LG생활건강은 이와 같은 전략적 설계나 실행력 면에서 여러모로 한계를 보이고 있다. 공식 인스타그램 계정은 사실상 비활성화된 상태이며, 별도로 운영하고 있는 서브 계정 역시 게시물 수가 적고 블루뱃지 인증조차 없어 소비자에게 '공식성'을 전달하지 못한다는 평이다. 블로그 채널에는 '빌려쓰는 지구스쿨' 등 긍정적 사회공헌 프로그램이 담겨 있지만, 디자인이 올드하고 인터페이스가 불편해 콘텐츠의 전달력과 확산성이 다소 떨어진다.

유튜브 또한 개선점이 엿보인다. MBTI 테스트, 짧은 드라마 형식의 콘텐츠 등 이미 유행이 한참 지난 포맷을 반복하면서 브랜드만의 스토리텔링 역량을 보여주지 못하고 있다. 정제되지 않은 콘텐츠 운영은 결국 LG생활건강이 보유한 브랜드 자산과 기술력의 무게감을 충분히 담아내지 못하고 있으며, 모기업으로서의 서포트 기능 역시 사실상 작동하지 못하고 있다.

한편 애경산업은 최근 인스타그램 중심으로 긍정적인 변화를 시도하고 있다. 콘텐츠 썸네일 정리, 감도 높은 피드 구성, 밈 기반 릴스 콘텐츠 제작 등 다양한 시도가 이뤄지고 있으며, 이는 팔로워 증가와 소비자 호감도 상승으로 이어지고 있다. 유행 중인 콘텐츠 포맷을 브랜드 이미지와 자연스럽게 접목해 일상 속 친근한 브랜드 경험을 만들어내는 전략은 일정 부분 성공적이다. 환경변화에도 고객과 끊김 없는 소통은 브랜드의 지속가능한 성장에 필수적인 요건이다. 공급자가 아닌 수요자 관점에서 일관성 있는 브랜드 소통전략은 실이 아닌 득이다.

▲ 인스타그램 중심 리뉴얼, 확장성은 과제 (애경산업 인스타그램)

한국화장품은 디지털소통 전략 부재에 따른 실행력 부족해 개선이 필요하다는 의견이다. 인스타그램 외에는 운영 중인 공식 채널이 거의 없으며, 제품별 계정들이 산발적으로 존재하나 콘텐츠의 전문성, 일관성 모두 부족하다. 콘텐츠는 대부분 단순한 제품 이미지 나열에 그치며, 스토리텔링이나 브랜드 메시지를 전달할 수 있는 구조가 마련되어 있지 않다. 유튜브와 블로그 역시 실질적으로 운영되지 않아, 브랜드의 존재감을 디지털 환경에서 구축하는 데 더 많은 노력이 요구되고 있다.

아모레퍼시픽은 SNS를 통해 모기업의 힘이 어떻게 패밀리 브랜드 전체에 시너지를 줄 수 있는지를 가장 전략적으로 보여주는 사례다. 모기업의 콘텐츠 역량이 곧 브랜드 전체의 이미지로 직결되는 시대. 콘텐츠가 곧 브랜드라는 이 새로운 원칙을 누가, 어떻게 실현해내는가에 따라 디지털 시장에서의 브랜드 성패가 갈릴 것이다.

Z세대로! 세대 확장을 위한

K-뷰티의 전략

유통·생활용품업계 _ 화장품 ②

최근 K-뷰티 브랜드가 지속적으로 급부상하면서, 단순히 바르는 제품이 아닌 트렌드에 맞춘 화장품으로 소비자의 눈길을 끌 수 있는 차별화된 디지털 마케팅 전략으로 전환되고 있다. 화장품 업계에서는 AHC, 설화수, 헤라, SK-II 등이 주력 브랜드로 다양한 콘텐츠 전략을 통해 SNS에서 차별화된 요소를 강화하며 크게 주목을 받고 있다.

▲ AHC의 인스타그램 콘텐츠

AHC는 자외선 노출이 많은 여름철을 중심으로 기능성 화장품인 선케어 제품을 앞세운 SNS 운영 전략으로 선케어 업계에서 긍정적인 반응을 얻고 있다. 특히 AHC는 워터밤 부산 2025의 공식 후원과 함께 선크림, 카메라, 쿠션 키링 등을 통해 Z세대를 겨냥하고 있다.

공식 인스타그램에서는 선케어 제품뿐만 아니라, '오징어 게임'에서 활약한 배우 박규영을 모델로 리프팅 프로샷 아이크림 괄사 제품을 소개하고 있다. 이는 30~40대를 타겟으로 한 주력 제품을 Z세대는 물론 다양한 세대까지 아우를 수 있도록 성공적인 모델 활용 사례로 볼 수 있다.

AHC는 이를 통해 기존 고객층인 3040세대의 충성도를 유지함과 동시에, 콘텐츠 소비에 민감한 Z세대에게도 자연스럽게 브랜드를 노출시키는 전략을 펼치고 있다. 다양한 세대의 니즈를 아우르는 모델 전략과 콘텐츠 방향성은 AHC의 브랜드 확장성과 지속 가능성 측면에서도 좋은 사례로 평가된다.

광고 모델 샤이니 태민으로 성공적인 마케팅 사례로 주목받고 있다. 샤이니 태민의 이미지를 통해 AHC가 추구하는 맑고 건강한 이미지를 전달하는데 성공했으며, 해당 선케어 광고 또한 시원하고 맑은 느낌의 선스틱의 느낌으로 표현되

Sulwhasoo | GLOBAL CULTURE TRIP(글로벌 컬처트립) | Part 3
조회수 179회 · 2개월 전

Sulwhasoo | GLOBAL CULTURE TRIP(글로벌 컬처트립) | Part 2
조회수 116회 · 2개월 전

Sulwhasoo | GLOBAL CULTURE TRIP(글로벌 컬처트립) | Part 1
조회수 109회 · 2개월 전

Sulwhasoo | The Art of Delight | 설레는 설화수 (15s)
조회수 5천회 · 3개월 전

Sulwhasoo | The Art of Delight | 설레는 설화수
조회수 6.4천회 · 3개월 전

Sulwhasoo | First Care Activating Serum (윤조에센스) | 그녀들의 윤빛...
조회수 501회 · 3개월 전

▲ 설화수 브랜드의 유튜브 콘텐츠

고 있다. 참여형 후원 홍보와 트렌드에 부합하는 콘텐츠 시너지로 좋은 반응을 얻으며, 향후 콘텐츠 트렌드의 방향성이 기대되는 브랜드이다.

설화수는 오랜 시간 동안 화장품 업계에서 견고한 입지를 유지해온 아모레퍼시픽의 대표적인 브랜드다. 고급스러운 브랜드 이미지를 일관되게 유지하면서도,

최근에는 리브랜딩을 성공적으로 이뤄낸 사례로 주목받고 있다. 한국의 전통 문화를 현대적으로 재해석해 소비자와의 정서적 연결을 강화하고 있으며, 직접 체험형 콘텐츠를 중심으로 한 프로그램을 통해 브랜드 경험을 확장하고 있다.

반면 설화수는 고급스럽고 깨끗한 이미지를 바탕으로 스킨케어 제품을 주기적으로 게시하고 있지만, Z세대를 공략하기에는 다소 부족하다. 처음에는 공감 마케팅을 통해 큰 울림을 얻으며 리포지셔닝 전략을 시도했지만, 아쉽게도 Z세대의 공감을 이끌어내기에는 역부족이었다. 최근에는 타깃을 30대까지 확장했지만, 공식 인스타그램이나 유튜브 채널에서도 여전히 고급스러운 이미지가 강하게 남아 있어, Z세대가 쉽게 접근하기 어렵다는 의견이다. 이는 브랜드 이미지 개선 및 관리 측면에서 보완이 필요한 요소이다.

설화수는 AHC처럼 브랜드 이미지를 유지하면서도, Z세대는 물론 기능성 화장품 및 스킨케어가 필요한 다양한 세대를 아우를 수 있는 실용성과 트렌드를 동시에 반영한 콘텐츠를 제작할 필요가 있다는 의견이다. 고급스러운 이미지는 유지하되, 기능성 화장품 및 스킨케어 제품을 Z세대의 트렌드에 맞춘 브랜드로 다시 리포지셔닝할 수 있을지 이목이 집중된다.

헤라는 글로벌 브랜드에 걸맞게, 제품과 콘텐츠 전반에서 고유한 글로벌 이미지를 효과적으로 드러내고 있다. 인스타그램 스토리에서는 화장품을 하나의 예술작품처럼 보여주는 팝업스토어 연출과 색상 관련 이벤트가 특히 돋보인다. 여름 시즌 특유의 누디한 컬러와 조화를 이루며 다양한 립 컬러를 제안함으로써, Z세대의 흥미를 유도하고 브랜드에 대한 몰입감을 높이고 있다.

▲ 헤라의 인스타그램, 유튜브 콘텐츠

헤라의 공식 인스타그램 계정 역시, 립 컬러뿐만 아니라 파운데이션, 쿠션 등 다양한 제품군을 통해 브랜드의 자유분방하고 독보적인 이미지를 강조하고 있다. 특히, 동양적인 컬러에 한정되지 않고 다양한 피부 톤을 고려한 색상 구성을 통해, 인종과 국적을 초월한 보편적인 브랜드임을 자연스럽게 전달하고 있다. 이러한 전략은 글로벌 시장에서의 포용성과 다양성을 강조하는 뷰티 트렌드에 부합하며, 새로운 소비자를 자리매김하고자 하는 방향성과 맞닿아 있다.

유튜브 채널은 트렌디한 영상 편집 방식을 활용하여, 최근 성수동에서 열린 팝업스토어를 중심으로 소비자들의 궁금증을 해소하는 콘텐츠 전략을 구사하고 있다. 그러나 현재는 헤라 관계자의 뷰티 브이로그, 길거리 인터뷰 형식의 영상, 제품 소개 및 사용 팁 위주의 콘텐츠가 주를 이루어, 새로운 소비자층을 끌어들이기에는 다소 한계가 있다. 향후에는 공식 인스타그램과 연계하여 헤라만의 글로벌한 브랜드 이미지를 함께 드러내는 방향으로 콘텐츠를 확장할 필요가 있다.

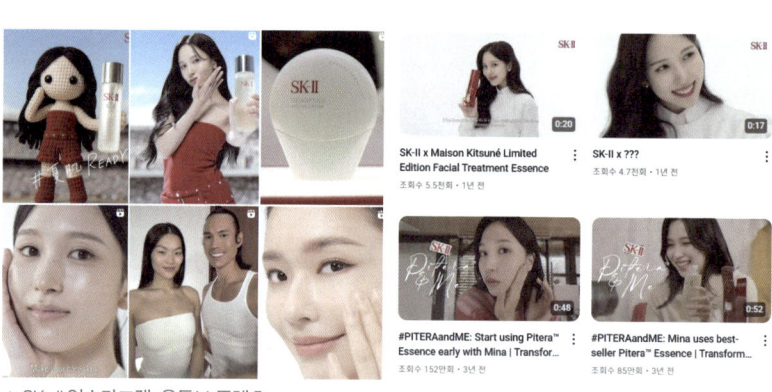

▲ SK-II 인스타그램, 유튜브 콘텐츠

SK-II는 트와이스의 미나를 지속적으로 모델로 깨끗하고 자연스러운 이미지를 강조하고 있다. 스킨케어를 주력 제품으로 내세우며, 헤라와 마찬가지로 글로벌 브랜드로서의 면모를 보여주고 있다. 다만 헤라가 자유롭고 독보적인 이미지를 중심으로 다양한 제품군을 홍보하는 반면, SK-II는 맑고 투명한 이미지를 앞세워 스킨케어의 본질적인 효능에 집중하는 차별화된 전략을 펼치고 있다.

SK-II는 다른 화장품 브랜드에 비해 상대적으로 홍보 활동이 활발하지 않은 편이다. 글로벌 소비층을 중심으로 전략을 전개하고 있어, Z세대에게는 다소 생소한 브랜드로 인식될 가능성이 있다. 공식 인스타그램에서는 여러 국가의 모델들이 혼합되어 등장해 브랜드 정체성이 다소 분산된 느낌을 준다. 오히려 일본 공식 계정처럼 국가 별로 계정을 분리해 현지화된 콘텐츠를 운영한다면, 브랜드 시너지를 높이고 타깃 소비자들과의 밀접한 소통이 가능할 것으로 보인다.

유튜브 채널 역시 장기간 콘텐츠 업데이트가 이루어지지 않고 있어 활성화가 시급한 과제로 보인다. 현재는 광고 영상 위주로만 운영되고 있어 브랜드 소통의 폭이 제한적이다. 브랜드 이미지를 더욱 효과적으로 전달하고 소비자와의 접점을 넓히기 위해서는 광고 외에도 다양한 콘텐츠 중심의 계정을 함께 운영하는 전략이 필요하다.

다양한 화장품 브랜드들이 모델 중심의 마케팅을 넘어, 트렌디한 콘텐츠를 통해 Z세대의 관심과 유행까지 선점하려는 전략을 펼치고 있다. AHC는 여름 시즌에 맞는 제품과 유행 아이템을 체험형 콘텐츠로 연결해 소비자의 흥미를 유도하고 있으며, 설화수는 고급스럽고 정체성 있는 브랜드 이미지를 유지하면서도 소비자 확장을 위한 콘텐츠 다변화를 시도하고 있다. 헤라는 글로벌한 브랜드 이미지를 강조하는 동시에, 체험 중심의 소비 콘텐츠를 통해 젊은 층의 자발적 참여를 유도하고 있다. 이처럼 세 브랜드 모두 각자의 색깔을 유지하면서도 콘텐츠 트렌드에 민감한 Z세대와의 접점을 넓히려는 노력이 돋보인다.

트렌드에 민감한 Z세대를 공략하기 위해, 화장품 업계 역시 누구보다 발 빠르게 시장의 흐름을 읽고 대응하는 것이 기본이 되었다. 이제는 빠르게 변화하는 트렌드에 얼마나 신속하고 유연하게 적응하는 것에 따라 브랜드의 생존 여부가 갈릴 정도로 시장의 경쟁은 더욱 치열해지고 있다.

스토리 중심 공감 콘텐츠로

국민과의 거리를 좁히다

행정기관·공공기관 _ 중앙행정기관 ①

중앙행정기관들이 공식 SNS 채널을 통해 국민과의 정서적 소통을 강화하며 공공 이미지 혁신에 나서고 있다. 기존의 형식적이고 딱딱한 정책 중심 콘텐츠에서 벗어나, 공감 기반의 이야기와 참여형 콘텐츠를 통해 젊은 세대와의 디지털 접점을 넓히고 있다는 분석이다.

최근 한국인터넷소통협회 부설 더콘텐츠연구소가 분석한 결과, 문화체육관광부, 국방부, 보건복지부, 산업통상자원부 등 주요 부처들은 각각의 정체성을 담은 SNS 콘텐츠 전략을 통해 MZ세대와의 소통을 강화하며, 기관별 특성을 반영한 차별화된 디지털 커뮤니케이션을 선보이고 있다.

문화체육관광부는 블로그에서 운영 중인 '단골이 되어주세요' 댓글 이벤트를 통해 채널의 지속적인 방문을 유도하고 있다. 단순 참여가 아닌 출석 횟수와 대댓글 반영 구조를 도입해 반복 참여를 유도하고, 실질적인 커뮤니티 형성을 추구한다.

특히 대학생 기자단이 제작하는 '울림 문화 이야기'는 현장감을 살린 콘텐츠로 높은 공감을 이끌고 있다. 젊은 세대의 시선으로 바라본 문화 현장 리뷰는 친근함과 신뢰를 동시에 확보하며 블로그 방문자 수 증가에 기여하고 있다.

인스타그램에서는 '문득꿀팁', '문답상회' 등 릴스 기반의 시리즈 콘텐츠가 눈길

[이벤트] 다름을 담다, 문화로 잇다!
'문화다양성' 단어를 완성해 주세요.

2025. 5. 21. 1,924

[5월 출석체크 이벤트] 정보 맛집 문
체부 블로그의 단골이 되어주세요!

2025. 5. 1. 3,200

[퀴즈 이벤트] 국민의 스포츠 활동을
장려하기 위해 실시하는 '이 주간'의
이름은??...

2025. 4. 19. 906

[4월 출석체크 이벤트] 정보 맛집 문
체부 블로그의 단골이 되어주세요! 🌸

2025. 4. 1. 3,070

[공유 이벤트] '여행가는 봄 캠페인'의
알찬 혜택, 이웃에게 공유해 주세요! 😊

2025. 3. 21. 142

[3월 출석체크 이벤트] 정보 맛집 문
체부 블로그의 단골이 되어주세요!

2025. 3. 1. 2,594

[이벤트] 2025년 2월 7일 시작하는
동계아시안게임의 개최지는 어디일까
요?

2025. 2. 7. 766

[2월 출석체크 이벤트] 정보 맛집 문
체부 블로그의 단골이 되어주세요!

2025. 2. 5. 2,200

▲ 댓글 이벤트를 통해 국민과의 소통을 강화하는 문화체육관광부 블로그

을 끌고 있다. 국내 문화여행지를 소개하는 '문득꿀팁'은 실용적인 정보 전달과 빠른 영상 구성으로 사용자 만족도를 높이고 있으며, 퀴즈 형식의 '문답상회'는 문화의 날을 쉽고 재미있게 알리는 방식으로 참여를 유도하고 있다.

유튜브 채널에서는 '인턴들의 밸런스게임' 콘텐츠를 통해 젊은 세대가 익숙한 포맷으로 기관의 이미지를 재구성하고 있으며, 7월 업로드 이후 3천 회 이상 조회 수를 기록하며 긍정적 반응을 얻고 있다.

국방부는 블로그와 인스타그램을 통해 청년층과의 소통을 활발히 이어가고 있다. 블로그에서는 '급식 리뷰', '리얼 탐방' 등 군 입대를 앞둔 청년들의 현실적인 궁금증을 해소할 수 있는 콘텐츠가 인기를 끌고 있으며, 청년 서포터즈 'M프렌즈'와의 협업으로 신선한 시각과 현장감을 전달하고 있다.

인스타그램에서는 역사적인 기념일과 참전용사의 헌신을 조명한 릴스 콘텐츠가 각각 37만, 159만 뷰를 기록하며 큰 호응을 얻었다. 이러한 콘텐츠는 국방부의 진중한 이미지를 유지하면서도 국민의 감성에 호소하는 방식으로 공감대를

형성했다.

또한 유튜브 채널에서는 '군무원을 소개합니다' 시리즈를 통해 행정직렬 등 군무원의 직무를 현실적으로 소개하고 있으며, 진로를 탐색하는 청년층에게 실질적인 도움을 주는 콘텐츠로 자리잡고 있다.

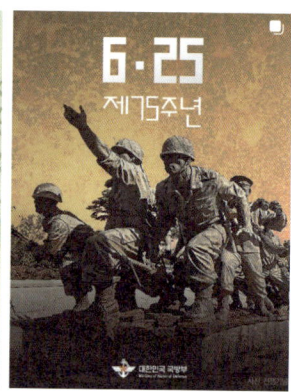

▲ 감성 콘텐츠를 통해 국민과 공감대를 형성하는 국방부 인스타그램

보건복지부는 SNS를 통해 사회적 약자 보호와 복지 정책의 가치를 전달하는 데 주력하고 있다. 블로그의 '현장 방문 인터뷰' 콘텐츠는 의료진과 복지 담당자의 이야기를 중심으로 구성되었으며, 단순한 정책 홍보를 넘어선 감성적 접근으로 댓글 300개 이상을 기록하는 등 긍정적인 반응을 이끌어내고 있다.

인터뷰 내용은 시범사업 현장 방문, 보건소의 운영 방식, 정서적 케어까지 아우르며 복지부의 정책 신뢰도를 높이고 있다.

인스타그램에서는 최근 유행 중인 'DM 유도 콘텐츠'를 접목한 '궁금하면? (DM)' 시리즈를 운영 중이다. 인플루언서 마케팅 방식처럼 댓글을 통한 DM 유도 전략을 활용하여 정보에 대한 희소성과 프라이빗한 소통 분위기를 형성하고 있다. 일관성 있는 '뭐?' 섬네일 디자인도 스크롤 중 시선을 끄는 장치로 활용되고 있다.

산업통상자원부는 블로그를 중심으로 AI, 로봇, 무역, 에너지 등 미래 산업 및 글로벌 이슈 관련 정보를 꾸준히 제공하며 정책 전문성을 강조하고 있다. 실질적인 정보 제공 중심의 콘텐츠는 산업통상부의 정체성과 정책 방향을 명확하게 전달하고 있다는 점에서 긍정적 평가를 받고 있다.

유튜브 채널에서는 퀴즈 댓글 이벤트를 통해 조회 수 증가와 시청자 참여를 동시에 유도하고 있다. 영상 내 정보 확인 후 댓글 참여만으로 이벤트에 응모 가능

▲ 산업관련 다양한 전문 정보를 통해 실용 소통하는 산업통상자원부 블로그

하도록 구성하여 콘텐츠 소비 시간을 자연스럽게 늘리는 효과를 노리고 있다.

비록 아직 타 기관에 비해 대중적 반응은 낮지만, 콘텐츠의 방향성과 적합성 측면에서는 높은 전략적 완성도를 보여주고 있으며 향후 국민과의 디지털 접점을 더욱 넓혀갈 것으로 기대된다.

이런 사례들을 통해 중앙행정기관들의 SNS 운영 전략은 단순한 정책 홍보를 넘어선 '공감형 소통'으로 진화하고 있음을 확인할 수 있다. 감정 중심 콘텐츠, 참여형 이벤트, 릴스·쇼츠 등 플랫폼 최적화 콘텐츠의 적극 도입은 국민과의 심리적 거리감을 줄이는 효과적인 방법으로 작용하고 있다.

특히, 콘텐츠 톤앤매너의 변화, 타깃 세그먼트별 맞춤형 정보 제공, 트렌드 기반 참여 유도 전략은 향후 공공기관 SNS 운영의 핵심이 될 것으로 보인다. 단순히 '보여주는 콘텐츠'가 아닌 '함께하는 콘텐츠'로의 전환, 이것이 지금 공공 디지털 커뮤니케이션이 가야 할 길이다.

정보보다는 '경험',
설명보다는 '참여'

행정기관 · 공공기관 _ 중앙행정기관 ②

디지털 시대, 공공기관의 SNS는 더 이상 일방적 정책 전달의 창구에 머물지 않는다. 특히 20대 청년을 포함한 MZ세대와의 접점을 넓히기 위한 전략적 접근이 각 기관에서 활발히 이뤄지고 있다. 최근 한국인터넷소통협회 부설 더콘텐츠연구소가 분석한 바에 따르면, 산림청, 기상청, 병무청, 국가유산청 등 중앙행정기관들이 실용성과 감성, 참여를 결합한 콘텐츠로 디지털 소통의 새 길을 열고 있다.

산림청은 블로그에서 '오늘의 숲', '정보의 숲', '소통의 숲' 등 카테고리를 통해 시

▲ (좌)산림청 모의고사 콘텐츠/(우)산림청 인스타그램

의성 있는 정책, 일상 밀착형 정보, 참여형 콘텐츠를 균형 있게 제공한다. 특히 산불 예방 온라인 모의고사는 1,400건 이상의 댓글을 기록하며 공공 블로그의 소통 가능성을 증명했다.

인스타그램에서는 '100대 명산' 콘텐츠와 '요즘 등산가이드' 시리즈로 등산을 하나의 감성 콘텐츠로 재해석했고, 유튜브 숏츠에서는 '탕후루 송'을 활용한 밈 콘텐츠, 반려동물 동반 캠핑 콘텐츠 등으로 흥미를 끌고 있다. 실용·감성·참여의 균형 전략이 돋보인다.

▲ (좌)기상청 예보관리포트(유튜브)/(우)기상청 오늘의 기상퀴즈(인스타그램)

기상청은 마스코트 '기상이'를 전면에 내세워 딱딱한 기관 이미지를 부드럽게 만들고 있다. 블로그에서는 생활 속 기상 용어 퀴즈와 과학 정보를 재미있게 풀어내고, '국민정책기자단'을 통한 청년 시선의 참여 콘텐츠도 활발하다.

인스타그램의 '오늘도 퀴즈 맑음' 시리즈는 평균 1,500개 이상의 댓글을 이끌며 참여율이 높고, 유튜브의 '예보관 리포트'는 매일 아침 최신 기상 정보를 직접 예보관이 전달하는 콘텐츠로 신뢰성과 전문성을 함께 구축하고 있다.

병무청은 군 복무, 입대 준비, 병영생활 앱 등 실용 정보 중심 콘텐츠로 청년층의 현실적인 궁금증을 해결하는 데 초점을 맞추고 있다. 블로그의 조회수는 정보 콘텐츠의 효율성을 입증하며, 인스타그램의 '청춘에게 보내는 편지', '뭘까요 시리즈'는 병무청의 딱딱한 이미지를 누그러뜨리는 감성적 장치다.

유튜브에서는 'M터뷰' 숏츠 콘텐츠가 장병과 예비 입영자에게 호응을 얻고 있

2025 군별 복무기간, 군인 계급,
월급 총정리

▲ (좌)병무청 M터뷰 (유튜브)/(우)병무청 정보혜택 제공(블로그)

으며, 거리 인터뷰와 위로 메시지 등도 정서적 연결에 기여하고 있다. 다만 민감
한 이슈에 대한 모니터링과 콘텐츠 필터링 강화는 향후 과제로 지적된다.

국가유산청은 청년 기자단을 중심으로 콘텐츠의 감각과 서사를 강화하고 있
다. 블로그에서는 전통문화 현장 체험기를 웹툰, 사진, 영상 등 다양한 포맷으로
전달해 접근성을 높이고, 인스타그램은 고품질 문화유산 사진과 릴스를 통해
시각적 감성을 자극한다.

유튜브에서는 전통문화 ASMR 콘텐츠로 청각적 경험까지 확장하며 높은 조
회수와 호감도를 유지하고 있다. 페이스북에서는 '유유자적 해볼지도' 시리즈를
통해 문화유산 여행 코스를 소개하며 지역 콘텐츠 확산에도 기여하고 있다.

이들 기관의 공통점은 '정책 홍보'에서 '국민 공감'으로의 전환에 있다. 산림청
의 '#요즘등산러', 기상청의 퀴즈 콘텐츠, 병무청의 청춘 편지, 국가유산청의
ASMR 영상은 모두 참여를 중심으로 한 감성 기반 콘텐츠다. 특히 MZ세대는
정보보다 '경험'을, 설명보다 '참여'를 중시하기에 공공기관 콘텐츠 또한 이들의
감성 언어를 이해하고 이를 반영해야 한다.

▲ (위)국가유산청 인스타그램 콘텐츠 /
(아래)국가유산청 〈유유자적 해볼지도〉(페이스북)

SNS는 이제 단순한 정보 알림판이 아니라 국민과 공공기관 사이에 놓인 '디지털 징검다리'다. 소통의 방식은 변했고, 이제는 정책을 일방적으로 전하는 것이 아니라 국민과 '이야기'를 나누는 콘텐츠가 요구된다. 실용성 있는 정보 위에 감성, 참여, 공감이 얹힐 때, SNS는 비로소 행정의 얼굴이 된다.

공공기관이 국민에게 다가가는 방식은 점점 더 창의적이고 유연해지고 있다. 디지털 기반의 소통 전략이 단순히 트렌드가 아닌 행정 신뢰의 기반이 되는 시대, 앞으로의 SNS는 '정보를 전달하는 채널'이 아니라, '관계를 형성하는 창'이 되어야 할 것이다.

실용적 콘텐츠로

MZ세대에게 어필하다

MZ세대가 디지털 소통의 중심 축으로 부상하면서, 공공기관들도 SNS 채널을 통한 커뮤니케이션 전략을 강화하고 있다. 인천국제공항공사, 한국공항공사, 한국도로공사는 각기 다른 업역(業域)과 특성을 반영한 콘텐츠 전략을 펼치며 SNS 채널을 적극적으로 운영 중이다. 이 세 기관의 인스타그램, 페이스북, 블로그, 유튜브 채널을 비교 분석하면 공공 SNS의 성과와 과제를 보다 입체적으로 조망할 수 있다.

▲ 여행객을 위한 알짜 정보로 소통하는 인천국제공항공사 인스타그램

먼저 인스타그램은 '여행'과 '이동'의 감성을 담은 MZ세대 공략이 주효하다. 인

천국제공항공사는 인스타그램(11만 팔로워)을 MZ세대 타깃의 핵심 채널로 활용하고 있다. '면세점 혜택', '반입 금지 물품 안내' 등 실용 콘텐츠와 '테토 여행자 빙고', 트렌디한 형식을 적절히 결합해 높은 반응을 이끌어낸다. SNS 서포터즈가 제작한 콘텐츠는 동세대 사용자와의 공감대를 형성하는 데 효과적이며, 게시물 하단의 영어 설명은 글로벌 이용자까지 아우른다. 다만, 참여형 이벤트의 과도한 개별 게시물은 피드 구성의 일관성을 저해하고 있다.

한국공항공사는 3.7만 팔로워 규모로, '45주년 기념 퀴즈 이벤트' 등 참여형 콘텐츠 운영을 시도하고 있다. 그러나 전반적으로 정보 중심의 딱딱한 콘텐츠가 다수를 차지하고, 감성적이거나 유머러스한 요소가 부족하다. MZ세대가 선호하는 '재미'와 '공감' 코드가 상대적으로 약한 점은 개선 과제로 지적된다.

한국도로공사는 마스코트 '길통'을 전면에 내세운 스토리텔링 전략으로 차별화를 꾀하고 있다. "~했통", "~아니지통?" 등 위트 있는 언어 사용과 휴게소, 고속도로 등 친숙한 소재를 접목한 콘텐츠는 MZ세대의 호응을 이끌고 있다.

페이스북의 경우 플랫폼 세분화에 따른 타깃 재정비의 필요성이 제기된다. 인천국제공항공사는 페이스북에서 82만 명이라는 높은 팔로워 수를 확보하고 있지만, 콘텐츠 반응은 인스타그램에 비해 낮다. 이는 MZ세대의 페이스북 이용률 저하를 반영한 결과로, 콘텐츠 또한 인스타그램 게시물을 단순 재활용하는 경향이 강하다.

한국공항공사는 인스타그램보다 많은 11만 명의 페이스북 팔로워를 보유하고 있지만, 콘텐츠 업로드 빈도가 낮고 실질적인 참여율도 저조하다. 플랫폼 변화에 적응하지 못한 채 단순한 게시물 복제로 일관하는 운영 방식은 SNS 다채널 전략의 취지와 맞지 않는다.

한국도로공사는 페이스북에서도 중장년층 타깃 콘텐츠를 선별적으로 운영하며 차별화를 시도한다. '중소기업 기술마켓'과 같은 중장년 중심 정보성 콘텐츠가 대표적이며, 일부 콘텐츠는 페이스북에 먼저 업로드되는 등 플랫폼 성격에 따른 우선 순위를 둔 모습이 인상적이다.

블로그의 경우 실용성과 가독성, 신뢰 기반 정보 채널로서의 경쟁이 강화돼야 한다. 인천국제공항공사 블로그는 7,223명의 구독자를 기반으로 높은 수준의 디자인 완성도와 정보 제공력을 갖추고 있다. '해외여행지 추천', '기념품 리스트', '맛집 소개', '공항 팝업스토어 정보' 등 여행자를 위한 콘텐츠가 다채롭고, 공항이라는 특수 공간의 브랜드 아이덴티티를 시각적으로도 잘 살려낸다.

한국공항공사 블로그는 '공항 속 빵지순례'와 같은 재미 요소를 결합한 실용 콘텐츠가 일부 존재하나, 카테고리와 콘텐츠 간의 일관성이 떨어지며, 전체적으로 콘텐츠의 참신함과 흥미 요소가 부족하다. MZ세대의 관심을 끌기 위해선 콘텐

▲ 카카오, 네이버와의 협업으로 공항 이용 편의 정보를 제공하는 한국공항공사 블로그

츠 구조와 톤앤매너의 변화가 필요하다.

한국도로공사 블로그는 현재 분석에서 상대적으로 비중이 적었지만, 유튜브 및 인스타그램 중심 전략과 연계되어 있으며, 도로와 교통에 특화된 정보 콘텐츠가 강화되면 공공 서비스 홍보 플랫폼으로서의 가능성이 크다.

유튜브는 콘텐츠 다양성과 영상 차별화 전략이 관건이다. 인천국제공항공사 유튜브는 '탐구공항', '공항 직원 브이로그', '서포터즈 콘텐츠' 등 공항 특유의 현장을 담아낸 스토리텔링 시도가 엿보인다. 그러나 콘텐츠 대부분이 딱딱한 포맷에 머물러 있어 MZ세대 시청자의 흥미를 유발하기에는 한계가 있다. 특히 쇼츠 콘텐츠는 참여자 사연 소개에 집중되어 있으며, 조회수 1만 회를 넘는 콘텐츠가

거의 없을 정도로 부진하다. 이는 전략적 리뉴얼의 필요성을 시사한다.

한국공항공사 유튜브는 4.1만 구독자를 기반으로 항공노선 정보, 직원 인터뷰, 공공 캠페인 등의 콘텐츠를 운영 중이나 업로드 빈도가 낮고, 쇼츠 콘텐츠도 반응이 미미하다. 공항이라는 공간의 특성과 지역 연계를 활용한 V-로그형 콘텐츠나 로컬 여행 콘텐츠로 확장할 필요가 있다.

한국도로공사 유튜브는 구독자 수(3.3만)는 상대적으로 적지만, 쇼츠 콘텐츠의 반응은 매우 긍정적이다. 슬라임, 간식 리뷰, 인플루언서 협업 콘텐츠 등에서 구독자의 3배에 달하는 조회수를 기록하며 MZ세대의 취향을 정확히 겨냥하고 있다. 다만 일반 영상은 업로드 수가 적고 조회수도 낮아, 쇼츠와 장편 영상 간의 전략 균형이 필요하다.

전반적으로 채널 특성과 세대 감성의 결합이 명암을 가를 것으로 분석된다. 세

▲ 휴게소의 다양한 정보를 제공하는 한국도로공사 유튜브

기관은 각기 다른 SNS 전략을 통해 자신들만의 디지털 소통 역량을 강화하고 있지만, 플랫폼별 성격에 맞춘 콘텐츠 기획력과 MZ세대와의 공감능력에서 차이를 보인다.

앞으로의 공공 SNS는 정보성에 머무르지 않고, 플랫폼별 최적화 전략과 감성적 콘텐츠가 조화를 이루는 방향으로 나아가야 할 것이다. 이는 공공기관의 브랜드 신뢰도를 강화하고, 세대 간 간극을 줄이는 핵심 전략이 될 것이다.

정보는 풍부하나 반응은 미미, '감정적 연결'이 숙제

공공기관의 SNS는 단순한 홍보 채널을 넘어 시민들과의 감성적 교감을 형성하고, 도시의 정체성과 브랜드 이미지를 전하는 창구로 기능하고 있다. 서울특별시가 브랜드 저널리즘과 콘텐츠 다각화를 통해 일정 수준의 통일성과 접근성을 확보해가고 있다면, 인천광역시, 광주광역시, 부산광역시는 다채로운 실험을 진행하면서도 각기 다른 한계와 과제를 안고 있다.

SNS 채널 간의 통일성, 콘텐츠 간의 서사 연결성, 사용자의 반응도 등 측면에서 분석할 때, 이들 도시는 각기 다른 전략적 접근을 취하고 있지만 콘텐츠 기획의 완성도나 확산력 면에서는 서울시에 비해 아직 개선 여지가 많다.

서울특별시는 공식 인스타그램과 유튜브 채널을 통해 시민과의 소통을 강화하고 있다. 정책 중심의 콘텐츠를 통해 실용적인 정보를 전달하고, 서울의 도시 이미지를 홍보하려는 의도가 엿보인다. 특히 마스코트 활용, 정보 큐레이션, 인터뷰형 영상 등 다양한 방식으로 콘텐츠를 구성하고 있는 점은 긍정적인 시도다. 하지만 콘텐츠의 기획력과 성실성에 비해, 실제 유저들의 반응은 상대적으로 낮은 편이다. 정보 제공에는 충실하지만, SNS의 핵심인 감성적 몰입과 확산 가능성에서는 아쉬움을 남긴다.

서울시 인스타그램 계정은 약 52만 명의 팔로워를 보유하고 있으며, 하루 1건 이

▲ 서울시 인스타그램 콘텐츠

상 꾸준한 포스팅을 이어가고 있다. 게시물의 형식은 서울시가 제공하는 정책이나 혜택을 메거진처럼 구성해 시각적으로 정리한 콘텐츠가 중심이다. 정책 정보, 생활 꿀팁, 문화행사, 제도 소개 등 콘텐츠의 주제는 매우 다양하다.

마스코트 캐릭터인 해치를 활용한 이벤트성 콘텐츠도 가끔 눈에 띈다. 오는 8월에는 해치 애니메이션 공개도 예고되어 있으며, 이를 통해 캐릭터 활용에 박차를 가할 것으로 예상된다. 썸네일은 최근 유행하는 디지털 메거진 스타일을 반영하고 있으며, 통일된 톤앤매너를 유지하고 있다는 점에서도 일관된 브랜딩 전략이 보인다.

하지만 높은 팔로워 수에 비해 콘텐츠당 반응 수는 낮은 편이다. 공공 정보를 중심으로 한 콘텐츠는 구체적이고 유익하지만, 사용자의 자발적 반응을 유도하기

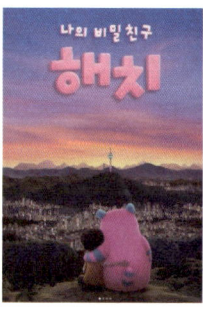

▲ 서울시의 캐릭터 해치를 이용한 인스타그램 콘텐츠

에는 감성적 설계가 부족하다. 시민들이 '공유하고 싶다'거나 '참여하고 싶다'는 욕구를 느끼게 하기에는 다소 일방향적이다. 또한, 캐릭터 활용이 단편적인 이벤트에 그치고 있으며, 서울시의 정체성을 입체적으로 보여줄 수 있는 시리즈 콘텐츠가 부족하다는 점도 아쉬운 부분이다.

서울시 유튜브는 여러 가지 형식의 콘텐츠 실험을 진행하고 있는 채널이다. 최근 새롭게 선보인 프로그램 '잡담의 미학'은 서울이라는 공간을 배경으로 다양한 분야의 명사들과 대화를 나누는 토크쇼 형식의 콘텐츠다. 해당 콘텐츠는 작가이자 유튜버인 무빙워터가 진행을 맡았으며, 예술가, 과학자, 창작자들이 게스트로 참여한다. 자유로운 대화를 통해 서울이라는 도시의 문화적 깊이와 다양성을 보여주고자 하는 시도가 돋보인다.

하지만 이러한 다양한 시도에도 불구하고, 콘텐츠당 조회수는 전체 구독자 수에 비해 낮은 수준을 유지하고 있다. 영상의 길이가 대부분 10분 이상으로 비교적 길고, 전달 방식 또한 다소 무거운 편이어서 MZ세대의 빠른 소비 트렌드와는 거리가 있다. 콘텐츠 형식의 실험은 분명 의의가 있지만, 대중적인 화제성을 확보하기에는 다소 부족한 것이 사실이다. 콘텐츠 간의 연계성이나 시리즈화 전략도 아직은 미비한 편이며, 플랫폼 최적화 측면에서도 개선이 필요하다.

인천광역시는 인스타그램과 유튜브에서 매우 성실하게 콘텐츠를 업로드하고 있다. 인스타그램에서는 약 5천 건 이상의 게시물이 업로드되어 있으며, 디자인 포맷은 일정한 톤을 유지하고 있다. 하지만 콘텐츠 대부분이 정책이나 공지 사항을 단순히 카드 뉴스 형식으로 전달하는 수준에 머물고 있어, 사용자 참여나 감성적 연결을 유도하지는 못하고 있다. 콘텐츠당 반응 수는 팔로워 수에 비해 현저히 낮고, 디자인 역시 전문성보다는 템플릿을 활용한 정형화된 느낌이 강하다.

▲ 웹드라마 형식으로 제작된 정책 홍보 콘텐츠 〈인천웹드라마〉 시리즈

유튜브의 경우 월 10개 이상의 콘텐츠가 꾸준히 업로드되고 있으며, 이는 지자체 중에서도 높은 빈도에 속한다. 특히 웹드라마 형식으로 제작된 정책 홍보 콘텐츠는 1만 뷰 이상을 기록하며 성과를 거두기도 했다. 그러나 이외 콘텐츠들은 연속성이나 시리즈 구조가 부재하여, 구독자와의 연결성을 지속적으로 확보하기 어렵다는 한계가 있다. 즉, 단발적인 실험은 있으나 도시 브랜드를 축적해가는 스토리텔링 전략은 미흡한 상황이다.

광주광역시는 자사의 캐릭터인 '빛돌이'를 활용하여 콘텐츠에 개성을 부여하고 있다. MZ세대를 겨냥한 밈 콘텐츠나 AI 기반 영상 편집을 시도하는 등 실험적

▲ 광주광역시 공식 유튜브 채널 '빛튜브'의 〈The 별★들에게 물어봐〉 시리즈

인 콘텐츠 구성도 다수 보인다. 특히 정보를 전하기 전, 가벼운 유머성 콘텐츠로 유입을 유도하는 포맷은 타 지자체와 차별화되는 부분이다.

다만, 전체 게시물의 스타일이나 톤앤매너에는 통일성이 부족하며, 각 콘텐츠가 개별적으로 제작된 느낌이 강하다. 브랜딩 관점에서 보면 '광주'라는 도시 이미지가 통합적으로 전달되기보다는, 콘텐츠 단위의 실험에 집중한 듯한 인상을 준다. 유튜브 채널 역시 콘텐츠 업로드 빈도는 낮은 편으로, 대표 콘텐츠인 '별들에게 물어봐 시즌2'에서 광주의 장소성과 관광 매력을 조명한 것은 긍정적이지만, 콘텐츠가 비정기적이며 확장성도 낮아 지속적인 채널 팬덤을 형성하기에는 한계가 있다.

▲ 부산광역시 인스타그램 채널

부산광역시는 인스타그램에서 특정 색상 계열을 활용해 시각적 통일감을 주는 전략을 택하고 있다. 특히 스포츠 콘텐츠, 특히 야구 관련 게시물에서는 비교적 높은 반응을 기록하며 관심을 끌고 있다. 다만 정보 전달형 콘텐츠 전반에 있어서는 반응도가 낮고, 시민 참여를 유도할 수 있는 콘텐츠는 아직 부족한 편이다. 유튜브 채널에서는 숏폼 콘텐츠 중심의 전략을 시도하고 있다. 이는 다른 도시들과 달리, 유튜브 알고리즘과 사용자 트렌드를 분석한 대응 전략의 일환으로 보인다. 그러나 콘텐츠 간의 내러티브 연결이나 장기적 채널 운영을 위한 팬층 확보 전략은 여전히 약한 편이다. 숏폼 중심의 콘텐츠는 단기적 조회수는 확보할 수 있으나, 브랜드 신뢰도나 도시 정체성을 구축하기에는 한계가 있다.

서울시는 브랜드 필름, 정책 콘텐츠, 마스코트 활용 등 다양한 포맷의 콘텐츠를 유기적으로 운영하며 도시 정체성을 장기적으로 축적하고 있다. 특히 최근 선보인 공감형 토크쇼 '잡담의 미학'이나 서울 시민을 인터뷰하는 콘텐츠, 스토리텔링을 입힌 정책 콘텐츠 등은 콘텐츠 자체로 즐길 수 있을 뿐 아니라, 시청자에게 도시의 문화적 이미지까지 전달한다는 점에서 차별성을 가진다.

반면 인천, 광주, 부산광역시는 콘텐츠 단위로만 접근하고 있어, 콘텐츠 간 연계성과 지속성, 그리고 '이 도시만의 분위기'라는 감성적 메시지 전달에는 상대적으로 미흡하다. 결과적으로 콘텐츠의 양이나 실험은 많지만, 팔로워 혹은 구독자와의 신뢰 기반은 취약하다.

인천, 광주, 부산광역시는 SNS 운영에 있어 다양한 포맷을 실험하고 있는 점은 긍정적이다. 그러나 실험은 전략으로 이어져야 하며, 콘텐츠는 단편이 아니라 하나의 서사로 구성되어야 브랜드가 살아난다. 이를 위해서는 다음과 같은 개선이 필요하다.

첫째, 통일된 캐릭터, 색상, 콘텐츠 톤 등을 일관성 있게 유지하고, 시리즈 형태의 콘텐츠 기획을 통해 도시 아이덴티티를 구축해야 한다. 둘째, 참여 기반 콘텐츠 확대가 필요하다. 정보 전달에만 치우치지 않고 시민 참여형 이벤트, 챌린지, 댓글 기반 콘텐츠 등을 통해 유저 반응도를 높여야 한다. 셋째, 숏폼과 내러티브의 균형이 중요하다. 짧고 가벼운 콘텐츠는 유입을, 긴 호흡의 스토리텔링 콘텐츠는 신뢰와 팬덤을 형성할 수 있다. 넷째, 크로스 채널 전략으로 유튜브, 인스타그램, 블로그 등 다양한 채널 간의 콘텐츠 연계로 브랜드 경험을 확장할 필요가 있다.

특히, 서울시가 보여주고 있는 도시 이미지와 콘텐츠 운영 간의 일관성은 타 도시들이 참고할 수 있는 모델이다. 각 도시가 지닌 고유한 매력을 콘텐츠 안에서 유기적으로 설계하고, 시민과의 쌍방향 소통을 통해 도시 브랜딩을 강화하는 전략적 접근이 필요하다.

지역경제 활성화를 위한

SNS의 생산적 활용

지방자치단체 · 지방기관 _ 지역관광

문화체육관광부는 매년 한국관광공사와 함께 한국관광 100선을 선정하여 국내 여행 활성화는 물론 외국인들의 관광객 유치에 적극 나서고 있다. 이와는 별도로 지역관광에 대한 세밀한 길라잡이 역할은 지방자치단체 관광과 또는 유관단체에서 공익적 관광마케팅을 추진하고 있다.

이제는 어느 도시를 막론하고 글로벌 도시와 경쟁하는 환경이다. 특히 지역관광은 지역경제 활성화와 일자리 창출에 직간접적인 영향을 미치고 있다. 이에 따라 국내외 여행객을 위한 볼거리, 놀거리, 즐길거리 등을 SNS 기반 디지털 공간에서 참신한 관광 콘텐츠로 소통을 전개하고 있다.

대구광역시는 대구문화예술진흥원과 함께 대구의 방방곡곡을 소개하기 위해 블로그, 인스타, 페이스북, 유튜브는 물론 웨이보도 운영하며 국내외 여행객과의 적극적인 소통을 이어가고 있다.

하루 평균 1,000명의 방문객을 유지하는 대구관광 블로그는 메인 화면부터 원하는 카테고리를 선택할 수 있도록 '도 대구' 키워드가 상단에 배치되어 있다. 간단하면서도 원하는 정보만을 빠르게 소비하고 싶은 젊은 세대를 공략한 것이다. 또한 기록 기반의 콘텐츠를 선호하는 특성을 고려해 여행 전 정보와 여행 후 방문후기 코너를 마련하여 해당 여행지에 대한 정보를 생생하게 공유하고 있다.

▲ 〈−도 대구〉라는 중의적 표현과 지역특성에 적합한 콘텐츠로 호평받는 대구관광

대구관광은 젊은 세대들을 겨냥하기 위해 최신 트렌드를 빠르게 파악하고 콘텐츠에 적용하는 모습도 흔하게 볼 수 있다. 한동안 많이 찾아 들었던 노래 제목을 인용해 '식물 사이에 피어난 커피'라는 제목을 만들거나 넷플릭스 순위권을 유지하며 사람들의 많은 관심을 받고 있는 오리지널 콘텐츠에 출연한 요리사의 식당 추천 게시물 등이 그 예이다.

대구관광의 인스타그램도 눈여겨 볼만하다. 블로그와 마찬가지로 썸네일에 표시되어 있는 '−도 대구'라는 톤앤매너 스타일의 통일성을 보여준다. 특히 대구관광 인스타그램의 게시물은 감성을 자극하면서도 센스 있는 사진 선정으로 눈길을 끈다. 특히 대구관광 인스타그램은 놀 곳, 잘 곳, 먹을 곳에 대한 사진 정보가 잘 정리돼 있어 여행객들이 인사이트를 얻기 위해 즐겨 찾고 있다.

부산광역시는 부산관광공사를 통해 지역관광을 적극 마케팅 하고 있다. ESG 경영을 관광 분야로 확장하며 친환경 관광 문화를 위한 캠페인도 추진한다. 현재 부산은 시니어 일자리 창출 및 지역사회 환경 보호 활동을 이어가고 있으며, 이번에는 관광객을 대상으로 한 "친환경 여행 가이드"와 "ESG 챌린지"를 운영

▲ 참여형 프로그램과 〈부산에 가면〉 콘텐츠를 통해 지역관광을 선도하는 부산관광

하고 있다.

부산관광공사는 눈에 띄는 슬로건과 다양한 콘텐츠를 통해 부산 관광 홍보를 강화하고 있다. 부산 여행, 부산 축제, 부산 5대 트레킹 챌린지, 이벤트, 공지 사항 등 여러 카테고리로 정보를 구분해 제공하고 있어 방문객들이 원하는 정보를 쉽게 찾을 수 있다. 또한, 짧은 주기로 콘텐츠를 업데이트해 방문객의 관심을 지속적으로 끌고 있다. 특히 부산의 대표적인 트레킹 코스 소개는 큰 호응을 얻고 있으며, 이를 통해 방문객들이 부산의 아름다운 자연을 직접 체험할 기회를 제공하고 있다.

부산관광공사는 인스타그램에서 '부산에 가면' 캠페인을 진행하며 부산 관광의 매력을 유쾌하게 알리고 있다. 이 캠페인은 한국인에게 익숙한 게임 '시장에 가면'을 패러디하여, 부산의 다채로운 즐길 거리를 자연스럽게 소개하는 방식으로 진행된다. 감성적인 릴스 영상을 통해 "부산에 가고 싶다"는 마음을 불러 일으키고 있으며, 부산의 다양한 관광 명소와 숨겨진 명소들을 감각적으로 담아내어 보는 이들로 하여금 부산 여행에 대한 흥미를 높이고 있다.

부산관광공사가 유튜브에서 유명 아이돌 그룹인 뉴진스, 제로베이스원, 유니스와 함께 부산을 알리는 리얼리티 시리즈를 제작하며 주목받고 있다. 이 시리즈는 연예인들이 부산의 다양한 명소를 즐기는 모습을 담아내어 팬들이 연예인의 발자취를 따라 부산을 방문하게끔 유도하고 있다. 부산의 매력적인 관광지를 자연스럽게 소개하는 이번 콘텐츠는 특히 젊은층의 관심을 끌며, 부산을 아이돌 팬들의 여행지이자 관광 명소로 자리 잡게 하는 데 기여하고 있다.

▲ K-Pop 아이돌 스타들과 협업한 부산관광 영상 콘텐츠 시리즈

제주의 경우 제주관광공사와 별도로 운영되고 있는 제주특별자치도관광협회의 지역관광 마케팅 활동이 주목받고 있다. 제주여행 소비자 취향을 반영하여 제주 관광의 주요 이슈, ESG 친환경 캠페인 등 다양한 정보제공과 캠페인으로 제주도 이미지 제고와 실질적인 실천을 추진하고 있다.

제수관광협회 〈여기바로제주〉 인스타그램은 제주 곳곳의 모습을 사진과 영상을 통해 생생한 현장 정보를 제공해 주고, 주요 관광 명소 소개와 더불어 여행 팁과 주변 권장 여행코스도 안내하는 등 제주 여행객을 위한 맞춤형 콘텐츠를 전해주고 있다. 아울러 제주 여행 커뮤니티 관리를 통한 소통과 다양한 이벤트를 통해 고객 참여형 콘텐츠를 개발하고 공유해 나가고 있다. 특히 천혜의 자연환경을 활용한 제주 지역 홍보로 국내외 여행객 유치에 성과를 거두고 있다.

제주의 방언 '보말'을 본딴 제주여행 대표 유튜버 '보마리' 캐릭터 활용, 여행 트렌드를 반영한 맞춤형 제주 여행 브랜딩을 강화하고 있으며, 고퀄리티의 영상 콘텐츠를 통해 제주의 다채로운 매력을 생생하게 소통하고 있다. 또한 다양한 유명 유튜버와의 협업을 통한 여행 팁, 맛집 소개, 관광 행사 및 축제 등을 효과적으로 홍보하면서, 지역 관광 소상공인과의 유기적인 SNS 채널 연계와 참여를 통해 상생 문화에도 앞장서고 있다.

제주도민과의 인터뷰, 제주 해녀 만나기, 아르바이트 체험 등을 통해 제주를 속속들이 알 수 있는 전통문화 및 다채로운 관광 콘텐츠를 소개하며 깊이 있는 지역 홍보도 추진하고 있다. 또한 다양한 체험과 개인의 취향을 중요시하는 여행객들을 위한 맞춤형 콘텐츠 제공하고, 계절별, 시기별, 날씨별 제주 현지의 변화에 따른 여행정보 및 추천 코스를 제공하여 인기를 얻고 있다.

▲ 자연환경을 활용한 콘텐츠로 지역관광의 격을 높인 〈여기바로제주〉 인스타그램

'여행' 자체에 관심이 많아지고 있는 젊은 세대들에게 지역의 먹거리, 놀거리 소개는 직접 경험을 하러 가기 전 필요한 사전 정보다. 그 정보를 해당 지역 공공기관의 공식 SNS 채널에서 직접 홍보하고 소개해 주는 것만큼 이용자의 신뢰도를 얻는 데 좋은 것은 없다. 공공기관에서 직접 현장을 다녀오고, 경험해서 나온 리뷰들은 검증되었다는 점에서 정보를 습득하는 데 있어 믿음을 얻고 있기 때문이다. 디지털 여행소통은 SNS의 생산적 활용촉진에 대한 또 다른 긍정 방향타이다.

AI와 밈,

SNS를 달군 트렌드 키워드

한국인터넷소통협회 부설 더콘텐츠연구소가 78개 업종 272개 기업과 41개 공공 성격별 167개 공공기관의 디지털 소통효과를 측정한 결과, 2025년은 인공지능(AI)의 본격적 확산과 밈(Meme) 문화의 폭발, 숏폼과 롱폼의 공존, 소셜커머스의 성장, 진정성 있는 콘텐츠의 부상, 텍스트 커뮤니티의 귀환 등이 트렌드로 분석됐다. 이러한 흐름은 2026년에도 이어져, 브랜드와 기관이 소셜미디어에서 어떻게 소통하고 어떤 전략을 펼칠지 결정하는 핵심 기준이 될 전망이다.

▲ 농림축산식품부 AI 키보드 ASMR

무엇보다 눈에 띄는 변화는 AI다. 과거 보조적 수단에 머물던 AI는 이제 콘텐츠 제작과 유통의 심장부에서 작동한다. 클릭 몇 번만으로 전문가 수준의 이미지와 영상을 구현할 수 있고, 이는 콘텐츠 제작의 문턱을 완전히 허물었다. 더 이상 전문 장비와 거대한 제작팀이 필요하지 않다. 누구나 크리에이터가 될 수 있는 시대가 열린 것이다.

유튜브 채널 정서불안 김햄찌는 이를 잘 보여준다. AI로 구현된 햄스터 캐릭터가 직장인의 일상을 의인화하며 폭발적 인기를 얻고 있다. 하루 2~3만 명씩 구독자가 늘고 평균 조회수가 100만 회를 웃도는 이 현상은, AI 캐릭터가 단순한 실험적 시도가 아니라 공감형 콘텐츠로 자리 잡았음을 보여준다. 야나두의 '실수하기 좋은 영어 시리즈'도 같은 흐름 속에서 주목받았다. AI 캐릭터가 등장해 재미와 학습 효과를 동시에 잡자, 시청자들은 "기획력이 돋보인다"는 긍정적 반응을 보이며 콘텐츠를 확산시켰다.

이러한 사례는 AI가 콘텐츠 혁신의 핵심 엔진임을 증명한다. 하지만 동시에 딥페이크, 데이터 편향, 저작권 침해 같은 윤리적 과제도 커지고 있다. AI는 가능성과 위험을 동시에 내포하고 있으며, 앞으로 브랜드와 사회는 이를 어떻게 조율할지가 큰 숙제로 남아 있다.

빙그레가 국가보훈부와 협업으로 진행한 독립운동가의 한복 복원 작업은 AI 딥페이크 기술의 순기능을 잘 보여주는 사례다. 재미와 흥미를 넘어 문화유산 복원이나 역사 교육 등 의미 있는 프로젝트에 활용되면서 그 가치를 인정받고 있다. 사회에 선한 영향력을 전달하여 기업의 이미지와 제품판매에도 좋은 성과로 귀결되고 있다.

이와 함께 빙그레는 MZ세대와 소통하는 트렌디한 마케팅을 적극적으로 활용하는 기업으로 AI 활용 밈 콘텐츠를 성공적으로 운영하고 있다. 브랜드 캐릭터로 제작된 빙그레우스 왕자를 중심으로 스토리텔링을 강화하여 MZ세대와 소통에 성공한 사례로 평가받고 있다. AI기술을 접목하여 빙그레우스 왕자와 소통하는 챗봇 출시, AI 음성합성을 활용한 빙그레우스 왕자 중세 목소리 제작, 이

▲ AI를 활용한 독립운동가들이 광복을 입는 모습을 재연한 빙그레

미지 생성 등을 적극 활용해 밈 콘텐츠를 다양하게 확장하고 있다. 이를 통해 소비자 참여 팬덤을 형성하고 브랜드 강화는 물론 제품 판매로 연결되는 선순환 소통에 성과를 내고 있다.

밈(meme)은 2025년에도 여전히 SNS를 뜨겁게 달궜다. "사고방식을 바꾸세요"라는 밈이 유머러스하게 부정적 상황을 전환한 것처럼, 밈은 이제 젊은 세대에게 삶의 무게를 웃음으로 해소하는 도구가 되었다.

바나프레소와 무신사 등은 이를 재치 있게 브랜드 톤에 맞춰 재해석하며 공감을 얻었다. 하지만 밈의 생명 주기는 짧다. '갈테야갈테야' 같은 문구형 밈이나 챌린지형 밈짤은 순식간에 등장하고 사라진다. 결국 브랜드의 경쟁력은 얼마나 민첩하게 이 흐름을 포착해 자신만의 언어로 재탄생시키느냐에 달려 있다. 밈은 이제 단순한 유행이 아니라, 브랜드를 트렌드 감각 있는 존재로 각인시키는 열쇠로 기능하고 있다.

콘텐츠 형식에서는 숏폼과 롱폼의 균형이 중요해졌다. 짧고 강렬한 숏폼은 바이럴을 만들지만, 장기적 팬덤을 쌓으려면 롱폼이 필요하다. 디바마을 퀸가비 채널이 보여주듯, 숏폼으로 유입을 늘린 뒤 롱폼으로 시청자와 깊이 있는 교감을 이어가는 구조는 앞으로 더 확산될 전략이다.

▲ 숏폼과 롱폼의 조합사례 – LG전자 유튜브

또 하나 간과할 수 없는 변화는 소셜커머스의 폭발적 성장이다. 인스타그램 샵이나 틱톡 샵처럼 플랫폼 자체에 결제 시스템이 내장되면서 소비자는 더 이상 앱을 이탈하지 않고 구매를 완료한다. 라이브 커머스는 실시간 소통과 제품 시연을 결합해 신뢰와 매출을 동시에 확보하고 있다. 이제 소셜미디어는 단순히 쇼핑 정보를 얻는 창구가 아니라, 소비의 '결정적 순간'을 만들어내는 허브로 변모했다.

흥미로운 점은 지나치게 완벽하게 연출된 콘텐츠의 시대가 저물고 있다는 것이다. 오히려 날 것 그대로의 진솔한 콘텐츠가 더 큰 공감을 얻는다. 특정 분야에서 깊은 전문성을 가진 마이크로 인플루언서의 목소리가 메가 인플루언서보다 더 강력한 설득력을 가지는 이유다. 브랜드가 비하인드 스토리나 직원들의 일상을 공유하며 인간적인 면모를 드러낼 때, 소비자는 단순한 소비자를 넘어 팬덤이 된다.

한편 영상 일변도의 흐름 속에서 텍스트 기반 플랫폼의 부활도 눈길을 끈다. 스레드(Threads)는 짧지만 밀도 있는 텍스트 교류를 통해 새로운 커뮤니티 문화를 형성했다. 이는 소셜미디어가 단순히 시각적 자극의 공간이 아니라, 지적이고 의미 있는 교류의 장으로 재해석될 수 있음을 보여준다.

2026년 소셜미디어의 키워드는 AI, 밈, 숏폼과 롱폼의 공존, 소셜커머스, 진정성, 텍스트 커뮤니티다. 중요한 것은 소비자가 더 이상 수동적 수용자가 아니라는 사실이다. 그들은 콘텐츠를 능동적으로 재해석하고 확산시키는 주체로 자리

잡았다. 기업과 기관이 해야 할 일은 단순히 메시지를 전달하는 것이 아니라, 진정성과 유머, 차별화된 경험을 결합해 소비자와 함께 문화를 만들어가는 것이다. 소셜미디어는 이제 브랜드와 사회가 함께 호흡하는 생활 무대이며, 이 무대에서 누가 더 빠르고 진정성 있게 소통하느냐가 경쟁의 승패를 좌우할 것이다.

생활 속 커뮤니케이션

플랫폼으로 진화하는 SNS

트렌드 분석 _ 채널별 트렌드

소셜미디어는 일상적 대화부터 쇼핑, 정보 탐색까지 생활 전반을 아우르는 인프라이다. 이 변화의 핵심에는 '콘텐츠의 개인화, 시각화, 참여화'라는 세 가지 흐름이 있다. 소비자는 단순한 수용자가 아니라 자신의 취향을 능동적으로 드러내고, 유행을 함께 만들어가며, 정보의 진위를 스스로 판단하는 주체로 변모하고 있다.

특히 소셜미디어 채널은 단순한 정보 전달의 도구를 넘어, 특정 고객층의 특성과 니즈에 맞춰 소통을 최적화하는 고유한 생태계로 진화하고 있다. 각 채널의

▲ 포스코퓨처엠 웹드라마 〈오늘 음극재가 사라진다면?〉

주사용층을 정확히 이해하고, 차별화된 전략적 접근이 고객과 효과적으로 관계 맺는 핵심이다. 기업과 공공기관 역시 이러한 변화를 기민하게 반영하지 못한다면 소통에서 뒤처질 수밖에 없다.

유튜브는 여전히 전 세대를 아우르는 가장 영향력 있는 플랫폼으로 자리매김했다. 특히 쇼츠를 중심으로 한 숏폼 콘텐츠의 성장은 눈부시다. 유머와 예능을 넘어 맛집, 여행, 반려동물 등 카테고리가 다변화되면서 일상 속 모든 영역을 포괄하는 짧은 영상이 쏟아지고 있다.

그러나 흥미로운 점은 '숏폼 피로감'의 역설이다. 지나치게 자극적인 짧은 영상에 지친 일부 소비자들이 의미 있는 정보와 서사를 담은 롱폼 콘텐츠로 회귀하고 있다는 사실이다. 단순한 재미를 넘어 실용성과 깊이를 원하는 흐름이 공존하며, 이는 기업에게 콘텐츠 포트폴리오의 균형을 요구한다.

이런 가운데 기업 유튜브 채널의 새로운 전략은 '웹예능화'다. 포스코퓨처엠의 웹드라마나 국민건강보험공단의 서바이벌 프로그램처럼, 딱딱한 정보 전달에서 벗어나 게임적 요소와 예능적 형식을 접목한 콘텐츠가 주목받는다. 포스코퓨처엠의 사례처럼 전문 모델 대신 직원들이 직접 출연해 꾸밈없는 모습을 보여줌으로써 친근감과 신뢰를 확보하는 방식은 특히 효과적이다. 이는 기업이 소비자 곁으로 한 발 더 다가가는 전략적 시도라 할 수 있다.

공공기관의 SNS 운영은 오랫동안 '딱딱하다'는 이미지에 갇혀 있었다. 그러나 최근 군산시와 울산 남구의 콘텐츠 우수사례는 이러한 고정관념을 깨뜨렸다. 이들은 유머 코드와 유행하는 밈을 활용해 시민들에게 친근하게 다가섰고, 군산시의 경우 23만 이상의 조회수라는 폭발적 반응을 얻었다. 정보 전달이라는 본연의 역할은 유지하되 재미와 즐거움을 결합한 접근은 공공기

620만뷰 찍은 군산 화제의
인물 초대석 #군산시공…
조회수 11만회

#테토녀 VS #에겐녀 이거
모르면 손해 #민생회복…
조회수 4.6만회

▲ 군산시 유튜브

관에 대한 무관심과 부정적 인식을 '친근하고 소통하는 존재'로 바꾸는 전환점이 되었다. 앞으로 더 많은 공공기관이 숏폼과 바이럴 콘텐츠에 뛰어들 것으로 예상되는 이유다.

페이스북은 과거의 절대적 영향력은 줄었지만 여전히 무시할 수 없는 플랫폼이다. 브랜드들은 참여형 이벤트와 카드뉴스 등 다양한 포맷을 통해 소비자와의 접점을 유지하고 있다.

네이버 블로그는 여전히 심층적 정보 전달에 강점을 가진 채널이다. 고용노동부는 카드뉴스형 심화 콘텐츠를 제공하며, 통계청은 키 컬러를 활용한 통일된 디자인과 인포그래픽으로 안정감과 차별성을 동시에 확보했다. 특히 주목할 점은 블로그가 단순한 게시판을 넘어 '콘텐츠 허브'로 기능한다는 사실이다. 숏폼, 카드뉴스 등 타 채널용 콘텐츠가 블로그에서 재가공·확산되며, 이는 채널 간 시너지를 높이고 정보 전달의 효율성을 극대화한다.

X(구 트위터)와 스레드는 빠른 정보 확산과 실시간 소통에 강점을 가진다. 고양시는 '내가 그걸 모를까'라는 밈과 고양이 캐릭터를 결합해 정책 정보를 유희적으로 풀어냈고, 빙그레는 '비밀학기'라는 세계관을 통해 1020세대와 교감했다. 이는 브랜드가 소비자와 심리적 거리를 좁히는 대표적 사례다.

스레드는 인스타그램과의 연동성을 바탕으로 급성장하고 있으며, 배달의민족은 '오늘 뭐 먹지' 같은 가벼운 질문형 콘텐츠로 공감을 유도했다. 재치 있는 밈과 인터넷 용어의 활용은 Z세대와의 소통에 특히 효과적이며, 자발적 리포스트로 확산력을 배가시킨다. 브랜드가 '친구 같은 존재'로 자리매김하는 데 최적화된 무대.

결국 소셜미디어 전략의 성패는 채널별로 '얼마나 진정성 있게, 얼마나 재미있게, 얼마나 맞춤형으로' 다가갈 수 있는가에 달려 있다. 한국 사회의 소셜미디어는 이제 단순한 홍보의 장이 아니라, 신뢰와 친밀감을 쌓는 생활 속 커뮤니케이션 플랫폼으로 진화하고 있다. 이 변화에 적응하는 브랜드만이 2025년 이후의 경쟁에서 우위를 점할 수 있을 것이다.

고객의 마음을 얻기 위한

네 가지 핵심 전략

모 백화점 직원은 입사 때부터 최고 임원이 된 지금까지 매장 입구에 들어설 때면 누가 보든 안 보든 매장을 향해 인사를 하고 주변에 떨어진 이물질을 줍는 습관이 있다. 이유는 고객을 항상 감사한 마음으로 마주하고, 청결한 매장으로 모시겠다는 태도가 몸에 배어 있기 때문이다.

고객이 콘텐츠를 만날 때,
바로 그 순간이 MOT다

결정적 순간을 뜻하는 MOT(Moment Of Truth)라는 용어가 있다. 고객이 브랜드를 만나는 순간도 MOT이다. 고객이 브랜드 디자인을 보았을 때, 매장 입구에 들어설 때, 상품을 구매 시 점원과 마주할 때, 은행창구에서 대기할 때, 주차장에서 나올 때, 콜센터 안내원에게 문의할 때. 그 순간은 몇 초가 될 수도 있고, 몇 분이 될 수도 있다. '만남의 순간, 제품과 서비스에 노출되는 순간, 메시지가 전해지는 순간'이다. 오프라인에서는 고객이 어떤 특정한 '접점'을 통해 브랜드를 경험한다. 기업(관)은 브랜드와 고객이 만나는 접점에서 고객들의 관심을 이끌고 관리하는 일이 중요하다.

온라인도 마찬가지이다. 웹사이트와 소셜미디어는 고객접점으로 채널 자체가 MOT이다. 수많은 고객들이 웹사이트, 인스타그램, 유튜브, 트위터(X), 페이스북, 블로그 등에 올라와 있는 콘텐츠를 마주하는 순간, 그리고 우리 브랜드 이야기가 사용자와 만나는 순간, 바로 그 순간이 MOT이다.

기업(관)이 소셜미디어를 등한시할 수 없는 가장 큰 이유다. 지금도 기업(관)의 수많은 브랜드는 고객과의 접점에서 고객이 선호하는 콘텐츠를 선보이며 언제, 어디서나 만나고 있다. 고객들이 모여 있는 소셜미디어가 얼마나 제품(정책)을 홍보하고 마케팅하기 좋은 도구인지 다시한번 상기해보고 SNS 속성에 적합한 기본적인 소통방식을 곱씹어볼 필요가 있다.

일관성 있는 진심이
소통의 핵심이다

소셜미디어의 특성을 충분히 이해하고 자연스럽게 접근해야 한다. 진솔하고 진정성 있는 메시지를 담아 전달하고 주장만이 아닌, 듣고 말하는 쌍방향 커뮤니케이션을 구사하여 무엇보다 관계형성을 최우선 과제로 삼아야 한다.

이를 위해 고객의 입장에서 고객과 마주하는 디지털 공간이 깔끔하게 정리가 돼 있는지, 고객의 니즈에 맞는 콘텐츠로 구성돼 있는 지, 고객 참여 프로그램은 마련돼 있는 지, 고객에게 유익한 정보는 제공하고 있는 지, 고객의 댓글과 궁금한 사항에 성실하게 응답하고 있는 지, 채널만 형식적으로 열어 놓고 있는 것은 아닌지 등을 점검해 봐야 한다. 고객은 참여하고, 나누고, 배우고, 즐길 수 있는 공간을 선호한다. 개인화 된 디지털 소통공간이 경직되면 고객 시선은 머물지 않는다. 특히 디지털 공간에서 홍보나 마케팅을 너무 조급하게 하면 효과가 반감되는 경우가 많다. 좀 더 긴 안목에서 접근해야 한다. 고객들과 마주하고, 이어지는 진솔한 대화를 통한 '관계형성'은 고객의 마음을 사로잡는 포지셔닝과 브랜딩의 핵심이다.

고객과의 관계형성을 위한
네 가지 방법

고객과의 관계형성을 위한 방안으로는 첫째, 디지털 소통을 일관성 있게 꾸준히 유지하자. 고객과 마주하는 소통채널과 콘텐츠는 고객의 니즈를 맞추기 위해 시시각각 변화한다. 그러나 고객과의 관계형성은 일관성이 요구된다. 담당자가 바뀌고, 조직이 변경되고, 임원이 교체되고, 예산이 변경되더라도 고객입장에서 해당 채널과 콘텐츠의 부실한 운영은 그 동안 쌓아온 신뢰와 재방문 욕구를 떨어트리게 한다. 특히 우리 브랜드에 맞는 톤앤매너로 고객과 친밀한 유대감을 유지해야 한다. 형식에 얽매이거나 딱딱한 말투는 오히려 고객들이 부담을 느낄 수 있다. 고객과의 소통 차별성은 톤앤매너에서 출발한다. 톤앤매너 대체와 확장을 위해 캐릭터를 활용하는 방법도 효과적이다.

하이트진로는 슈퍼스타 두꺼비 콘셉트를 더욱 강화하기 위한 방안으로 스타와의 댄스 챌린지, 매거진 화보 필름을 벤치마킹한 비주얼 영상 및 이미지 화보 시리즈 콘텐츠를 새롭게 선보였다. 시즌 이슈를 담은 매거진 화보를 선보인 후, 왓츠 인 마이백 등 연계한 후속 콘텐츠를 이어 선보이며 팬심 공략 및 이슈화를 유도했다. 이러한 시도는 '화보 장인', '컨셉 소화력 무슨 일' 등 긍정적인 댓글 반응과 함께 팬덤을 강화시키는 효과를 가져왔다.

둘째, 고객을 위한 양질의 정보를 제공하자. 디지털 공간에서 고객이 기업에게 바라는 것은 아무래도 정보다. 해당 기업(과)에서 제공하는 쏠쏠한 정보를 맛보기 위해서다. 기업은 이를 위해 자사 정보나 기업이미지, 제품 등과 밀접한 콘텐츠를 제공하고 있는데, 최근에는 브랜드와 관련된 테마를 잡고 유용하면서도 재미있고 관심을 끌 수 있는 정보를 담을수록 인기가 높다.

현대자동차그룹, 삼성전자 반도체, GS칼텍스 등의 사례에서도 언급했듯이 업의 특성과 연관된 지식 나눔은 해당기업의 사업을 쉽게 이해할 수 있고 기업의 브랜드 가치를 높이는데 크게 기여한다. 한화그룹도 브랜드 저널 '한화저널'의

▲ 고객의 입장에서 전문정보를 쉽게 제공하는 한화그룹 브랜드 저널 〈Tech for All〉

〈Tech for All〉 시리즈를 통해 영상과 다양한 이미지로 농가에 새로운 희망을 가져온 영농형 태양광, 바다를 고요하게 만드는 수중방사소음 저감 기술, 일상을 더 자유롭고 편리하게 만드는 협동로봇, 일상의 탄소 발자국을 줄이는 친환경 PVC, 국가 안보와 경제를 지키는 항공엔진 기술 등을 임직원이 직접 참여하여 어려운 전문정보를 쉽게 알려 주며 호평을 받고 있고, 기업의 핵심 사업소개와 브랜드 강화에 크게 기여하고 있다.

셋째, 반드시 고객의 궁금증을 해소해 주자. 국립생태원 인스타그램은 숏폼 영상과 툰 등 다양한 유형의 콘텐츠를 활용해 국민과 가장 활발하게 소통하고 있다. 특히, 인스타그램의 특화 콘텐츠로 〈국립생태원 Q&A〉, 〈생태원툰〉, 〈WE GO 캠페인〉, 〈어게인 생태원〉 등을 발행하며 소통 기능을 높이고 있다는 분석이다. 또한 인스타그램 스토리 기능을 통한 질문 받기를 활용하며 국민에게 매달 특정 주제에 대한 질문을 받고, 연구원이 직접 답변을 전하며 국민과 함께 호흡하고 있다.

넷째, 큰 이벤트보다 작은 고객참여 이벤트를 진행하자. 기업(관)은 소비자에게 지속적으로 관심을 보여야 하고 또 관심을 끌어야 한다. 이를 위해 지속적인 이벤트를 하는 게 좋다. 오프라인과 연계된 고객참여 이벤트도 효과가 크다. 작은 이벤트라도 지속적으로 할 필요가 있다. 퀴즈도 좋고 인증샷도 좋다. 또 업의 특성을 반영한 소소한 이벤트는 고객과의 관계형성에 좋은 소재이다.

▲ 고객참여를 통한 지속적인 고객과의 관계형성에 성과를 내는 사례(IBK기업은행)

기업은행은 최근 자사 소속인 사격 올림픽 선수들을 응원하는 차원에서 고객이 참여할 수 있는 물총 쏘기 온라인 이벤트와 다문화 사회통합을 위한 찾아가는 〈IBK 모두다 스쿨콘서트〉, 그리고 〈IBK모으기통장〉에 저축을 하면 소정의 선물을 제공하는 이벤트를 진행했다. 시의성과 시즌에 맞춰 다양한 고객참여 프로모션을 운영해 좋은 평가를 받고 있다.

디지털 공간에서 고객의 니즈에 부합하는 성공적인 소통과 마케팅 활동은 결국 조직의 유연한 문화와 경영층의 지속적인 관심, 그리고 일관된 소통전략이 뒷받침돼야 한다. 단타로는 고객의 마음을 얻지 못한다. 그리고 인위적으로 끌어 올릴 수 있는 숫자의 함정은 경계해야 한다.

밈, 재미를 넘어

브랜드·정책과 결합해야

디지털 공간에서 쏟아져 나오는 무수히 많은 콘텐츠. 특정, 불특정 고객을 향해 말과 글, 이미지, 영상, AI 등 다양한 형태로 소통하고 있다. 빠르게 흐르는 콘텐츠 소비형태의 변화는 새로움을 갈망하는 고객의 눈높이를 맞추기 위해 디지털 공간을 달구고 있다. 특히 디지털 콘텐츠 주 소비자이자 확산의 주역인 MZ 세대를 위한 소통 패러다임은 나날이 진화를 거듭하고 있다.

콘텐츠 범람 시대에 독창적인 아이디어 콘텐츠로 존재감을 높여야 한다. 이를 위해 재미와 흥미 요소를 콘텐츠에 담아내야 한다. 밈(meme) 콘텐츠가 각광을 받는 이유다.

▲ 현대자동차 부계정으로 독창적으로 운영되고 있는 뚜벅이 '르르르' 인스타그램

현대자동차의 부계정으로 숨어있는 뚜벅이 '르르르' 인스타그램이 독특한 밈 콘텐츠로 인기를 얻고 있다. 18만명의 참여하는 '르르르' 계정은 자동차 없이 대중교통이나 차량 대여 서비스, 자전거, 킥보드 등 모빌리티를 이용하는 뚜벅이들과 함께 만들어가는 모빌리티 이야기로 재미와 공감을 선사하며, 현대차의 잠재고객을 향한 의도하지 않은 참신한 마케팅이라는 평이다.

LG전자의 경우 브랜드 슬로건 'Life's Good'을 활용해 유머러스한 밈을 공식 SNS에서 공유했다. 특히 'Life's Good but…(삶은 좋지만…)'이라는 형식으로 상황을 묘사하는 방식이 유행하며 MZ세대와의 친밀감 상승과 공감대를 형성했다.

KT&G는 KT&G 커뮤니케이션실 직원으로 설정된 기존 '케쥐로' 캐릭터를 통한 소통 강화로 인스타그램 유저들의 공감을 이끌어냈고, 함께 즐길 수 있도록 '밈'과 '챌린지'를 적극 활용하고 있다. 개그우먼 이수지와의 콜라보콘텐츠인 〈케쥐극장〉 코너를 통해 재미있는 밈 콘텐츠로 KT&G의 브랜드를 강화하고 있다.

▲ 밈과 챌린지를 통해 고객의 공감대를 얻고 있는 KT&G '케쥐극장'

넷플릭스는 '오징어 게임'이 세계적으로 히트한 이후, 게임 속 장면(예: 달고나, 줄다리기, 무궁화 꽃이 피었습니다 등)을 활용한 밈을 공식 SNS에서 제작했다.

사용자들도 자체적으로 다양한 밈을 만들어 공유하면서, 자연스럽게 바이럴 효과로 이어졌다.

공공기관의 경우 한국관광공사는 전통 국악인 '범 내려온다'를 현대적으로 재해석한 영상을 제작하여 국내 관광 명소를 소개하는 밈 콘텐츠를 가장 먼저 선보여 화제를 낳았다. 신나는 리듬과 독특한 연출로 2030 세대의 큰 호응을 얻었다. 충주시는 유튜브 채널 '충TV'에서 '충주맨'이라는 캐릭터를 활용한 유쾌한 밈 콘텐츠로 공공기관의 롤모델로 인기를 누리고 있다.

▲ 이게 요즘 트렌드! 밈 · 유행어 활용 콘텐츠로 각광받는 건강보험심사평가원

소방청은 SNS에서 유행하던 '슬릭백 챌린지'를 활용하여 겨울철 안전사고 예방 메시지를 전달했고, 건강보험심사평가원 채널 주 이용 연령층 2030을 고려해 대표 캐릭터 중심으로 콘텐츠를 운영하며 2030세대가 선호하는 밈·유행어를 활용한 톤앤매너로 팔로워(심토리)들과 소통하고 있다.

경찰청은 업무와 관련된 다양한 상황을 친근하게 전달하기 위해 '폴인러브' 캐릭터를 통해 사건의 재구성 등 시의성 있는 이슈나 유행하는 밈을 활용하여 법률 정보나 안전 수칙 등을 재미있게 전달하고 있다. 딱딱하게 느껴질 수 있는 경찰 업무를 친근하게 전달하여 국민들의 관심과 호응을 얻고 있다.

이러한 사례들은 공공기관이 밈 콘텐츠를 효과적으로 활용하여 대중과 친근하게 소통하고, 기관의 메시지를 효과적으로 전달하는 데 기여하고 있다.

밈 콘텐츠는 재생산 및 재가공이 용이한 특성이 있다. 밈을 활용한 마케팅은 MZ세대 뿐만 아니라 소비과정에서 재미와 색다른 경험을 추구하는 컨슈머를 동시에 자극하여 다양한 연령대를 겨냥할 수 있다. 기업(관) 입장에서 밈 콘텐츠의 자발적 확산은 저비용 고효율로 제품(정책)을 홍보할 수 있다는 점에서 천편일률적인 콘텐츠 환경에 매력적이다.

다만, 밈은 일반적으로 재미와 흥미의 요소를 가지고 있기 때문에 지나치게 가벼운 이미지로 비춰질 수 있어 브랜드의 이미지나 공공의 메시지와 충돌이 될 가능성이 높다. 또한 밈은 특정 맥락에서만 이해될 수 있기 때문에 잘못된 해석으로 부정적인 인상을 남길 수가 있다. 따라서 밈을 활용한 콘텐츠를 제작할 땐 신중하고 전략적인 접근이 필요하다. 재미와 흥미만을 추구하는 것은 매력이 있을 수 있으나 반감될 수도 있음을 염두에 두어야 한다.

고객소통의 원동력은

개방적 조직문화

소통 전략 _ 내부소통

조직문화는 구성원들이 공유하는 가치관, 신념, 행동 양식으로서 경영층의 리더십 스타일, 의사결정 구조, 소통 방식, 업무 프로세스 등 다양한 대내외 관계 속에서 응축된 집단지성의 산물이다. 이러한 조직문화는 해당기업(관)의 독자적인 DNA로서 새로운 구성원에게 자연스럽게 이식되고, 대외 고객과 이해관계자들에게는 일관된 브랜드 이미지로 투영되고 있다.

참여, 개방, 공유, 수평적 상호작용은
소통의 기본 가치

대내외 불투명한 환경변화는 기업(관)의 체질개선과 내부 핵심역량 강화를 요구하고 있다. 이에 따라 임직원과의 소통 활성화와 업무 프로세스 개선 등을 골자로 하는 조직문화 혁신이 뚜렷하게 진행되고 있다. 특히 인터넷과 소셜미디어의 등장은 이를 활용하는 임직원의 행동양식에 변화를 주고 있으며, 유연하고 수평적인 조직문화 혁신을 요구하고 있다. 이를 위해 디지털의 참여, 개방, 공유, 투명, 수평적인 속성과 상호작용이라는 양방향 소통이 조직문화 혁신에도 반영돼야 한다.

이러한 환경에서 일부 기업(관)은 고객과의 소통을 등한시하고 임직원 소통에만 몰두하는 경향이 있어 우려된다. 조직문화는 구성원들의 농축된 DNA로 하루아침에 만들어지지 않는다. 외부 고객과의 일관된 소통경쟁력이 임직원 소통과 직결되고 조직문화에도 고스란히 반영되는 구조다.

한국인터넷소통협회가 더콘텐츠연구소와 함께 분석한 결과, 임직원과 소통 잘하고, 조직문화가 유연하며 수평적인 기업(관)이 고객과의 소통 또한 비교우위 경쟁력이 있음이 입증됐다.

현대차그룹은 제조업 특성상 기존의 다소 딱딱한 조직문화가 유연하고 수평적인 조직으로 변모하고 있어 주목받고 있다. 현대차그룹 정의선 회장은 소통과 조직문화, 기본기, 혁신을 강조한 바 있다. 특히 '소통'의 중요성을 강조했다. 위기 속에서도 서로 소통하면 충분히 잘할 수 있고, 어려울수록 대화를 더 많이 하고 심지어 회식도 더 활성화하는 등 더 능동적으로 움직여야 한다고 언급했다. 현대차그룹의 앞선 디지털 소통효과와 비교우위 경쟁력에는 다 이유가 있다.

▲ 임직원들과 소통하고 비전을 공유하는 현대차그룹 정의선 회장(그룹 뉴스룸)

소통경쟁력을
높이는 내부소통

GS칼텍스 또한 디지털 소통을 통해 유연한 조직문화를 구축하고 있다. 허세홍 GS칼텍스 사장은 수평적 조직문화 확산을 위해 임직원간 소통을 강조하고 있다. GS칼텍스는 내부 메신저와 그룹웨어를 활용한 실시간 커뮤니케이션은 물론, 사내 콘텐츠 플랫폼을 통해 직원들의 자발적인 참여를 유도하고 있다. 비교우위 디지털 소통이 대내외 소통경쟁력을 확보하는 데 기여하고 있다.

삼성전자는 기존의 수직적 조직문화를 탈피하고, 수평적이고 유연한 문화를 지향하고 있다. 이를 위해 직급 체계를 간소화하고, 디지털 협업 도구를 도입하여 부서 간 경계를 허물고 있다. 이러한 변화는 구성원 간의 원활한 의사소통과 창의적인 업무 환경 조성에 기여하고 있다.

▲ 한국수자원공사의 임직원 소통공간 K-water 웹메일 서비스 메인화면

공공기관 중에서도 고객과 소통 잘하는 기관이 결국 임직원 소통과 조직문화 혁신에 성과를 거두고 있다. 국민연금공단은 내부 메신저와 인트라넷을 활용하

여 신속한 정책 공유와 직원 의견 수렴을 실현하고 있다. 대내외 열린 디지털 소통을 통해 건강하고, 청렴한 조직으로 성장해 나가고 있다. 국민건강보험공단은 'M건강톡톡' 모바일 사내 앱 운영으로, 한국수자원공사는 가족친화경영의 일환으로 임직원들이 효율적으로 소통할 수 있도록 K-water 웹메일 서비스를 통해 조직문화 혁신에 앞장서고 있다.

디지털 소통을 통한 일하는 방식의 혁신

디지털 소통은 조직문화의 '표면'을 변화시키는 것이 아니다. 조직의 심층 구조, 곧 '일하는 방식'과 '사고방식'을 재구성하는 힘이다. 또한 디지털 소통은 무엇보다 조직 내 경계를 허문다. 직급을 뛰어넘는 소통이 가능해지면서, 자연스럽게 수평적이고 개방적인 문화가 조직에 접목된다. 이를 통해 디지털 소통은 투명성과 신뢰를 강화하는 촉매제가 된다. 단순한 도구의 문제가 아니라, 새로운 문화의 탄생을 의미한다. 앞으로 디지털 소통에 능숙한 조직만이 빠른 변화에 적응하고, 구성원의 자발성과 혁신성을 이끌어낼 수 있을 것이다.

디지털 소통은 조직문화 혁신의 핵심 동력이다. 기업과 공공기관이 디지털 소통을 효과적으로 활용하면, 구성원의 참여와 협업을 촉진하고, 조직의 유연성과 혁신성을 강화할 수 있다. 이를 통해 변화하는 환경에 능동적으로 대응하고, 고객과의 소통경쟁력 확보를 통한 지속 가능한 성장을 실현할 수 있다. 조직문화는 디지털소통의 성격을 규정하고, 디지털소통은 조직문화를 변화시키는 양방향 관계이며, 고객과의 소통경쟁력 강화의 원천이다.

Case Study 3

사례에서 찾은 인사이트

실제 사례로 보는 콘텐츠와 전략

2025년 기업과 기관들은
어떻게 소셜미디어를 운영했을까요?
실제 사례를 통해 개별 기업(관)의
콘텐츠와 전략을 살펴봅니다.

사례로 보는
콘텐츠와 전략
기업

BNK금융그룹 · DB손해보험 · DB생명 · DHL Express Korea · KT

LG유플러스 · LG전자(유튜브) · LG전자(브랜딩 캠페인)

LG전자(앰버서더) · 넷마블 · 노랑풍선 · 롯데건설 · 삼성전자

포스코퓨처엠 · 하이트진로 · 한화그룹

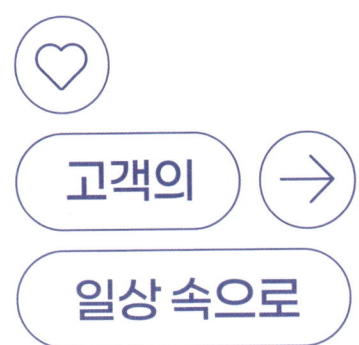

고객의 →

일상 속으로

지역과 밀착하는 BNK금융그룹 유튜브

BNK금융그룹은 부산·경남을 기반으로 한 금융지주회사로, 핵심 계열사로는 부산은행, 경남은행, BNK투자증권, BNK캐피탈, BNK저축은행 등이 있다. BNK금융그룹 유튜브 채널은 전문 분야인 금융 콘텐츠를 중심으로 생활 밀착 정보, 지역 밀착형 스토리텔링 등의 콘텐츠 확장을 통해 MZ세대와의 접점을 확대하고 브랜드 인지도와 지역사회와의 유대를 강화해 나가고 있다.

경제 이야기에
엔터테인먼트를 입히다

BNK금융그룹 유튜브 콘텐츠의 기본축은 금융그룹의 정체성과 전문성을 반영한 경제 콘텐츠이다. 인포테인먼트 콘텐츠 〈돈스토리〉는 통해 돈을 둘러싼 이야기와 경제의 트렌드를 담고 있다. 내수경제 뿐만 아니라 국제 경제, 시사 이슈 그리고 세상의 흐름 등 돈과 관련된 다양한 이야기들이 주제가 된다. 2022년부터 3년째 매주 목요일마다 연재하고 있는 〈돈스토리〉는 BNK금융그룹 유튜브 채널의 대표적인 시리즈다. 정보를 단순 전달이 아닌, 스토리텔링 방식을 적용하여 쉽고 논리정연하게 전달하고 있으며 효과적인 CG 편집, 몰입감

▲ BNK금융그룹 유튜브의 인기 콘텐츠 〈돈스토리〉

높은 내레이션이 강점이다.

한 달에 한 번씩 전문가들의 돈스토리 토크로 보다 깊이 있는 경제 전망도 전달하고 있다. 〈돈스토리〉는 경제는 어렵고 재미없다는 편견을 깨는 기획과 연출로 큰 인기를 끌고 있다. 시리즈 중 '몽골의 한류' 편은 순 조회수 4백만 뷰를 기록하기도 했다.

지역 속으로 더 깊숙이

BNK금융그룹 유튜브 콘텐츠의 또다른 중심축은 지역사회와의 밀착이다. 〈로컬 라이프〉는 지역 크리에이터가 부산·경남 곳곳을 직접 발로 뛰며 지역에서 살고 있는 이야기를 전하는 로컬 리얼 콘텐츠다. 이 시리즈는 부산·경남 지역의 숨겨진 매력과 활기를 VLOG & 리얼 예능 형식으로 담아 냈다.

현재 부울경 지역에 살고 있는 크리에이터들을 섭외하여 지역 거주민의 입장에서 여행지가 아닌 삶의 공간으로서 '우리 동네'의 생생한 모습을 소개하고, 그 과

▲ 지역 밀착형 브랜디드 콘텐츠 〈로컬 라이프〉

정에서 부울경 지역 기반의 BNK금융그룹이 지역 사회와 상생하기 위해 펼치는 다양한 ESG활동들을 자연스럽게 녹여내어 시청자들에게 재미와 감동, 그리고 BNK의 긍정적인 이미지를 전달하고 있다.

함께 만들어가는 지역사회의 내일

〈내 아이의 사회생활〉은 우리 사회가 직면한 저출생 문제 극복 동참을 위해 가정의 달 특집으로 제작된 단발성 브랜디드 콘텐츠다.

BNK금융그룹은 직원들이 안정적인 환경에 아이를 맡기고 근무에 집중할 수 있도록 직장 어린이집을 운영하고 있으며, 육아휴직 기간 확대 등 일과 가정이 양립하는 사회를 만들기 위해 노력하고 있다. 이런 노력들을 자연스럽게 콘텐츠로 홍보하기 위해 실제 BNK어린이집에 다니고 있는 5세 아이와 BNK부산은행에 근무하고 있는 부모를 섭외하여 관찰카메라의 형식으로 어린이집 생활 모습을 영상에 담았다.

▲ 우리 아이들의 어린이집 생활을 엿보기 〈내 아이의 사회생활〉

귀엽고 순수한 주인공 '민아'의 모습은 BNK 임직원뿐 아니라 일반 시청자들의 마음을 사로잡았고, 아이들이 성장하고 살아갈 지역사회의 미래상을 그려보게 했다. 함께 성장하며 지역사회 발전에 공헌하기를 원하는 BNK의 진정성을 담은 〈내 아이의 사회생활〉 이야기는 큰 반응과 공감을 받았다.

고객과
더 가까이 연결하는 매체

DB손해보험의 SNS 매거진

DB손해보험은 생활 중심의 모바일 SNS 매거진 '프로미라이프'를 통해 고객과 정기적으로 소통하고 있다. '프로미라이프'는 DB손해보험의 카카오톡 플러스 친구들(약 30만 명)에게 매월 모바일 폰으로 전달되며, 보다 상세한 정보는 링크로 연결하여 블로그에서 확인할 수 있도록 하고 있다.

가치 있는 정보를
꼭 필요한 때에

'프로미라이프'의 내용은 우리 일상과 밀접한 생활정보로 채워져 있다. 콘텐츠는 보험·금융회사의 전문 영역인 건강과 투자, 재테크를 중심으로 구성되며 매월 고객의 관심사를 반영한 시의성 있는 주제를 선정하여 고객의 관심을 집중시키고 있다.

DB손해보험 소셜매거진 콘텐츠의 또다른 특징은 '전문가에 의한 가치 있는 정보'라는 점이다. 건강칼럼은 실제 임상에서 환자들을 만나는 의사나 전문 분야의 교수, 투자 칼럼은 증권사 현역 애널리스트들을 섭외해 전문적이면서도 실제 생활에 도움이 되는 고급정보를 생산해 내고 있다. 웹이나 SNS상에 떠도는

▲ 카카오톡으로 발송되는 '소셜매거진 프로미라이프'

상업적 정보나 부정확한 정보와 차별되는 DB손해보험만의 오리지널 콘텐츠는 브랜드의 신뢰도를 높이는 역할도 함께 하고 있다.

고객과의 관계를 단단히 다지는 '소셜매거진'

'소셜매거진 프로미라이프'는 그동안 고객들에게 많은 사랑을 받아온 인쇄매체 소식지를 더 많은 고객이 더 편리하게 접할 수 있도록 모바일 기반의 매거진으로 개편한 것이다.

정기적으로 발송되는 대 고객 소식지(DM)는 고객과의 지속적 관계 구축을 위한 가장 대표적이고 전통적인 CRM(고객관계관리) 수단으로, 기업 브랜드 정체성 강화와 고객 충성도 제고에 매우 효과적이다. 정기적인 콘택은 고객에게 브랜드를 꾸준히 인식시키고, 고객이 '대접받고 있다'는 감정을 느낄 수 있게 해 브랜드 친밀도를 높이고 심리적 거리를 좁힌다.

DB손해보험은 소셜매거진을 정기적으로 고객과 만나는 매개체로 적극 활용하여 고객과의 연결을 강화하고 있다. 그리고 매거진을 채우고 있는 실생활에 꼭 필요한, 가치 있는 정보 콘텐츠는 고객의 안전과 건강을 지키겠다는 브랜드의 '약속'과 맞닿으며 브랜드 메시지를 더욱 신뢰감 있게 전달하고 있다.

일관된 메시지로 전하는

브랜드 가치

DB생명 인스타그램의 고객친화 전략

DB생명의 인스타그램은 현재 약 91,000명의 팔로워를 보유한 채널로, 매주 2~3회 생활정보, 흥미공감, 이벤트 등의 다양한 주제의 콘텐츠가 업로드 되고 있다. DB생명은 적극적으로 고객과 커뮤니케이션 할 수 있는 채널 특성을 활용한 콘텐츠를 통해 '고객의 든든한 백년친구'라는 브랜드 메시지를 고객에게 전하고 있다.

전달력을 높이는
캐릭터 활용

▲ '백년친구 DB생명' 키워드 활용 콘텐츠

DB생명의 인스타그램은 브랜드 캐릭터인 '우리'와 '두리'를 적극 활용하여 고객에게 가깝고 친근한 이미지로 다가가고 있다. 대표 브랜드 로고 속 '백년친구'는 고객의 평생을 의미하는 '백년'과 믿음, 친근감을 표현한 '친구'를 결합한 것으로 '고객의 백년인생을 든든하게 지키고 언제나 믿을 수 있는 친구'가 되겠다는 DB생명의 키메시지가 담겨있다.

ESG 캠페인도
일관된 메시지로

DB생명은 사회적인 관심이 높은 ESG 관련 내용들을 인스타그램 콘텐츠를 통해 알기 쉽게 설명하고, 쉬운 방법으로 참여 가능한 ESG 캠페인을 분기별로 운영하고 있다. ESG 콘텐츠는 이미지 형식의 슬라이드 정보성 콘텐츠뿐만 아니라 스토리 기능 등을 활용한 다양한 형식의 콘텐츠 유형으로 제작하며 사람들의 관심을 유발하고 자발적인 실천과 참여를 이끌어내고 있다.

특히 스토리 직접참여 기능을 활용한 친환경 ESG 이벤트 콘텐츠의 경우 고객이 직접 업로드한 캠페인 참여 이미지를 하이라이트로 공유함으로써 고객 모두 백년친구로서 지구를 위한 친환경 활동에 동참하자는 친환경적 메시지를 전달하고 있다.

폭넓은 세대가 공감하는
채널 구성

DB생명 인스타그램은 트렌디한 영유저부터 3040여성 세대까지 모두가 공감하고 즐길 수 있는 채널을 표방하고 있다. 푸드 레시피, 생활 정보와 같은 정보성 콘텐츠부터 트렌드와 시즌 이슈에 맞는 공감형 콘텐츠를 통해 폭 넓은 세대에게 어필하고 있다.

특히 공감에 특화된 밈을 활용한 콘텐츠는 지속적으로 높은 반응도와 호응을 얻고 있으며, 시즌 이슈에 맞는 생활 정보 콘텐츠는 다수의 자발적인 댓글과 높은 저장수를 이끌어냈다. DB생명은 꾸준한 시즌 이슈 및 트렌드 모니터링으로 좋은 반응을 얻고 있는 콘텐츠를 발굴하고 있으며, 고객의 관심사를 기반으로 한 콘텐츠 소재의 다양화에도 노력하고 있다.

▲ 밈을 활용한 생활 정보 콘텐츠

전문성 있는
콘텐츠 강화

건강, 자기관리에 관심도가 높아지고 있는 요즘, DB생명 인스타그램은 2025년 9월 헬스 케어 정보를 전달하는 시리즈성 콘텐츠를 공개했다. 생활 정보, 레시피와 같은 정보성 콘텐츠 카테고리에서 보다 전문성 있는 헬스 케어 정보를 전달하는 콘텐츠이다. 또한 브랜드 캐릭터인 〈우리〉와 〈두리〉 세계관과 연결된 신규 건강/헬스케어 전용 캐릭터 〈모미〉, 〈마미〉도 런칭했다. 새로운 캐릭터는 딱딱하지 않게 재밌고 친절한 건강 정보를 전달에 사용될 예정이며, 이를 통해 고객과의 거리를 좁히고 고객에게 실질적인 정보를 제공해 나갈 예정이다.

채널간 이동이 원활한

유기적 구조

DHL의 채널 운영 전략과 셀럽 캠페인

DHL Express Korea는 물류 업계 최초로 블로그 운영을 시작하며, 고객과의 디지털 소통을 가장 앞서 실현해 왔다. 15년 전 첫 SNS를 개설한 이후, 빠르게 변화하는 환경에 맞춰 전략을 지속적으로 발전시켜 왔다. 현재는 총 6개의 채널을 운영하고 있으며, 각 채널은 단순한 브랜딩을 넘어 고객과 직접 맞닿은 콘텐츠를 제공하며, 실질적인 도움을 줄 수 있는 정보를 전달하고 있다.

채널 특성에 맞춘 콘텐츠 배분

DHL은 채널별 유기적인 연계를 통해 고객에게 맞춤형 정보를 제공하고, 궁극적으로 고객이 DHL 서비스를 편리하게 이용할 수 있도록 하는 것을 핵심 전략으로 삼고 있다.

국내 이용자가 많은 네이버 블로그를 지속적으로 운영하며 다양한 고객층이 DHL을 접할 수 있도록 폭넓은 콘텐츠를 발행하고, 블로그 내용을 재구성해 페이스북에서는 간단하고 신속하게 뉴스를 전달한다. 코어 타깃을 위해 카카오톡 채널에서는 정기적으로 프로모션을 진행하고, 인스타그램을 통해 잠재고객에

▲ DHL 디스커버 채널 메인과 콘텐츠 화면

게 친근하게 다가간다. 이러한 활동은 모두 DHL의 종합 허브인 디스커버로의 유입을 목표로 한다.

디스커버 채널은 서비스 안내 콘텐츠를 한데 모은 온보딩 허브와 물류·이커머스 정보를 한눈에 확인할 수 있는 구조로 보완돼, 다양한 채널을 통해 유입된 고객들이 DHL을 더욱 쉽고 편리하게 활용할 수 있도록 했다.

▲ DHL 코리아 링크드인 콘텐츠

또한 기업 고객과의 소통 강화를 위해 2024년 말 직장인 전문 플랫폼 링크드인 채널을 개설했다. 기존 콘텐츠를 비즈니스 고객 맞춤형으로 재구성해 글로벌 이

커머스 동향, 물류 전략, 통관 정보 등 핵심 자료를 공유하며, 기업 고객이 전략적 의사결정을 내리는 데 필요한 인사이트를 제공하고 있다.

이러한 링크드인의 운영 방식은 기업 고객과의 유대감을 장기적으로 공고히 할 뿐만 아니라, DHL의 전문성과 브랜드 인지도 향상에 긍정적인 영향을 미치고 있다. 앞으로도 DHL 코리아는 링크드인 채널을 전략적 소통 채널로 적극 활용하여, 기업 고객 맞춤형 콘텐츠를 제공하고 내부 기업 문화를 알리면서 고객과의 신뢰 관계를 한층 더 강화해 나갈 예정이다.

DHL 코리아의 소셜 채널은 물류 기업의 전문성과 정체성을 기반으로 시대 상황과 트렌드에 맞춰 발전하며, 고객과의 접점을 지속적으로 확장하고 있다.

빅 이벤트와 함께 전달하는
브랜드 메시지

DHL은 대형 글로벌 이벤트를 통해 브랜드 인지도를 높이는 동시에, 친환경 운송과 지속 가능성에 대한 메시지를 적극적으로 전달했다.

DHL은 세계적인 인기를 누리고 있는 그룹 콜드플레이 월드투어의 공식 물류 파트너로서, 공연 장비와 물품을 전 세계 투어 지역으로 운송하는 전 과정에서 탄소 배출 저감, 대체 연료 사용, 최적화된 운송 경로 등 친환경 물류 솔루션을

▲ Figure 6 DHL x 콜드플레이 이벤트 콘텐츠

적용했다. 이를 통해 대규모 이벤트에서도 환경적 책임을 다하는 DHL의 지속 가능성 노력을 팬들에게 직접 보여주었다.

특히 내한 공연 일정에 맞춰 DHL 코리아 인스타그램에서는 티켓 증정 이벤트와 관련 홍보 콘텐츠를 집중적으로 발행했다. 이벤트 포스트와 스토리에서는 콜드플레이의 무대 뒤편에서 진행되는 DHL의 친환경 운송 과정을 비주얼과 함께 소개하며, 단순한 티켓 증정 이벤트를 넘어 '지속 가능성을 실천하는 글로벌 물류 브랜드'라는 이미지를 강조했다.

이러한 활동을 통해 DHL은 단순한 물류 파트너를 넘어 환경적 가치를 실천하는 글로벌 브랜드로서의 입지를 공고히 했으며, 팬들과의 소통을 강화하고 브랜드 메시지를 자연스럽게 확산시키는 데 큰 역할을 했다.

유용한 정보와

차별화된 경험

KT 인스타그램은 2025년 3월 리뉴얼 이후 고객의 행동 패턴에 맞춘 큐레이션 전략을 도입하면서 팔로워 수는 32만 명에서 52만 명으로 약 63% 늘어났고, 소통력을 보여주는 $ER_{Engagement\ Rate}$ 지수는 0.24에서 0.68로 195% 상승했다. 이는 통신업계 브랜드 인스타그램 채널 중에서도 가장 두드러진 성장세이다.

KT 인스타그램은 '고객이 직접 참여하고 실행할 수 있는 TIP 콘텐츠 제공', '브랜드 이슈를 가장 빠르게 전하는 소식통', '일관된 디자인으로 브랜드 경험을 제공하는 공간'이라는 세 가지 운영 원칙을 세웠다. 이러한 방향성 아래 제작된 콘텐츠들은 고객이 실질적으로 활용하고 즐기며 참여할 수 있는 장으로 기능하며 브랜드 SNS 채널의 가치를 강화하고 있다.

공유·저장만 해도 이득!
꿀팁 콘텐츠

KT 인스타그램의 콘텐츠는 브랜드가 제공하는 정보뿐 아니라, 고객이 직접 참여하고 실생활에서 유용하게 사용할 수 있는 정보를 제공하고 있다. 고객이 콘텐츠를 보고 지인에게 '공유'할 만한, 내가 직접 '저장'하고 활용해볼 만한 가치

▲ 세계 고양이의 날 콘텐츠 〈냥이 기분 해설지〉

있는 정보를 제공하는 것을 콘텐츠 기획의 최우선 순위로 두고 있다.

대표적인 사례로, 8월 8일 세계 고양이의 날을 맞아 발행한 〈냥이 기분 해설지〉
는 고양이를 좋아하는 모든 이들이 공감할 수 있도록 꼬리·귀·표정·소리를 통해
감정을 읽는 방법을 직관적이고 재미있게 구성했다. 고양이의 꼬리가 높이 세워
졌을 때는 기분이 좋음을, 귀가 뒤로 젖혀지면 불안을 느낀다는 등의 정보를 시
각적으로 풀어내면서 누구나 일상에서 바로 참고할 수 있는 유용한 자료를 제
공했다.

이 콘텐츠는 세계 고양이의 날이라는 기념일과도 핏Fit하게 연결, 고객이 실제 생
활에 활용 가능한 정보로 인식되면서 좋아요 9.3천 개, 공유 및 저장 각 1.3천 회
라는 높은 반응을 이끌어냈다. 높은 저장 수는 '두고 보고 싶은 정보'로 평가할

▲ 〈AI 프롬프트 작성법〉 콘텐츠 중 일부

수 있으며, 나아가 타인에게 공유하고 추천하고 싶은 내용으로 인식됨을 확인할 수 있다.

생성형 AI가 일상적으로 사용되는 흐름 속에서 부정확한 프롬프트 입력으로 발생하는 문제를 줄이기 위한 〈AI 프롬프트 작성법〉도 발행되었다. 단순 경고 문구 대신 템퍼러처 값 조정과 출처 제시 방법 등 실제 활용 가능한 방법을 제시해 고객이 바로 적용할 수 있도록 돕는 데 초점을 맞췄다. 이 콘텐츠는 조회수 138만 회, 공유 및 저장 약 4백 건, 댓글 2.6천여 개를 기록하며 실질적인 학습 자료로 기능했다.

브랜드 아이덴티티를 담은 감각적 섬네일

KT 인스타그램은 브랜드의 메인 컬러인 레드를 적극 활용하고, 잡지 표지 같은 세련된 섬네일 이미지를 통해 브랜드 정체성을 감각적으로 경험하도록 하고 있다. 이는 단순히 색상을 맞추는 수준이 아닌, 브랜드 채널을 소비자에게 각인시키고 '잡지처럼 소비하도록 만든 시도'였다. 또한 고퀄리티 섬네일 디자인과 직관적인 그래픽 요소를 통해 고객이 스크롤을 멈추고 콘텐츠를 경험할 수 있도록 유도하고 있다.

▲ KT 인스타그램 피드 섬네일('K-바캉스', '미니멀 아이템', '갤럭시 Z폴드 7')

카피에서도 짧고, 직관적이면서도 클릭을 유도하는 '클릭커블'한 카피를 적극적으로 활용했다. KT 인스타그램은 각각의 섬네일에서 중요한 오브제에 레드를 활용함으로써, 단순히 시각적 통일성을 넘어 콘텐츠의 주제와 메시지를 직관적으로 강화하고 브랜드 정체성을 일관되게 각인시키고 있다.

브랜드 소식에 트렌드를 결합한
'스토리텔링 콘텐츠'

KT 인스타그램은 자칫 지루할 수 있는 브랜드의 주요 이슈를 고객이 흥미롭게 즐길 수 있도록 재미있는 스토리텔링 형식으로 풀어내고 있다. 단순한 사실 전달 방식에서 벗어나, 영화·밈·게임 등 고객이 친숙하게 느끼는 문화 코드와 결합해 '브랜드 소식조차 재미있는 채널'로 포지셔닝하고 있다.

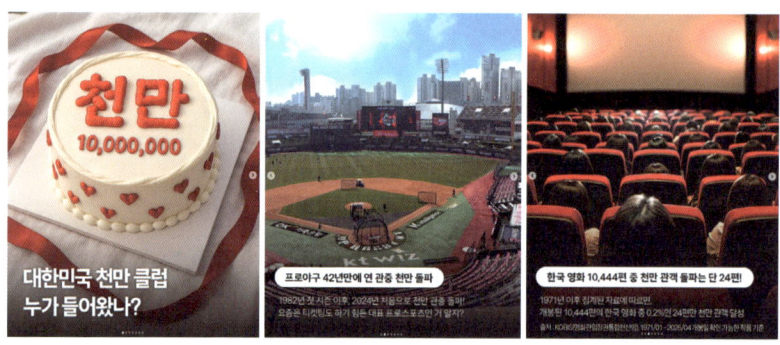

▲ '인터넷 천만 감사제' 콘텐츠 中 일부

KT는 인터넷 1천만 회선 가입자 달성을 단순 성과 전달이 아닌 새로운 앵글로 기획했다. 영화·도서·스포츠 등 사회 각 분야의 '천만 기록'을 함께 소개하는 스토리텔링 콘텐츠 '인터넷 천만 감사제'를 제작해 성과의 의미를 더 쉽게 이해할 수 있도록 했다. 해당 콘텐츠는 116만 조회와 2.2천여 건의 좋아요를 기록하며 높은 공감을 얻었다.

▲ 축구선수 이강인과 함께한 'K intelligence LUCKY DROP 홍보' 콘텐츠

축구 국가대표 이강인 선수와의 공동 게시 사례 또한 대표적이다. KT의 주요 프로젝트 공개와 동시에 인플루언서 채널을 연계해 확산시킴으로써, 단기간 내 가장 많은 고객에게 브랜드 소식을 전달하는 효과를 거두었다. KT 인스타그램 은 이처럼 가장 빠른 소식 확산력을 갖춘 채널로 자리매김하기 위해 다양한 시 도를 하고 있다.

보여주는 대신
함께 느끼게 하는 콘텐츠

KT 유튜브 채널은 단순한 기업 홍보를 넘어, 사람들의 일상 속에서 직접 체험 을 통해 브랜드를 이해하게 하는 '체험형 브랜드 저널리즘'을 실현하고 있다. 시

▲ KT 유튜브 시리즈 콘텐츠 〈출창왔수다 EP.2〉

리즈 콘텐츠 〈출장왔수다〉는 그 대표적인 예로, 다양한 KT 행 사 현장을 직접 체험하며, 기술 과 서비스를 단순히 나열하거 나 설명하는 대신 출연진이 직 접 경험하고 느낀 것을 솔직하

게 전달하며 시청자와의 공감대를 형성한다.

특히 출연진이 고객의 입장에서 KT의 현장을 탐험하고 체험하는 구성을 통해, 기술을 인간적인 시선으로 풀어내는 점이 돋보인다. 영상은 '탐험 → 체험 → 리액션 → 인사이트'의 구조로 전개되며, 시청자에게 기술적 정보뿐 아니라 사람 중심의 이야기로 다가간다. 예를 들어 AI 스타디움, 학습 프로그램, 사회공헌 키오스크 등 다양한 현장을 돌아보며 느낀 생생한 리액션을 보여주는 과정은, "기술이 삶을 얼마나 즐겁고 유익하게 만들 수 있는가"라는 메시지를 영상으로 자연스럽게 전달한다.

이 시리즈의 가장 큰 강점은 '기술의 인간화'이다. 기술과 데이터, AI 같은 다소 어렵게 느껴질 수 있는 주제를 출연진이 유머와 공감, 리얼한 체험을 통해 풀어내며 KT를 단순한 통신회사가 아닌 '사람과 기술을 잇는 플랫폼 기업'으로 재정의하고 있다. 출연진이 느끼는 놀라움과 흥미, 그리고 기술을 통한 사회적 가치 실현은 KT가 추구하는 브랜드 방향성과 정확히 맞닿아 있다.

또한 KT는 단순 시청에 그치지 않고 댓글 이벤트나 체험형 미션을 통해 시청자들이 직접 참여할 수 있는 구조를 만들어냈다. 이는 '브랜드를 함께 경험하는 콘텐츠'로 발전시킨 시도로, KT가 기술을 일방적으로 소개하는 것이 아니라 시청자와 함께 소통하며 만들어가는 과정임을 보여준다.

이처럼 KT 유튜브의 〈출장왔수다〉는 기술 중심의 콘텐츠를 '사람 이야기'로 바꾸어내며, 기술 기업의 이미지를 감성적으로 확장한 성공적인 사례로 평가할 수 있다. 이 시리즈를 통해 KT는 기술을 '보여주는' 대신 '함께 느끼게' 하고, 정보 전달을 넘어 공감과 체험을 기반으로 한 진정성 있는 디지털 소통을 구현하고 있다.

▲ KT AICE 관련 정보형 콘텐츠 〈AICE 자주 묻는 질문 1편〉

KT는 또한 고객 참여형 지식 콘텐츠를 통해 브랜드 신뢰와 전문성 함께 구축하고 있다. 특히 〈AICE〉 시리즈 영상은 인공지능 자격시험 'AICE(AI Certificate for Everyone)'에 대한 궁금증을 중심으로 구성되어 있으며, "여러분의 궁금증, 저희가 답해드릴게요!"라는 메시지를 전면에 내세운 점이 특징이다.

KT AICE 기획팀 실무 담당자가 직접 등장하여 답변하는 구성은 기업이 고객과의 거리를 좁히고 정보의 신뢰성을 확보하는 브랜드 저널리즘형 인터뷰 포맷으로 평가할 수 있다. 이는 단순히 정보를 전달하는 것이 아니라, 기업 내부 전문가가 직접 소비자와 대화하는 구조를 통해 KT가 추구하는 '고객 중심 기술 기업'의 정체성을 드러낸다.

영상의 전개는 명확한 Q&A 구조를 기반으로 한다. "AICE는 어떤 시험인가요?", "어떤 등급이 있나요?", "코딩을 몰라도 가능한가요?" 등 실제 시청자가 궁금해할 법한 질문을 중심으로 핵심 정보를 체계적으로 구성했다. 이러한 구조는 학습형 콘텐츠로서의 완성도를 높이는 동시에, KT가 단순한 기술 제공자가 아닌 'AI 교육 생태계 조성자'로서의 역할을 하고 있음을 보여준다.

특히 'AI를 처음 접하는 초등학생부터 직장인까지 모두 응시할 수 있다'는 설명은 KT가 기술을 특정 전문가의 영역이 아닌 누구나 접근할 수 있는 생활 기술로 확장하고자 하는 철학을 반영한다. 이는 "AI 대중화"라는 사회적 가치와도 맞물리며, KT의 기술력에 포용성과 교육적 의미를 부여한다는 점에서 높이 평가된다.

또한 "댓글로 질문을 남겨주시면 다음 에피소드가 될 수 있다"는 문장은 단순한 이벤트 문구를 넘어, 시청자 참여를 중심으로 한 콘텐츠 순환 구조를 형성한다. 시청자의 호기심이 곧 다음 콘텐츠의 주제가 되는 구조는 '고객 참여형 콘텐츠 운영'의 대표적 사례로, 브랜드의 지속 가능성과 커뮤니티성을 강화한다. 이는 결국 KT 유튜브가 일방적인 홍보 채널이 아닌, '기술 커뮤니케이션 플랫폼'으로 진화하고 있음을 보여준다.

KT 유튜브는 이처럼 체험형 콘텐츠 〈출장왔수다〉 와 지식형 콘텐츠 〈AICE〉를 병행함으로써 기술의 인간화와 대중화를 동시에 실현하고 있다.

심플의 솔루션으로 고객의 일상을 빛나게

AI로 더 심플해진 LG유플러스의 소통

LG유플러스는 2010년 출범 이후, IPTV, 초고속 인터넷, 5G에 이르기까지 통신 기술의 발전과 함께 고객의 일상에 의미 있는 변화를 만들어 왔다. 2024년에는 AX(AI Transformation; AI 전환) 중심의 사업 전략으로 고객 경험을 혁신했고, 2025년에는 불필요함을 덜어내고 본질에 집중하는 '심플'의 가치를 고객에게 전달하고 있다.

LG유플러스는 이 심플의 가치를 일상 속에서 확산하기 위해 총 8개의 SNS 채널을 운영하고 있다. 이 중 인스타그램, 유튜브, 링크드인, 틱톡을 주요 채널로 선정해 '일상 속 심플 솔루션'과 '고객 생활 가치를 높이는 AX 기술'을 주제로 콘텐츠를 발행하고 있다.

새 브랜드 슬로건을 알리는 선두 채널, 인스타그램

LG유플러스 인스타그램은 브랜드 코어 타킷과 처음 만나는 중요한 SNS 채널로, 고객들에게 다양한 디지털 경험을 제공하며, 즐겁게 참여할 수 있는 양방향성 콘텐츠를 중심으로 소통하고 있다.

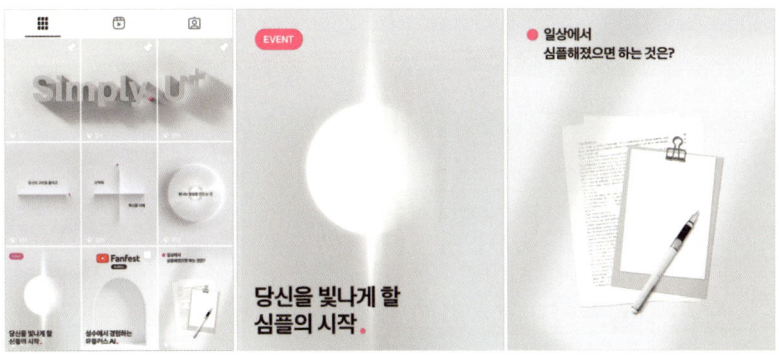

▲ Simply. U+ 3x3 그리드   ▲ Simply. U+ 메시지 확신을 위한 고객 참여형 이벤트 콘텐츠

LG유플러스는 25년 새로운 슬로건 'Simply. U+'를 선포하며 인스타그램 채널에 3x3 Grid 콘텐츠비주얼 콘텐츠, 티저 영상 콘텐츠, 고객 참여형 이벤트 콘텐츠를 발행하여, 유플러스가 지향하는 '심플의 혁신'을 대대적으로 인스타그램에 노출했다.

더불어 고객이 생각하는 심플함에 대해 묻는 이벤트를 진행하여 새로운 브랜드 슬로건을 고객들에게 인지시켜 나갔다. 또한 브랜드 슬로건 선포와 동시에 채널 이미지, 하이라이트, 그리드 톤 앤 매너를 리뉴얼해 채널 비주얼 역시 '불필요한 것은 덜어내고 오직 고객에게 집중'하는 유플러스의 'Simple' 메시지와 어울리도록 했다.

LG유플러스 인스타그램은 고객 일상에 밀접한 심플한 솔루션을 제공하는 이벤트 콘텐츠를 중심으로 소통하고 있다. 라이프스타일 매거진형 콘텐츠 포맷을

 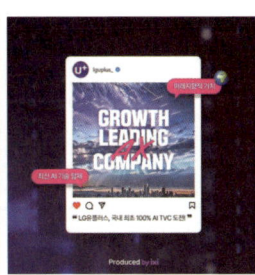 

▲ AI 프롬프트 020 캠페인   ▲ 익시 x 기몽초 플레이리스트   ▲ 익시가 그린 고객의 일상

활용해 일상을 더욱 심플하게 만들어주는 아이템을 소개하거나, 고객의 2025년 상반기를 '직접 추가 템플릿' 기능을 활용해 쉽게 요약해볼 수 있게 하는 이벤트를 진행하여 브랜드와 고객 라이프스타일 사이의 접점을 확대하기 위해 노력하고 있다.

또한 인스타그램에서는 LG유플러스 AI 익시의 기술력을 체감할 수 있는 참여형 콘텐츠도 발행했다. 〈AI 프롬프트 O2O〉 캠페인은 고객들이 일상에서 유플러스의 서비스를 쉽게 접할 수 있도록 세계 최초로 고객이 AI 프롬프트를 완성해 월페이퍼를 제작하게 만드는 참여형 이벤트이다. 월페이퍼 제작이 가능한 마이크로 사이트로 고객을 유입시킨 후, 실제 고객이 프롬프트를 입력해 월페이퍼를 제작하고 이를 SNS에 공유하는 인증샷 이벤트까지 함께 진행하여 이벤트 페이지 인입 약 27만 8천 회, AI 월페이퍼 생성 약 5만 6천 회라는 성과를 달성했다.

〈익시 플레이리스트〉는 유플러스의 AI 익시가 만든 32.4만 프레임의 영상을 활용, 유튜버 기몽초와 협업한 플레이리스트 콘텐츠를 제작했다. 인스타그램과 유튜브 두 채널 간의 연계를 통해 적극적인 콘텐츠 소비를 유도해 약 7만 회 이상의 조회수를 올렸다.

〈고객참여형 시즈널 콘텐츠〉는 고객 일상을 반영한 익시 콘텐츠이다. 예를 들면, 가정의 달을 맞아 가족과의 행복했던 순간을 사연으로 응모 받아 그림을 그려주는 콘텐츠로, 고객과의 상호작용을 통해 새로운 경험을 제공했다.

AI 선도기업의 이미지를 전파하는 유튜브 콘텐츠

LG유플러스 유튜브는 유플러스의 최신 소식을 빠르게 전달하는 채널이며, 유플러스의 상품·서비스·멤버십 혜택 외에도 유플러스를 자체 브랜딩할 수 있는 기획 콘텐츠까지 폭 넓은 영역을 커버하고 있다. 특히 2025년 하반기에는 AI가

▲ 국내 최초 AI가 기획한 숏드라마 시리즈 〈심플하게 부탁해〉

기획한 숏드라마 시리즈인 〈심플하게 부탁해〉를 런칭하며 AI 선도기업의 이미지를 전면에 내세우고 있다.

〈심플하게 부탁해〉는 '복잡함을 덜어낸 심플의 솔루션으로 고객들의 일상을 빛나게 만들겠다'는 유플러스의 새로운 브랜드 가치관Simply. U+이 담긴 AI 드라마이다.

이 시리즈의 주인공은 '유심플'이라는 캐릭터로, 유플러스가 지향하는 '심플'을 AI 휴먼으로 표현했다. 유심플은 복잡함을 지양하고 이름처럼 심플을 추구하는 성격이며, 직업은 레스토랑 오너 쉐프이다.

그가 운영하고 있는 레스토랑 역시, 가장 자신 있는 하나의 코스요리만을 선보이는 특색 있는 곳으로 설정했다. 이처럼 유플러스만의 '심플'은 캐릭터와 드라마의 세계관 곳곳에 반영됐다.

이 시리즈 제작에는 유플러스의 AI 익시ixi가 활용됐다. 캐릭터의 성격을 설정하는 것부터 상황 묘사, 연출까지 AI를 활용해 기획하고 연출했기 때문에 '국내 최초 AI가 기획한 숏드라마 시리즈'라는 타이틀을 전면에 내세워 고객에게 유플러스의 AX 리더십을 자연스럽게 어필하고 있다.

▲ 임직원 인터뷰 콘텐츠

▲ 익시오 기획 콘텐츠

▲ 당유 기획 콘텐츠

LG유플러스 유튜브는 드라마 외에도 AI 선도기업의 이미지를 확산하기 위한 다양한 포맷의 콘텐츠를 준비했다.

〈LG유플러스 직무 인터뷰〉 시리즈는 유플러스의 임직원들이 등장하는 직무 인터뷰 시리즈로 유플러스의 AX 경쟁력을 알리고, 고객이 궁금해하는 AX 인사이트를 제공한다. 유플러스의 임직원이 직접 등장하는 콘텐츠인 만큼 브랜드의 신뢰도 및 전문성을 높이는 데 기여한 이 시리즈는 Shorts 포함 누적 조회수 105만 회를 달성했다.

〈익시오로 이것까지 된다고?〉는 익시오의 통화 녹음 요약 기능, 보이스피싱 탐지 기능을 자연스럽게 소구한 실험실 포맷 콘텐츠이다. '직접 보이스피싱범을 흉내내 전화를 건다면 익시오가 탐지할 수 있을까?', '복잡하게 바뀌는 통화 내용, 익시오는 정확히 요약할 수 있을까?' 등 흥미를 끄는 주제로 익시오만의 특화 기능을 소개했다.

통신 꿀팁이 가득한 〈당유〉는 LG유플러스 대표 앱 '당신의 유플러스'(당유)를 소재로 한 콘텐츠이다. 고객들이 라이어 게임을 진행하는 과정에서 당유 앱의 장점 및 혜택을 자연스럽게 소개하거나, 어린이 고객이 직접 등장해 '당유' 앱을 쉽게 사용하는 모습을 보여줌으로써 '쉬운 통신' 이미지를 보여준다.

임직원 인사이트 기반
비즈니스 브랜딩 채널, 링크드인

LG유플러스 링크드인은 임직원의 Voice를 콘텐츠에 유기적으로 통합하여, 유저들에게 전문 지식을 보다 효과적으로 제공하고 있다. 또한 다양한 댓글 이벤트 및 Q&A 콘텐츠를 활용하여 기업 소통 창구로서의 역할도 수행하고 있다.

▲ 임직원 인터뷰 콘텐츠

▲ U+ Tech Story 콘텐츠

〈임직원 인터뷰〉는 브랜드의 기술, 전문성을 진정성 있게 어필하는 임직원 참여형 콘텐츠이다. 콘텐츠 양자 기술을 활용한 양자내성암호$_{PQC}$를 세계 최초로 출시한 '퀀텀서비스개발스쿼드'팀 담당자의 이야기 등 전문성을 갖춘 유플러스의 현업 담당자의 직무 인터뷰를 담고 있다. 이 시리즈는 유플러스의 통신 기술을 소구함과 동시에 해당 분야에 관심이 많은 취업 준비생에게 유용한 정보를 제한다. 〈임직원 인터뷰〉는 총 노출 약 101만 회, 약 9,100여 건의 인터랙션을 획득하며 링크드인 채널 내에서 진정성 높은 댓글 참여와 브랜드 충성도를 확보하는 데 기여했다.

〈U+ Tech Story〉는 유플러스 임직원이 직접 쓰는 전문 테크 칼럼으로 IT 업계 종사자를 대상으로 기술 전문성과 진정성을 전달하는 콘텐츠이다. 6G, 네트워크, 무선통신 등 통신 기술에 대한 정보와 인사이트를 고객이 이해하기 쉽도록 '카드뉴스' 포맷을 차용해 발행하고 있는데, 타 콘텐츠 대비 2배 이상 높은 반응도를 보이고 있다.

LG유플러스 링크드인은 플랫폼 내 소통 기능도 적극 활용하고 있다. 특히 유플러스의 임직원에게 평소 궁금했던 점을 물어볼 수 있는 Q&A 콘텐츠를 발행하여 활발한 양방향 소통을 진행하고 있다. 또한 유플러스 뉴스룸 채널에 발행되는 많은 보도자료 중 AI/테크 주제 관련 콘텐츠 중심으로 카드뉴스 형태의 〈유플러스 뉴스레터〉를 매주 발행하며 핵심적인 소통 창구의 역할을 수행하고 있다.

틱톡의 문법과
브랜드를 연결하다

틱톡은 LG유플러스 SNS 채널 중 가장 트렌디한 채널이다. 주요 시즈널Seasonal 이슈 및 후킹Hooking한 트렌드를 활용하여 브랜디드 이슈를 자연스럽게 소구하

▲ 영타겟 시즈널 포인트(새학기, 화이트데이) 활용한 콘텐츠와 유저 댓글 반응

고 있으며, 친근감 높은 콘텐츠를 제공해 깊은 공감대와 친밀감을 형성해 나가고 있다.

새 학기, 화이트데이, 연말 등 영타겟과 밀접하게 관련 있는 시즈널 공감 포인트를 공략한 콘텐츠와 이벤트를 함께 진행하여 채널 내 유의미한 인터랙션을 형성하고, 영타겟과 지속적으로 소통하고 있다.

▲ 트렌디한 밈을 활용한 콘텐츠   ▲ 틱톡 오리지널 사운드 활용 콘텐츠

틱톡은 디지털 트렌드에 가장 민감한 채널인 만큼, 영타겟에게 어필할 수 있는 SNS 상의 밈이나 챌린지를 유플러스와 상품 및 서비스와 자연스럽게 연계한 콘텐츠를 발행하고 있다. 덕분에 '브랜드 공식 채널인데 재미있다.' 또는 '광고 같지 않다.' 같은 타깃들의 긍정적인 반응을 얻고 있다. 틱톡 채널의 문법을 이해하고 활용한 짧은 후킹성 콘텐츠는 약 43만 회의 평균 조회수와 약 650건의 평균 인터랙션을 획득했다.

목적과 타깃에 따라 기획된

IP 시리즈

브랜드 경험을 확장하는 LG전자의 유튜브 운영 전략

LG전자 유튜브는 MZ세대를 주요 타깃으로 삼고, 일방향 정보 중심 콘텐츠에서 벗어나 브랜드 IP~Intellectual Property~ 시리즈 중심의 콘텐츠 전략을 펼치고 있다.

대표 콘텐츠는 ▲팬덤 중심 체험형 웹예능 〈K판 입덕투어〉, ▲제품 사용 설명서를 읽어주는 ASMR 포맷의 〈듣는 가전 꿀보이스〉, ▲브랜드 및 제품을 프리미엄하게 소구하는 토크쇼 〈아이코닉토크〉, ▲미션형 블라인드 소개팅 예능 〈겜만추〉 총 4가지이다.

각 IP 시리즈는 각기 다른 포맷을 활용해 콘텐츠별 목적과 타깃을 정교하게 구분했으며, 자연스러운 제품 노출과 브랜드 경험을 설계해 마케팅 접점을 강화하고 있다.

'덕질 경험' 기반의 공감형 콘텐츠, '시청각 힐링'을 유도하는 반복 시청형 콘텐츠, 셀럽의 이야기를 통해 브랜드의 프리미엄 이미지를 보여주는 토크 콘텐츠 등 각 시리즈는 명확한 정체성을 바탕으로 MZ세대와의 콘텐츠 기반 접점을 확장해 나가고 있다.

공감과 재미가
자발적 확산을 유도하다

〈K판 입덕투어〉는 덕질 문화에 익숙한 MZ세대를 위한 체험형 웹예능 시리즈로, K-POP, 뮤지컬, 스포츠, 게임 등 다양한 '판'을 주제로 매 회차 해당 문화에 대한 정보와 입덕 경험을 전달하는 콘텐츠이다.

입문자에게는 유용한 정보를, 팬에게는 깊은 공감과 재미를 제공하며, LG전자 제품은 자연스러운 실사용 연출, 콩트형 가상광고 형식으로 등장해 광고임에도 불구하고 거부감 없이 소구될 수 있도록 구성했다.

▲ LG전자 유튜브 IP 콘텐츠 〈K판 입덕투어〉 시리즈

총 16편이 발행된 이 시리즈는 본편 및 쇼츠 합산 누적 조회수 2,629만 회를 기록했고, 유튜브 클립, 인스타그램 릴스, X구 트위터, 외부 커뮤니티 게시물 등 자발적인 확산을 통해 총 2천여 건 이상의 2차 확산 콘텐츠가 생성되었다.

콘텐츠에 달린 댓글 반영 역시 매우 긍정적이었다. "브랜드 콘텐츠인데도 끝까지 몰입해서 봤다", "미친 듯이 광고를 하는데도 재밌다"는 반응이 대표적이다. 이 시리즈는 단순한 제품 홍보 영상이 아니라, 하나의 예능 콘텐츠로서 재미와 정보 그리고 광고적 설득력을 모두 갖췄다는 점에서 시청자들의 자발적인 공유와 추천이 이루어졌다.

사용설명서를 콘텐츠로 만든
반복 시청형 AMSR

〈듣는 가전 꿀보이스〉는 LG전자 제품의 사용 설명서를 ASMR 형식으로 읽어주는 콘텐츠 시리즈로, 정보 전달과 감각적 힐링을 동시에 제공하는 이색 포맷이다.

단순한 정보성 영상이 아니라 롤플레잉 상황극과 시청각 요소를 극대화해, 시청자들이 편안한 상태에서 제품 정보를 자연스럽게 인식할 수 있도록 구성됐다. '제품 사용 설명서조차 콘텐츠가 된다'는 가능성을 증명한 시리즈이다.

▲ LG전자 유튜브 IP 콘텐츠 〈듣는 가전 꿀보이스〉 시리즈

초반에는 성우, 배우, 부캐를 보유한 유튜버 등 청각 전달에 특화된 인물과 협업해 콘텐츠가 제작했고, 이후 시각적 요소를 강화하며 몰입도를 높였다.

특히 '프로미스나인 송하영' 편은 '언니 방에 몰래 들어온 동생' 콘셉트의 롤플레잉 ASMR로 높은 반응을 얻었다. 화장품과 책을 구경하며 다양한 사물 소리를 들려주는 '팅글 사운드'를 구성하고, 노트북 LG 그램을 구경하는 장면에선 사용 설명서를 읽고, 타자 소리를 들려주고, 티켓팅을 하는 상황까지 연출해 제품 기능을 다각도로 소구했다.

해당 회차의 총 조회수는 66만 회에 달하며, 외부 SNS를 통한 2차 확산 수치도 뛰어났다. 2025년 상반기 기준, '듣는 가전' 관련 외부 바이럴 콘텐츠는 총 275

건 생성되었으며, 이로 인한 전체 조회수는 약 662만 회에 달한다.

〈듣는 가전 꿀보이스〉는 정보 전달형 콘텐츠임에도 시청자가 자발적으로 찾아 듣고 감각적으로 브랜드를 경험하게 만든 성공적인 사례로 평가받고 있다.

셀럽의 스토리와
브랜드 가치를 함께 풀어내다

〈아이코닉토크〉는 작사가 김이나를 MC로 섭외해, 다양한 분야에서 활약 중인 인물들과의 깊이 있는 대화를 통해 브랜드의 프리미엄 가치를 자연스럽게 전달하는 시리즈이다. 단순한 제품 소개가 아닌, 셀럽의 아이코닉한 이야기를 매개로 브랜드의 철학과 감성을 스토리텔링하는 전략을 보여준다.

▲ LG전자 유튜브 IP 콘텐츠 〈아이코닉토크〉 시리즈

게스트는 게재 시점 온라인에서 화제를 끈 인물들로 기획되었다. 충주맨, 궤도, 박위, 김지윤, 김동현 등 각 분야의 전문가와 화제성을 갖춘 출연자를 섭외해 시청자들이 궁금해할 법한 스토리를 끌어냈다. 특히 7화에서는 유튜버 궤도, 미미미누, 방송인 레오, 타쿠야가 출연해 건조기의 필요성을 주제로 찬반 토론을 펼쳤다. 다양한 문화적 해석과 생활 방식에 대한 논의가 이어지며 LG전자 건조기의 기술력과 특장점이 자연스럽게 소구되었다.

또한 주요 장면을 중심으로 총 23편의 쇼츠 클립을 제작해 유튜브 기반의 2차

바이럴을 유도해 본편과의 시너지 효과를 극대화했다.

충주맨 등 출연자의 영향력에 힘입어, 해당 콘텐츠는 기자들에 의해 자발적으로 기사화되며 언론 확산까지 이어졌다. 총 10편으로 구성된 이 시리즈는 누적 조회수 449만 회를 기록하며 브랜드 메시지를 자연스럽게 녹여낸 콘텐츠라는 평가를 받았다.

소개팅과 게임을 결합해
제품을 자연스럽게 녹여내다

'게임으로 만남 추구'라는 뜻의 〈겜만추〉는 MZ세대에게 꾸준히 인기를 끌고 있는 소개팅 포맷에 '미션형 게임' 요소를 결합한 콘텐츠다. 블라인드 소개팅이라는 구조 속에 '상대방의 정체를 게임을 통해 추리한다'는 요소를 결합해, 콘텐츠 몰입도와 재미를 동시에 확보했다.

▲ LG전자 유튜브 IP 콘텐츠 〈겜만추〉 시리즈

방송인 조나단, 파트리샤 출연 편은 남매가 서로의 존재를 모른 채 소개팅 미션을 수행하며, 게임과 추리를 통해 상대방을 알아가는 과정을 담았다. 해당 미션을 수행하는 과정에서 LG 그램, 스탠바이미 등 LG전자의 모니터 제품군이 자연스럽게 활용되었으며, 게임 미션에 최적화된 성능, 제품의 휴대성과 몰입감을 드러낼 수 있도록 구성되었다.

이 시리즈는 시즌 확장 초기 단계지만 연애·게임·상황극이라는 장르의 결합 가능성과 브랜드 제품의 자연스러운 서사화 측면에서 실험성과 기대치를 동시에 보여주는 콘텐츠로 평가받고 있다.

바이럴 시너지를 극대화한
숏폼 전략

LG전자 유튜브 채널은 IP 시리즈 본편의 일부를 쇼츠·클립·하이라이트 영상 등 숏폼 포맷으로 재가공해, 소비자의 접근성과 흥미를 제고했다. 회차별 핵심 장면이나 밈화 가능한 포인트를 선별해 짧고 강렬한 임팩트를 주는 구성으로 클립을 가공해 확산력을 강화했다.

또한 본편 공개에 앞서, 핵심 장면을 짧고 후킹한 쇼츠로 선공개해 기대감을 사전에 끌어올리는 전략도 병행했다. 이러한 선제적 콘텐츠 노출은 본편 공개 전부터 콘텐츠에 대한 주목도를 높이고, 숏폼 자체를 브랜드 메시지 전달의 전초 접점으로 활용했다.

▲ 〈K판 입덕투어〉 쇼츠와 외부 채널의 관련 게시물 (맨 오른쪽, 조회수 272만 회 기록)

대표적으로 〈K판 입덕투어〉는 본편 16편, 숏폼 69편으로 투 트랙 콘텐츠 전략을 운영했다. 쇼츠 기반 조회수는 1,292만 회를 기록하고 특히 '전통문화판' 쇼츠는 오가닉 조회수 62만 회를 넘기며, 숏폼 자체가 브랜드 메시지 전달의 주요 접점으로 기능하고 있음을 증명했다.

오리지널 시리즈에서
캠페인 확장까지

LG전자의 〈K판 입덕투어〉는 팬덤 타깃 체험형 예능으로 출발해, 이후 〈Jammy X NMIXX〉 협업 광고 캠페인으로 이어지며 콘텐츠의 영향력을 한층 확장시켰다.

▲ LG전자 유튜브 〈Jammy X NMIXX〉 바이럴 필름 5편

Jammy는 LG전자가 운영하는 커뮤니티형 플랫폼으로, MZ세대와의 연결을 위해 제품 리뷰·IT 정보·라이프스타일 콘텐츠를 다루고 있다. 〈K판 입덕투어〉와 Jammy 간 연계는 시청자에게는 자연스럽고 즐거운 경험으로, 브랜드에게는 캠페인 메시지와 플랫폼 노출을 극대화할 수 있는 효율적인 채널로 작동했다. 브랜드의 오리지널 콘텐츠가 단순 영상 시청을 넘어서 브랜드 캠페인과의 유기적 연계를 이끌어낸 성공적인 사례이다.

2025년 기준 LG전자 유튜브 채널은 약 40만 명의 구독자, IP 콘텐츠 30편의 누적 조회수 2,109만 회, 좋아요·댓글 등 인게이지먼트(좋아요+댓글)는 29만 회를 기록했다. LG전자는 앞으로도 브랜드와 소비자의 정서적 연결을 목표로, 생활 밀착형 스토리텔링 콘텐츠를 강화해 공감대를 더욱 확장하겠다는 목표를 가지고 있다. 광고가 아닌 '콘텐츠로 사랑받는 브랜드'라는 비전을 바탕으로, LG전자 유튜브 채널은 앞으로도 지속 가능한 브랜드 팬덤을 구축해 나갈 예정이다.

진정성으로
브랜드 가치를 높이다

LG전자의 브랜드 캠페인 <Life's Good>

Life's Good.

LG전자의 브랜드 철학 "Life's Good"은 좋은 삶을 위한 끝없는 노력을 의미한다. Life's Good 캠페인의 주인공은 좋은 삶을 만드는 모든 사회 구성원이다. 이 캠페인의 목표는 사회 구성원들의 일상 속에 선한 영향력을 확산하고, 이를 LG전자의 브랜드 가치로 환원하는 것이다. LG전자는 고객들에게 자신들의 제품/서비스를 더욱 친근하게 전달하기 위해 광고, 제품 기능 소개 영상부터 보다 제품을 쉽게 이해할 수 있는 예능 콘텐츠까지 다양한 방법으로 고객과 소통해 왔다. 그리고 2025년부터는 브랜드 철학 Life's Good의 메시지를 확산하기 위해 SNS를 통한 소비자 참여/소통 콘텐츠를 더욱 강화해 가고 있다.

우리 일상을
더 살 만하게 만드는 사람들

2025년 Life's Good 캠페인은 남녀노소 모두가 공감할 수 있는 미니 다큐 시리즈와, Z세대가 LG전자의 브랜드 철학을 직접 경험할 수 있는 오프라인 팝업을 함께 진행하는 통합 마케팅 커뮤니케이션_{IMC; Integrated Marketing Communication} 활동으로 구성되었다.

▲ Life's Good 미니 다큐멘터리 영상 시리즈

미니 다큐멘터리는 선한 영향력을 펼치는 사람들의 이야기가 담긴 영상 콘텐츠이다. 매월 1회씩 발행된 시리즈 영상에는 공대 교수 퇴임 후 장난감 수리 봉사를 하시는 김종일 님, 참전용사들의 희생을 기억하기 위해 사비로 전세계 참전용사의 사진을 찍는 현효제 님 등 다양한 분야에서 따뜻한 사회를 만들어가는 사람들의 이야기가 펼쳐진다.

너의 꿈과 열정을
응원해

〈캠퍼스 아트 팝업〉은 청춘의 꿈과 열정을 응원하는 Life's Good 캠페인이다. 대학생들이 직접 기획하는 아트 팝업을 통해 대중에게 작품을 선보일 기회를 제

▲ 〈캠퍼스 아트 팝업〉 이화여자대학교 편 영상 콘텐츠

공하고, Z세대들은 LG전자의 브랜드 철학에 자연스럽게 공감대를 형성해 간다. 지난 2024년 11월 성균관대를 시작으로 25년 5월 서울 소재 7개 대학 연합, 25년 8월 이화여대 학생들과 함께 진행했다.

LG전자는 이번 캠페인을 통해 '당신이 만들어가는 좋은 삶에 함께하는 Life's Good'이라는 콘셉트로 다큐의 출연자들을 후원하고, 캠페인 참가자들을 응원하며 사회공헌에 대한 진정성 있는 의지를 보여줬다.

Life's Good캠페인은 콘텐츠 총 조회수 1,500만 뷰를 달성하고, 다수의 언론에서 보도되며 사회적 관심과 공감을 이끌어냈다.

팬이 브랜드의

가장 강력한 미디어가 되다

소통형 팬덤 마케팅 <LG전자 앰버서더>

supported by LG Electronics

최근 소비자들은 전문가의 의견보다 지인과 인플루언서의 실제 경험과 추천에 더 큰 영향을 받고 있다. 이러한 환경 속에서 기존 협찬 중심 인플루언서 마케팅은 일시적 노출과 단발성 효과에 그치며, 진정성과 지속성에서 한계를 보이기도 했다. 이에 LG전자는 진정성 있는 팬덤을 기반으로 한 소비자 주도형 커뮤니케이션 구조를 구축하고자 'LG전자 앰버서더 프로그램'을 기획했다.

협찬 중심
인플루언서 마케팅을 넘어서

<LG전자 앰버서더> 캠페인은 LG전자 제품과 브랜드에 애정을 가진 일반 소비자 및 크리에이터를 모집해 브랜드 체험을 제공하고, 자발적 콘텐츠 제작 및 확산하는 방식으로 진행되었다. 보다 효율적 관리와 활성화를 위해 오프라인 교

▲ LG전자 앰버서더 모집 브랜딩 영상 [모이자. 꿈꾸자. LG전자 앰버서더♥]

류와 커뮤니티를 운영하고, 미션 수행, 챌린지형 참여 프로그램, 온·오프라인 결합형 행사도 함께 진행했다.

찐팬이 브랜드 콘텐츠를
만들고 확산시키다

참여자의 선발은 단순 팔로워 수가 아닌 브랜드 충성도를 기준으로 진행됐다. 실제 LG전자를 사용 중이거나 브랜드에 애정을 가진 소비자를 중심으로 선발하여 프로그램의 진정성을 강화했다. 콘텐츠의 제작에서도 협찬 광고가 아닌 '내돈내산' 기반의 경험담 콘텐츠를 제작하였다. 일상 속에서 자연스럽게 노출되는 숏폼·롱폼 영상, 리뷰, 팁 콘텐츠 등 다양한 형식으로 확산되었다. 또한 앰버서더 개개인의 SNS 팔로워 네트워크를 통한 자연 확산 구조를 형성했다. '팬 → 팔로워 → 소비자'로 이어지는 신뢰 확산 고리를 통해 콘텐츠의 파급력은 강화되었다. 운영에서는 앰버서더 전용 네트워킹 행사, 체험 프로그램, 전문가 강연을 통해 오프라인 몰입도를 높였고, 온라인 미션과 결합하여 참여 동기를 강화했다. 기수 간 교류와 우수 활동자 시상을 통해 활동의 자부심과 연속성도 제공했으며, 전용 소통 채널을 통해 상시 교류가 가능한 지속적 커뮤니티를 형성했다.

소통의 시작
오리엔테이션

LG전자는 앰버서더로 선정된 이들을 초청해 프로그램의 공식적인 시작을 알리는 발대식을 개최했다. 이 자리에서 LG전자의 브랜드 철학과 캠페인 취지, 활동 비전 등을 공유하며 앰버서더들의 자긍심을 높이는데 주력했다.

오리엔테이션에서는 앰버서더들이 LG전자 제품을 직접 체험하며 더욱 친숙해질 수 있는 시간을 가졌고, 유명 크리에이터의 멘토링을 통해 콘텐츠 제작 역량을 강화하는 기회도 제공했다. 더불어 네트워킹 파티를 열어 앰버서더 간 소속감과 유대감을 다지도록 도왔다.

▲ LG전자 앰버서더 오리엔테이션(발대식) 〈LG전자 앰버서더 DAY〉 현장

자신의 이야기를 담은
소비자 시각 콘텐츠

LG전자 앰버서더들은 활동 기간 동안 브랜드 비전과 제품을 주제로 다양한 영상 제작 미션을 수행했다. '내가 LG전자를 좋아하는 이유', 'LG전자 제품의 특별한 기능', 'LG전자 구독 서비스 후기' 등 자신의 경험과 목소리를 담은 진솔한 콘텐츠로 팔로워들과 적극적으로 소통했다.

그 결과, 많은 영상이 공유되며 자발적인 공감과 대화가 확산되는 쌍방향 소통

▲ LG전자 앰버서더가 제작한 영상 콘텐츠들

의 장이 마련되었다. 이 미션을 통해 앰버서더들이 제작한 영상은 500개 이상이며, 약 2,600만 회의 조회수와 14만 회의 인게이지를 기록하는 성과를 보였다.

제작역량
강화를 위한 지원

LG전자는 앰버서더들의 콘텐츠 제작 역량 강화를 위해 인스타그램, 유튜브를 운영하는 메타 및 구글과 협력하여 특별 강연을 마련했다. 현직 마케터들이 직접 연사로 나서 최신 SNS 트렌드와 영상 제작 노하우를 공유했다.

또한 LG전자는 메가 크리에이터 멘토링 프로그램도 운영했다. 258만 유튜버 엔조이커플, 194만 유튜버 띱, 116만 유튜버 사내뷰공업 등 현재 SNS 트렌드를 이끌고 있는 유명 크리에이터들이 멘토로 참여했다.

이들은 단순한 강연을 넘어, 자신들의 실질적인 경험, 냉철한 조언은 물론 앰버서더들과 함께 직접 콘텐츠를 촬영하며 앰버서더 들의 역량을 한층 더 끌어올렸다.

동기 부여를 위한
어워즈 프로그램

LG전자는 약 3개월간의 앰버서더 활동을 마무리하며, 그간의 성과를 기념하는 어워즈를 개최했다. 이 행사는 단순히 활동 종료를 축하하는 자리를 넘어, 1기와 2기 앰버서더들이 함께 모여 교류하고 소속감과 자부심을 더욱 높이는 시간이었다.

어워즈에서는 활동 기간 동안 가장 뛰어난 성과를 보인 앰버서더들을 선정하여 시상했다. 시상 부문은 최대 조회수 상, 최대 성장상, 최고 퀄리티상 세 가지였으며, 수상자에게는 LG전자 포인트를 제공하여 지속적으로 콘텐츠를 만들고 소

▲ LG전자 앰버서더 어워즈 현장

통할 수 있는 동기를 부여했다. 이러한 행사는 앰버서더들의 자발적인 콘텐츠 제작을 장려하는 데 큰 역할을 했다.

지속 가능한
팬덤 마케팅을 위해

LG전자 앰버서더 프로그램에는 총 4,247명의 지원했고, 약 2,100건 이상의 콘텐츠숏폼, 리뷰, 브이로그 등 포함가 생성되어 누적 조회수 2,800만 뷰 이상을 달성했다. 브랜드 단독으로는 단기간에 확보하기 어려운 대규모 생활형 콘텐츠 자산을 구축한 것이다. 소비자가 직접 목소리를 내는 구조로, 브랜드 신뢰도와 공감도도 크게 향상되었다. '광고 콘텐츠'가 아닌 '사용자 경험 공유'로 인식되며 소비자 반감 없이 자연 확산이 이루어졌다.

LG전자 앰버서더 프로그램은 단발성 협찬 중심 마케팅의 한계를 극복하고, 팬덤을 기반으로 한 참여형·쌍방향 소통 모델을 제시했다. 기업 주도에서 소비자 주도로 전환된 소통 모델은 향후 다양한 산업에서도 활용 가능한 새로운 커뮤니케이션 패러다임으로 평가된다.

게임회사의 ESG는
뭐가 다를까?

넷마블은 한국을 대표하는 모바일 및 온라인 게임 개발·서비스 기업으로, 《리니지 2: 레볼루션》, 《세븐나이츠》 시리즈, 《모두의마블》, 《마구마구》 등 다양한 히트작을 보유하고 있다. 넷마블은 국내는 물론 글로벌 시장에서도 활발히 활동하고 있으며, 높은 연구개발 투자를 통해 게임 산업을 이끌고 있다.

넷마블은 게임회사로서 유저 의견 수렴, 고객 상담 채널 다각화, 서비스 리스크 관리 조직 신설 등 사업내용과 관련된 ESG 활동을 강화하고 있으며, 장애인 문화예술 지원, 지역사회 지원, 건강한 게임문화 조성 등 사회공헌에도 적극적으로 나서고 있다. 또한 이러한 ESG 활동을 SNS 채널을 통해 알리며 고객 참여를 유도하고 있다.

넷마블 ESG의
주력 채널

넷마블의 페이스북은 약 217만 명이라는 엄청난 수의 팬과 영향력을 자랑하는 '파워 채널'이다. 많은 팬 수를 보유하고 있기 때문에, 이를 적극적으로 활용할 수 있는 콘텐츠들이 만들어지고 있다. 넷마블에서 서비스 중인 주요 게임 소식,

이용자들과 인터랙션 할 수 있는 캐주얼 콘텐츠와 더불어 넷마블의 ESG 활동을 소개하는 카드 뉴스, 영상 콘텐츠가 페이스북을 통해 지속적으로 업로드 되고 있다.

브랜디드 저널리즘의 일환으로 개설된 넷마블의 공식 브랜드 미디어 '채널 넷마블'도 ESG 콘텐츠의 주요 채널로 활용되고 있다. 넷마블의 공식 보도자료뿐 아니라 조직문화를 담은 인터뷰, 게임에 대한 자세한 공략과 팁을 담은 게임 가이드 등 풍부한 볼거리와 양질의 콘텐츠가 가득하다. 또한 미래세대를 위한 지속가능한 가치를 담은 ESG 경영 활동들에 대한 콘텐츠를 별도의 메뉴로 구성해 제공하고 있다.

게임으로 하는
사회공헌 '넷마블게임박물관'

2025년 3월, 넷마블문화재단은 넷마블 사옥 지타워 3층에 '넷마블게임박물관'을 개관했다. 넷마블게임박물관은 게임의 사회, 문화적 가치를 확산하고 세계 게임의 역사와 가치를 재정립해 게임산업 및 문화를 재조명하기 위해 만들어졌다. 국내외 게임 관련 소장품들을 감상할 수 있는 '전시 공간'이자 다양한 자료들을 열람할 수 있는 '학습 공간', 추억의 게임을 체험할 수 있는 '놀이 공간'으로 어른들에게는 추억을 선사하고 어린이 및 청소년에게 색다른 재미를 제공해 게임으로 소통하는 즐거움을 전달하고 있다. 박물관 개관과 함께 넷마블은 박물관 소

▲ 박물관을 소개하는 롱폼 영상 〈레트로 핫플 등장! 넷마블게임박물관〉

개와 즐길거리 등을 다양한 형식의 콘텐츠로 가공해 SNS 채널을 통해 널리 홍보하고 있다.

롱폼 콘텐츠인 〈레트로 핫플 등장! 넷마블게임박물관〉은 게임 역사, 게임 세상, 게임 문화 3가지 테마로 이루어진 넷마블게임박물관의 각 테마 공간별 모습과 방문객들의 체험 모습 및 인터뷰를 현장스케치 영상으로 담았다. 특히 자녀와 함께 방문한 부모들의 진술한 체험 소감은 과거의 게임 추억을 떠올리게 한다. 또한 넷마블게임박물관은 외국인 관람객들에게도 주목받는 핫플레이스로, 해외 방문객들이 전하는 색다른 체험 후기도 영상의 재미를 더하고 있다.

숏폼으로
더 강력하고 재미있게

넷마블게임박물관에 전시된 소장품은 총 2,100여 점으로 이중 700여 점은 시민과 사내기증으로 수집되었다. 게임박물관에는 초기 콘솔 게임기부터 현재까지 게임기기, 게임소프트웨어, 주변기기 등으로 다양한 소장품이 구성되어 있

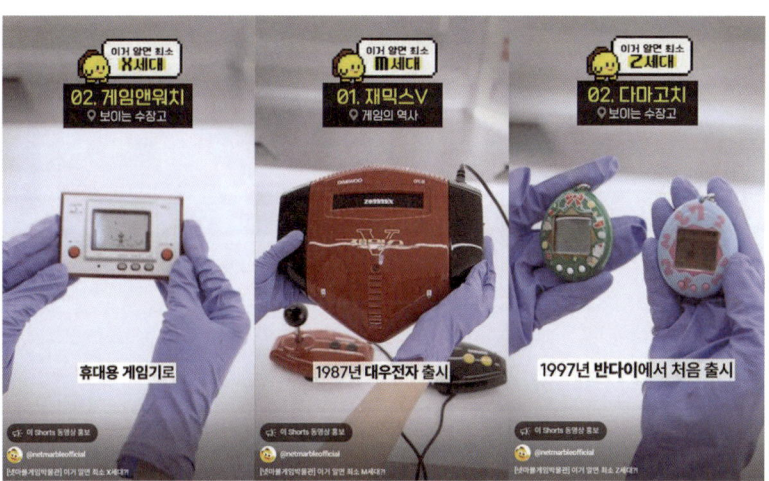

▲ 레트로 게임기를 소개하는 숏폼 〈이거 알면 최소 N세대〉

다. 주요 소장품으로는 '오디세이(1972)', '애플2(1977)', '재믹스(1987)', '겜보이(1989)' 등이 있으며, 비디오 게임기의 초기 모습인 '테니스포투'와 '스페이스워' 등도 함께 전시되어 있다.

오리지널 숏폼 시리즈 〈이거 알면 최소 N세대〉는 넷마블게임박물관에서만 볼 수 있는 세대별 추억의 게임기기를 소개하는 시리즈 콘텐츠다. 다양한 각도에서 직접 기기를 만지고 버튼을 눌러보는 등 현장에서 소장품을 체험하는 것과 같은 실제감을 살렸다. 각 소장품의 전시 공간 위치를 표기하고, 기기별 정보와 설명은 자막으로 제공해 이해도를 높였다.

하나의 테마를
재미있고 다양한 콘텐츠로

넷마블게임박물관 개관 소식과 관람 및 체험할 수 있는 다양한 공간은 카드뉴스로 소개됐다. 최초의 상업용 아케이드 게임과 추억의 오락실플레이컬렉션 등 넷마블게임박물관에서만 즐길 수 있는 특별한 체험 정보도 담았다. 또한, 박물관이 위치한 넷마블 지타워 방문 시 함께 둘러볼 수 있는 ㅋㅋ다방, 캐릭터 공원, 책다방 등 내부 추천 장소도 함께 안내했다.

넷마블게임박물관의 주요 정보를 보다 친근하고 유쾌하게 전달하기 위한 웹툰 콘텐츠도 제작됐다. 채널 넷마블 오리지널 시리즈인 '토리의 트렌디한 직장생활'과 '스콜라의 게임찍먹'을 통해 넷마블게임박물관의 전시 공간과 체험 요소를 재미있게 소개했다.

소비자들과의 소통을 위한 이벤트도 진행됐다. 채널 넷마블 8주년 기념 이벤트로 진행된 〈넷마블게임박물관 퀴즈 이벤트〉는 퀴즈 참여를 통해 정보를 전달하는 동시에 실제 게임박물관 방문을 자연스럽게 유도할 수 있도록 한 것으로, 참여자들에게는 보드게임, 게임기, 쿵야 굿즈, 게임박물관 입장권 등 푸짐한 경품이 제공됐다.

▲ 웹툰 '토리의 트렌디한 직장생활'과 '스콜라의 게임찍먹'을 이용한 박물관 소개

넷마블은 하나의 테마를 롱폼 영상부터 이벤트까지 다양한 콘텐츠 포맷으로 가공해 각 채널과 타깃의 특성에 맞췄다. 그리고 콘텐츠 제작 과정에 재미 요소를 넣어 친밀도와 전달력을 높였다. 이 콘텐츠들은 게임회사 특유의 친근한 전달 방식을 통해 게임박물관의 전시 의도와 가치를 효과적으로 알리는 데 큰 역할을 했다.

핵심만 간결하게,
실용 중심의 콘텐츠

저장 필수! 노랑풍선의 여행 콘텐츠

노랑풍선 소셜미디어 채널들은 채널별 성격에 맞는 콘텐츠 운영을 통해 여행에 관심 있는 잠재고객과의 연결을 강화하고 있다. 전년 대비 대부분의 채널에서 팔로워 수가 증가하는 등 꾸준한 성장세를 이어가고 있다.

특히 인스타그램과 페이스북은 카드뉴스 콘텐츠를 중심으로 실용적인 여행 정보와 자사 상품, 콜라보 콘텐츠를 함께 구성해 도달률을 높이고 있으며, 유튜브는 숏폼 콘텐츠 〈대올대〉를 통해 브랜드 전문성과 여행에 대한 공감대를 자연스럽게 전달하고 있다.

네이버 블로그는 검색 기반의 장문 정보 콘텐츠를 중심으로, 자유여행객 대상의 실용적인 여행 정보를 제공하며 꾸준한 유입을 유지하고 있다.

SNS 전용 슬로건
'여행을 가볍게 떠나는 TIP'

'여행을 가볍게 떠나는 TIP, 노랑풍선'은 노랑풍선의 브랜드 슬로건인 '여행을 가볍게'를 기반으로 제작된 SNS 전용 슬로건이다. 노랑풍선 SNS는 여행 준비에 대한 실질적인 팁을 제공하는 데 그치지 않고, 고객과의 양방향 소통을 통해 여행에 대한 긍정적인 인식과 설렘을 함께 전달하겠다는 목표를 설정했다.

이 슬로건에는 SNS 특유의 캐주얼한 소통 방식을 반영해, 복잡한 정보 대신 간단하고 실용적인 콘텐츠로 부담을 줄이고, 여행을 '가볍게 떠날 수 있는 것'으로 느끼게 하며 일상 속 여행의 가치를 자연스럽게 공유하고자 하는 의도가 담겨 있다.

직원이 직접 답한다!
믿을 수 있는 실무자의 콘텐츠

〈여행사 직원 무물〉은 여행 전문가로 불리는 노랑풍선 실무자들이 직접 고객의 질문에 답하며, 브랜드의 신뢰성과 전문성 있는 믿고 참고할 수 있는 정보 콘텐츠다.

이 콘텐츠는 기획 단계에서 사내 직원 수백 명을 대상으로 여행 관련 설문조사를 실시해, 여행 실무자들의 실제 경험에서 얻은 신뢰성 있는 정보와 팁을 수집하거나, 주제에 따라 관련 부서 담당자에게 자문을 받아 구성되었다.

보기 쉬운 카드뉴스 형식으로 정보를 전달하고, 각 질문에는 해당 내용을 전한 실무자의 소속 팀명, 성姓, 직급 또는 직책을 함께 표기해 정보의 신뢰도를 더욱 높였다.

▲ 실무자가 전하는 여행 Q&A 콘텐츠 〈여행사 직원 무물〉

이 콘텐츠는 페이스북과 인스타그램에 게재되며, 여행 준비 과정에서 자주 나오는 질문을 중심으로 각 분야의 실무자가 직접 등장해 생생한 정보를 전달한다. 특히 인스타그램에 게재된 콘텐츠 기준으로, 전체 평균 대비 도달수는 약 436%, 조회수는 약 400%의 높은 성과 향상률을 기록했다.

콘텐츠 기획 초기부터 실무자의 전문성과 실제 경험을 바탕으로 신뢰를 확보했고, 실제 고객과의 공감대 형성이 조회 및 도달 성과 향상으로도 이어진 대표 사례로 평가된다.

핵심 정보만 간결하게, 실용 중심 콘텐츠

〈여행 준비를 가볍게!〉는 여행 일정을 직접 계획하는 자유여행객을 위해, 여행지의 맛집·핫플레이스·일정 팁 등 실용적인 정보를 모아 소개하는 콘텐츠다. 페이스북과 인스타그램에 카드뉴스 형태로 제작·게재되며, 누구나 쉽게 이해하고 저장해 둘 수 있도록 구성되어 있다.

▲ 저장 필수 여행 꿀정보 〈여행 준비를 가볍게!〉

〈여행 준비를 가볍게!〉는 복잡한 정보 없이 핵심만 전달해 여행 준비의 부담을 줄이고, '여행을 가볍게'라는 노랑풍선 슬로건을 SNS 콘텐츠로 풀어낸 브랜디드 콘텐츠다.

특히, 인터넷에서 쉽게 찾기 어려운 트렌디한 정보들을 중심으로 각 여행지별 내부 전문가가 직접 제공한 공신력 있는 팁을 바탕으로 제작되었으며, 인스타그램 주요 타깃층인 20~30대의 취향과 감성에 맞춰 큐레이션된 콘텐츠로 정보성과 활용도를 동시에 높이고 있다.

직원의 실제 여행기를 통해 설렘을 전달한다

〈대올대〉는 '대리가 올리는 대리 여행'의 줄임말로, 노랑풍선 직원들의 실제 해외 여행기를 마케터 '대리K'가 대신 소개하는 유튜브 숏폼 콘텐츠다.

직접 여행을 가지 않아도 영상을 통해 여행의 감성과 설렘을 전하고자 기획되었으며, 콘텐츠 기획부터 영상 내 워터마크 형태의 로고 제작까지 대리K가 직접 참여해 브랜드의 진정성과 내부 시선을 자연스럽게 녹여냈다. 직원들의 생생한 여행 경험을 짧고 임팩트 있는 영상으로 담아내며, 브랜드에 대한 공감과 신뢰를 효과적으로 전달하고 있다.

▲ 대리가 대신 전하는 여행 이야기 〈대올대〉

여행사 내부 직원들은 해외 출장, 팸투어 등으로 실제 해외 방문 경험이 많아 콘텐츠 소스로 활용 가능한 자료가 풍부하며, 이를 바탕으로 지속적이고 확장 가능한 기획이 가능하다는 점에서도 높은 잠재력을 가진 콘텐츠 포맷이다.

정보 중심의
서술형 블로그 콘텐츠

네이버 블로그를 통해 운영되는 〈노랑풍선의 여행정보〉는 여행지의 볼거리, 먹거리, 이동 동선 등 실질적인 정보를 중심으로 구성된 콘텐츠다.

▲ 여행 관련 키워드 상위 노출

여행을 계획하는 고객들이 직접 일정을 짜는 데 참고할 수 있도록, 직원들의 실제 경험과 여행 팁을 바탕으로 상세하게 소개하고 있으며, 검색 최적화에 적합한 서술형 콘텐츠 구조를 통해 지속적인 유입과 정보 접근성을 높이고 있다. 또한 다양한 여행 관련 키워드에서 상위에 노출되는 콘텐츠가 다수 확보되어 있으며, 검색 유입 경로로서 블로그 채널의 전략적 가치가 높게 작용하고 있다.

부동산/브랜드 정보를

즐거운 예능으로

MZ를 사로잡은 롯데건설의 유튜브 콘텐츠

롯데건설은 프리미엄 주거 브랜드 '롯데캐슬'을 중심으로 아파트 시장에서 높은 인지도를 보유하고 있다. 하지만 산업 특성상 대중과의 접점이 제한적이었고, 특히 향후 소비 주체인 MZ세대와의 소통 창구가 부족했다. 이에 2021년, 유튜브 채널 '오케롯캐'를 론칭해 MZ세대를 주 타깃으로 한 장기적인 브랜드 커뮤니케이션을 본격화했다.

2030세대는 부동산 지식은 부족하지만 주거 공간과 라이프스타일에 대한 관심이 높으며, '쉽고 재미있고 몰입감 있는 콘텐츠'에 반응하는 경향이 강하다. 롯데건설은 이러한 특성에 맞춰 브랜드 철학Build Home, Beyond House을 기반으로, 주거를 단순한 '상품'이 아닌 '경험과 이야기'로 풀어내는 전략을 세웠다.

전국 방방곡곡
호재가 가득한 지역을 찾아서

리얼 버라이어티 임장 웹예능 〈손품발품 임장기〉는 시의성 높은 호재 지역을 개그맨 이상준과 제작진이 직접 탐방하며 입지·상권·생활 인프라를 생생하게 전달하는 웹예능 시리즈다.

▲ 호재 지역을 직접 탐방하는 〈손품발품 임장기〉 시리즈

〈손품발품 임장기〉 시리즈는 부동산 정보가 딱딱하고 진입 장벽이 높다는 한계를 극복하기 위해 예능적 요소를 결합해 시청자가 마치 동행하듯 지역을 체험하며 정보를 습득할 수 있도록 제작됐다. 시즌 1~3까지 메인영상 23편 및 쇼츠 24편이 발행되었으며, 누적 조회수 100만 회를 돌파하며 부동산 정보 콘텐츠임에도 꾸준히 높은 시청자 수를 확보하고 있다.

롯데캐슬의 달콤한 일상을 킹받는(?) 롤플레잉으로

스윗 모먼트 ASMR 〈명화의 스윗캐슬〉은 크리에이터 '랄랄'의 부캐릭터 '이명화'를 전면에 내세운 상황극과 ASMR이 결합된 시리즈다. MZ세대가 선호하는 디저트 먹방 요소를 더해 주거 공간과 라이프스타일을 재미있게 연결했다.
촬영은 실제 롯데캐슬 단지 내부에서 진행되어 시청자가 생활 환경을 간접적으로 체험할 수 있게 했으며, 유쾌한 캐릭터 설정과 몰입감 있는 연출로 브랜드 친밀도를 높였다.
〈명화의 스윗캐슬〉 시리즈는 메인 영상 4편과 쇼츠 4편을 제작되어 누적 조회수 180만 회, 인터랙션 3만 건 이상을 기록하며 폭발적인 댓글 반응을 얻었다.

▲ 상황극과 ASMR이 결합된 〈명화의 스윗캐슬〉 시리즈

방방곡곡 각종 부동산
사건사고를 차트로

궁금증 200% 유발하는 희귀한 아파트 관련 소식부터 요즘 이슈인 부동산 전세
사기 소식까지, 〈차트인캐슬〉은 전국 아파트·부동산 사건, 트렌드, 이슈를 랭킹
토크쇼 형식으로 재구성한 시리즈다. 부동산 뉴스가 가진 진입 장벽을 낮추고
젊은 세대가 쉽게 소비할 수 있도록 유머와 흥미 요소를 결합했다.

〈차트인캐슬〉은 데프콘과 부동산 유튜버 '놀부'가 출연하여 재미와 신뢰성을

▲ 전국 별별 부동산 차트쇼 〈차트인캐슬〉 시리즈

모두 높이며 신규 구독자 유입 비중이 높은 시리즈로 자리매김했다. 메인 영상 4편, 쇼츠 4편을 제작되어 누적 조회수 35만 회 이상을 기록했다.

신축 단지의 매력을
'미남재형' 세계관에 쏙!

구독자 70만 명의 인기 유튜브 채널 '미남재형'과 협업해 제작한 6부작 숏폼 시리즈다. '미남재형' 채널의 세계관과 등장인물을 그대로 출연시켜, 신축 롯데캐슬 아파트에 입주한 후 벌어지는 유쾌한 에피소드를 위트 있게 담았다. 시청자가 웃으며 콘텐츠를 시청하는 사이 넓은 세대창고, 커뮤니티시설 등 '신축 단지의 장점'이 자연스럽게 각인되도록 설계했다.

재형이의 놀이터학개론	재형이의 우아한 피서법	재형이의 사위력	재형이의 은밀한 저녁모임	재형이의 이중생활	재형이의 신축 플렉스
조회수 35만회	조회수 327만회	조회수 43만회	조회수 592만회	조회수 174만회	조회수 24만회

▲ 숏폼형 스케치코미디 〈재형이의 신축생활〉 시리즈

〈재형이의 신축생활〉은 숏폼 콘텐츠 소비 확대와 브랜드 친밀도 상승이라는 두 가지 효과를 동시에 달성했다. 쇼츠 총 6편이 제작되어 누적 조회수 1,195만 회 이상을 기록했으며, 특히 쇼츠 알고리즘 노출 등을 통해 유기 조회수 1,150만 회 이상을 확보하며 신규 유입을 이끌었다.

사장보다 열정 넘치는
열혈 복덕방 실장

〈휴먼다큐 복덕방〉은 최근 인기 있는 페이크 다큐멘터리 형식을 적용해, '열혈 복덕방 실장' 캐릭터가 신축 매물을 소개하는 설정의 콘텐츠이다. 단순 정보 전달보다는 공감과 웃음을 중심에 두어 시청자가 자연스럽게 매물 정보를 접할 수 있도록 했다. 특히 1인칭 시점으로 연출해 콘텐츠에 좀 더 몰입할 수 있도록 제작되었다.

▲ 박세미의 페이크 다큐멘터리 〈휴먼다큐 복덕방〉 시리즈

〈휴먼다큐 복덕방〉은 MZ세대에게는 유머, 3040세대에게는 실용 정보를 제공하는 투 트랙 전략으로 첫 공개 이후 조회수 10만 회 기록, 높은 댓글 참여율과 긍정적 시청 반응을 얻으며 브랜드 호감도 제고에 기여했다.

기존 건설업계 콘텐츠가 정보 전달에 치중된 것과 달리, 롯데건설의 공식 유튜브 채널 '오케롯캐'는 예능, ASMR, 뮤직비디오, 관찰카메라, 페이크다큐 등 다양한 장르를 시리즈화하고, MZ세대 아티스트·셀럽·전문가·실제 입주민 등 다양한 화자를 등장시켜 신뢰도와 몰입도를 높였다.

그 결과 2025년 7월 기준 전년 동기 대비 채널 조회수 81% 증가+870만 회, 인터랙션좋아요+댓글+공유 619% 증가, 총 구독자 43만 명을 확보했다.

갤럭시는 어떻게 $\rightarrow$

'아재폰'의 오명에서 벗어났나

이미지 혁신을 위한 삼성전자의 콘텐츠 전략

한때 '아재폰'으로 불리며 10~20대에게 외면 받던 삼성의 갤럭시가 영원히 변하지 않을 것만 같았던 아이폰의 점유율을 위협하며 호감도를 급격하게 올리고 있다.

한국갤럽의 '스마트폰 관련 조사'에 따르면 2025년 우리나라 20대18~29세의 갤럭시 사용비중은 40%를 넘어섰다. 2024년 34%에서 1년만에 무려 18%의 성장

을 이루어 냈다. 향후 구매 의향도 46%로 나타나 2026년 경에는 20대의 아이폰과 갤럭시의 점유율 차이가 4% p 정도로 좁혀질 전망이다.

삼성은 어떻게 젊은 세대들의 마음 속에 견고하게 쌓아 올린 아이폰의 아성을 무너뜨리고 그들의 마음을 사로잡을 수 있었을까? 물론 끊임없는 하드웨어나 사용성 개선으로 제품 경쟁력을 올린 것도 중요한 요인이었지만, 구매에 감성을 중시하는 계층의 마음을 움직이는 데에는 SNS를 중심으로 한 브랜드 이미지 마케팅이 큰 역할을 했다.

화제를 견인하는 인스타그램

한국 시장 소비자를 위한 삼성전자 코리아 공식 소셜미디어 채널은 단순한 제품 홍보를 넘어 정서적 공감과 브랜드 경험을 함께 나누는 플랫폼으로 자리 잡기 위해 다양한 노력을 기울여 왔다.

갤럭시 스마트폰 · TV · 가전 · AI 등 브랜드 혁신 기술을 소셜미디어 친화적인 콘텐츠로 풀어내며 MZ세대를 중심으로 두터운 팬층을 확보해왔고, 2025년 하반기 기준 약 378만인스타그램 65.2만, 유튜브 79.8만, 틱톡 46.7만, X 26.7만, 페이스북 90만, 카카오톡 70만 명의 소셜 팬과 함께하며 국내 대표적인 브랜드 소셜미디어 채널로 성장했다.

그 중에서도 인스타그램은 삼성전자 코리아의 핵심 소셜 플랫폼으로 지면별 특성을 반영한 운영 고도화를 통해 성과를 만들어가고 있다.

2025년 삼성 코리아 인스타그램의 피드는 일반 소비자를 대상으로 제품 경험을 시각적으로 강조하고, 릴스와 같은 짧은 영상 포맷으로 브랜드의 혁신성을 효과적으로 전달하는 IMCIntegrated Marketing Communication 캠페인의 주요 지면으로 운영했다.

스토리는 팔로워를 대상으로 참여형 UGCUser Generated Content 캠페인 #갤럭시를 통해 팬들의 사연을 하이라이트로 고정해 꾸준히 소통했다.

공지 채널은 로열티 팬을 대상으로 한 연간 소셜 특화 캠페인과 팬 미션을 진행하며 커뮤니티 성격을 강화하고, 찐팬들과의 라포를 강화하는 커뮤니케이션을 지속했다.

삼성전자는 글로벌 브랜드 이슈인 '갤럭시 언팩' 시점에 맞춰 SNS 미디어를 활용한 소셜 테이크오버 및 라이브 방송을 전개하며, 브랜드의 핵심 PR 채널로서의 역할을 수행했다. 또한 VD, 가전 등 전 제품군의 IMC 캠페인을 인스타그램을 통해 규모감 있게 소개하며, 플랫폼 내 삼성전자의 브랜드 파워와 마케팅 시너지를 극대화하고 있다.

2025년 화제가 된 IMC 캠페인 사례는 〈케데헌 x 갤럭시〉가 대표적이다. 넷플릭스 애니메이션 〈K-POP Demon Hunters〉와 갤럭시 Z 폴드7 과의 콜라보레이션

▲ 〈케데헌 x 갤럭시〉 캠페인 인스타그램 피드

은 브랜드를 예술적 감각과 결합시켜 높은 소셜 화제성을 달성했다. 이 캠페인은 전체 SNS 채널에서 210만 회의 조회수를 기록했고, 인스타그램에서만 48만 회가 넘는 조회수를 달성했다.

게이미피케이션을 통한 팬덤 확장

삼성전자는 SNS 콘텐츠에 게임의 요소를 접목시키는 게이미피케이션Gamification 기법을 적극 활용하여 팬덤을 확장하고, 소셜미디어에서의 자발적 참여와 공유를 이끌어내고 있다. 이러한 캠페인들은 신제품 출시 시점과 연계되어 제품 특장점을 자연스럽게 알리는 동시에, 팬 이탈을 최소화키는 연간 운영 캠페인의 핵심 축으로 자리 잡았다.

▲ 게임 요소를 가미한 콘텐츠 〈Catch the Edge〉

삼성전자 인스타그램은 5.8mm 초슬림 갤럭시 모델 출시에 맞춰 '순간 캡처' 형식의 게임 콘텐츠인 〈Catch the Edge〉를 선보였고, 폴더블7 출시 시기에는 소비자들이 직접 디자인/기능 선호도를 투표하도록 구성하는 〈밸런스 게임〉으로 소비자들의 참여를 유도했다. 이렇게 게임 요소가 가미된 콘텐츠들은 참여자들의 자발적 공유·확산을 가져와 높은 화제성을 달성했다.

브랜딩을 넘어
찐팬 커뮤니티로

삼성전자는 2024년 8월 인스타그램 신규 서비스인 〈공지 채널〉을 개설하여, 팬들과의 지속적인 소통 공간을 마련했다. 단순 정보 전달을 넘어, 팬들과 미션·참여형 활동을 함께 수행하는 커뮤니티로 확장하며 새로운 소셜 운영 모델을 구축했다. 특히, 2025년부터는 팬 소통을 가속화하기 위해 라디오 콘셉트의 소셜 캠페인 〈팬들의 별의별 사연으로 채우는 #별별레터〉를 운영하고 있다. 삼성전자를 오랫동안 사랑해온 팬들의 사연을 공모하여 화제성 높은 콘텐츠로 제작했고, 이 캠페인을 통해 삼성전자의 378만 소셜 팬들과 함께 즐길 수 있는 '진짜 소비자 참여형 콘텐츠'를 구현해 가고 있다.

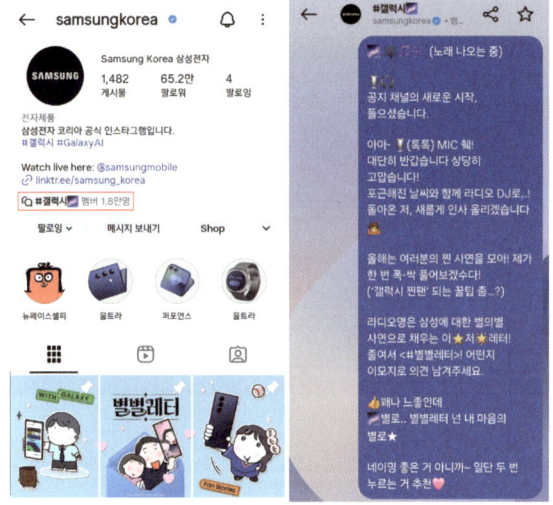

▲ 삼성전자 코리아 공지 채널 및 〈별별레터〉 캠페인 첫 메시지

그 결과 브랜드와 팬사이의 쌍방향 소통이 활발해졌으며, 팬들이 자신의 이야기를 브랜드 안에서 발견하고 공유하는 경험을 만들어냈다는 점에서 진정한 의미의 'Social-Native' 성과를 거두었다고 볼 수 있다.

Only 인스타그램
캠페인

〈별별레터〉캠페인을 통해 모집된 팬 사연은 단순 소개를 넘어, 다양한 인플루언서와의 협업을 통해 흥미롭고 다채로운 콘텐츠로 재탄생했다. 특히 실제 삼성전자 제품을 사용 중인 크리에이터와의 콜라보레이션을 통해 찐팬 사연 콘텐츠의 진정성과 공감성을 더욱 강화했다. 인스타툰 작가 '다운'과는 팬 사연을 숏폼 애니메이션으로 발전시켜 누구나 공감할 수 있는 스토리텔링 콘텐츠를 구현했고, 성우 남도형과 버츄얼 아이돌 'PLAVE 노아'를 내레이션에 참여시켜 몰입도를 높이고, 브랜드 공감대를 확산시켰다.

▲ 팬사연을 공모 받아 제작된 〈별별레터〉숏폼 애니메이션 영상 및 팬 반응

〈별별레터〉1회차는 '반려동물'을 주제로 세 개의 숏폼이 제작되어 총 조회수 2,600여만 회를 기록했으며, 2회차는 '내가 갤럭시를 쓰는 이유'를 주제로 누적 조회수 2,700만 회를 기록했다.
'내가 갤럭시를 쓰는 이유'편에서는 특별히 실제 갤럭시 사용기로 110만 조회수를 기록한 유튜버 히지노와 협업해 사전 홍보용 콜라보 음원 영상을 제작했다. 이 음원은 공개 7일 만에 100만 뷰를 돌파하며 팬들의 뜨거운 댓글 반응과 사연 응모를 적극적으로 이끌어냈다. 이 회차의 또 다른 주목 포인트는 전 세계적으로 인기를 얻고 있는 버추얼 아이돌 PLAVE의 갤럭시 유저 멤버 노아가 보이스 크리에이터로 참여했다는 점이다. 노아의 내레이션 참여를 통해 팬 사연은 한층 더 대중적인 콘텐츠로 확장되며 화제성이 극대화되었고, 그 결과 인게이지먼트와 조회수 모두 크게 상승하는 성과를 거두었다.

〈별별레터〉 캠페인은 인스타그램만의 기능과 장점을 적극 활용한 팬 중심 참여형 캠페인이라는 점에 가장 큰 의의가 있다. 인스타그램의 공지 채널을 팬들의 이야깃거리를 수집하고, 팬들이 직접 브랜드의 소식을 확산시키는 브랜드 허브로 성장시켰다는 것도 의미가 크다.

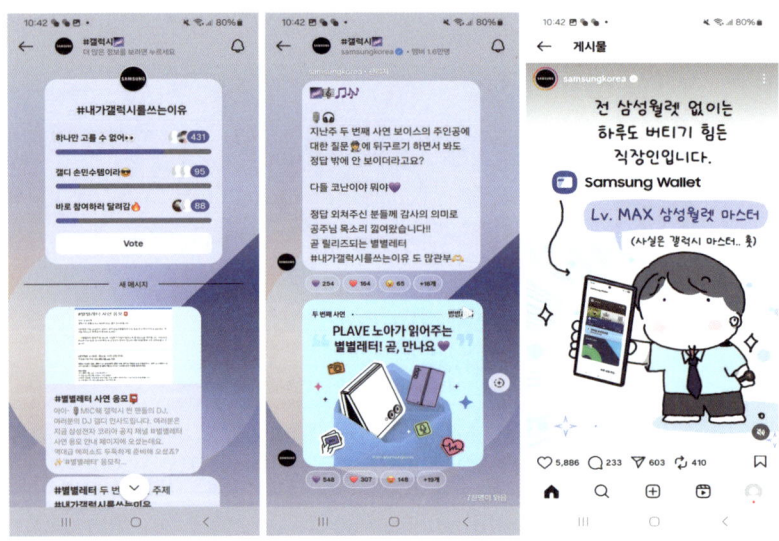

▲ 삼성전자 인스타그램 공지 채널 콘텐츠 일부

또한 단발성 이벤트에 그치지 않고, 계속해서 그동안 큰 관심을 보낸 팬들의 의견을 청취해, 별별레터 '내가 갤럭시를 쓰는 이유' 번외편을 전개할 계획이다. 이러한 장기적인 캠페인을 통해 삼성전자와 팬이 장기적으로 소통할 수 있는 기반을 마련했다는 점에서, 이 캠페인은 단순한 화제성을 넘어 지속 가능한 팬덤 관리 전략으로 평가받을 수 있다.

사용자 참여 중심의
콘텐츠 구조

인스타그램은 '좋아요' 중심의 단순 반응보다, '공유'와 '저장'을 통한 깊은 상호작용을 핵심 지표로 삼는 알고리즘으로 진화하고 있다. 이러한 변화 속에서 브랜드는 더 이상 시각적 자극만으로는 충분하지 않으며, '공유하고 싶고, 저장해두고 싶은 콘텐츠'를 만들어야 도달률을 확보할 수 있다. 삼성전자는 이 점을 정확히 읽고, 사용자가 '스토리로 공유하고 싶은 감성'과 '정보로 저장하고 싶은 실용성'을 동시에 담은 콘텐츠 전략을 선보이고 있다.

▲ 삼성전자 참여형 이벤트 및 제품 성능 특장점 강조 콘텐츠

삼성전자는 단순히 제품을 보여주는 것이 아니라, 사용자 참여를 콘텐츠 중심에 둔 전략적 설계를 하고 있다. "당신의 폰은 어디까지 할 수 있나요?"와 같은 질문형 CTA는 팔로워가 자연스럽게 댓글을 남기게 하는 장치로, 브랜드가 묻고 사용자가 답하는 쌍방향 구조를 만들어낸다. 텍스트와 이모지를 조합한 직

관적 디자인은 MZ세대의 소비 문법과 정확히 맞닿아 있으며, 이는 브랜드 계정이 '기업 계정'이 아니라 '함께 소통하는 친구 계정'처럼 느껴지게 만든다.

이러한 전략은 오프라인 캠페인에서도 일관되게 이어진다. '갤럭시 워치런(Galaxy Watch Run)'은 단순한 제품 홍보 이벤트가 아니라, 참여자가 직접 제품의 기술적 가치를 체험하고 콘텐츠로 재생산하게 하는 체험형 브랜디드 콘텐츠 캠페인이다. AI 기반 '제미나이(Gemini)'와 삼성 헬스 앱을 활용해 달리기의 성과를 실시간으로 측정하고, 이를 소셜미디어에서 인증하도록 유도함으로써 자연스러운 확산을 만들어냈다.

▲ 삼성전자 '갤럭시 워치런' 오프라인 행사 SNS 연계 콘텐츠

특히 평소 차량으로만 관람이 가능했던 에버랜드 사파리월드와 로스트밸리를 직접 달리는 이색적인 공간 경험은 희소성과 몰입감을 모두 충족시킨 전략이다. 일상에서는 결코 경험할 수 없는 공간을 달린다는 희소성은 소비자에게 특별한 몰입감을 제공했고, 그 자체가 강력한 스토리텔링 콘텐츠가 되었다. 이러한 공간적 경험의 독점성은 참가자들이 자발적으로 SNS에 후기를 공유하게 만드는 강력한 동기를 부여하며, 자연스러운 확산 효과를 이끌어냈다.

또한 '러닝은 특별하게, 워치는 스마트하게'라는 슬로건은 감성과 기술의 균형을 절묘하게 담아낸다. 단순히 기능적인 장점을 나열하기보다, 러닝의 즐거움이라는 감성적 가치와 워치의 스마트함이라는 기술적 가치를 결합해 소비자의 라이프스타일 언어로 제품을 풀어냈다는 점이 인상적이다.

인스타그램 인증 이벤트와 참가자 인터뷰 영상 또한 브랜드 중심이 아닌 '참가자 중심의 콘텐츠 구조'를 취했다. 이는 브랜드가 직접 말하는 것보다 참가자의 생생한 경험을 통해 진정성을 전달함으로써, MZ세대가 선호하는 '고객이 증명하는 브랜드' 형태의 참여형 마케팅을 구현한 사례다.

이러한 삼성전자의 '갤럭시워치런' 온오프라인 연계 행사는 제품 중심의 홍보에서 벗어나, 경험 중심의 브랜드 콘텐츠로 진화한 대표적인 사례라 할 수 있다. 삼성전자는 AI, 러닝, 스마트헬스라는 기술 키워드를 '체험의 즐거움'으로 연결하며, 기술 브랜드에서 감성적 라이프스타일 브랜드로의 확장 가능성을 성공적으로 보여주었다.

이와 같은 맥락에서 〈더 잘하고 싶어서〉 시리즈는 삼성전자의 브랜드 철학을 또 다른 방향으로 확장시킨다. 공부, 일, 취미 등 각자의 영역에서 더 나은 성과를 추구하는 사람들의 욕망을 포착해, "제품이 아니라 사용자 자신이 주인공이 되는 서사"를 그려낸다. "더 잘하고 싶어서"라는 문구는 단순한 광고 카피가 아니라, 자기계발 욕구를 자극하는 감성적 메시지로 기능하며, 사용자가 자신의 성장 서사에 삼성 제품을 자연스럽게 연결하도록 만든다.

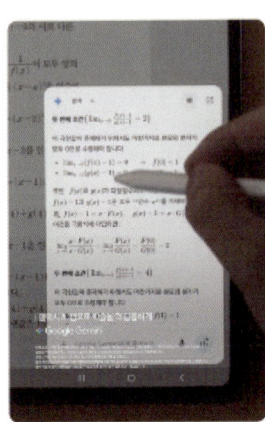

[갤럭시 탭 S11 시리즈] 더 잘하고 싶어서 - 공부 | 삼...
조회수 492만회

[갤럭시 탭 S11 시리즈] 더 잘하고 싶어서 - 수학 | 삼...
조회수 111만회

▲ 삼성전자 유튜브 채널, 갤럭시 탭S11 시리즈 '더 잘하고 싶어서'

결국 삼성전자의 콘텐츠는 '기술 중심'에서 '경험 중심', 나아가 '공감 중심'으로 진화하고 있는 브랜드 콘텐츠 마케팅의 대표적 사례다. 알고리즘 변화에 기민하게 대응하며, 기술적 스펙보다 사람의 감정과 행동을 중심에

둔 삼성전자의 콘텐츠 전략은 브랜드를 단순한 전자제품 제조사가 아닌 감성적 라이프스타일 파트너로 재정의하고 있다.

소셜 캠페인을 통해 획득한
'힙'한 이미지

꾸준하고 다양한 시도들을 통해 요즘 10·20대 사이에서는 "갤럭시가 더 힙하다"는 반응이 형성되기 시작했다. 다수의 언론들은 국내 스마트폰 시장에서 오랫동안 이어져 온 '갤럭시=아재폰'이라는 인식을 점차 엷게 만드는 데 이러한 캠페인들이 기여했다는 평가를 내놓고 있다. 실제로 이러한 변화는 한국 갤럽의 소비자 정기 조사 등을 통해 수치적으로도 확인되었다. 또한 디에디트와 같은 다수의 인스타 매거진 채널에서 캠페인이 확산되며 추가적인 PR 효과도 얻을 수 있었다.

▲ 25/8/25 YTN 뉴스　　　　　　▲ 인스타그램 매거진 '디 에디트' 히지노 캠페인 소개 글

새로운 이미지를 구축하는 것보다 굳어진 이미지를 타파하는 것은 훨씬 어려운 일이다. 하지만 브랜드 이미지 혁신을 위한 삼성전자의 다양하고 끈질긴 노력은 이제 그 성과를 보이고 있다. '갤럭시=힙한 브랜드'라는 새로운 인식 전환은 MZ 세대와의 브랜드 친밀도를 크게 높이는 것에서 나아가 브랜드 파워를 전체적으로 강화시키는 전기가 될 것이다.

B2B 업체의
소셜미디어 전략

산업 언어를 일상의 이야기로 풀어내는 포스코퓨처엠

'양극재? 음극재?' 전기차와 스마트폰의 사용시간, 충전속도 등 성능을 좌우하는 배터리 핵심소재이지만, 대중에게는 아직 낯선 언어이다.

포스코퓨처엠은 국내에서 유일하게 양극재와 음극재를 함께 생산하는 배터리 소재 대표 기업으로서 "어려운 소재를 쉽고 재미있는 우리들의 이야기로"라는 원칙 아래 유튜브와 블로그를 통해 산업 이야기를 생활 속 이야기로 바꿔내고 있다. 그리고 이를 통해 대중이 배터리소재를 더 친근하게 접하고, 고객·투자자·청년 세대와 소통함으로써, 회사의 경쟁력과 미래 비전을 효과적으로 알리고 있다.

위기를 돌파하는
사람들의 리얼한 이야기

포스코퓨처엠의 공식 유튜브 채널 '포스코퓨처엠TV'는 2025년 들어 전기차 시장의 위기 극복을 응원하고, 소재와 국내 공급망의 중요성을 알리기 위해 웹드라마, 체육 예능, 퀴즈 등 다양한 장르를 넘나들며 재미있고 다양한 콘텐츠를 발행했다.

〈캐즘 극복 챌린지〉 시리즈는 전기차산업의 위기 극복을 위해 노력하는 임직원들의 모습을 소개하고, 내부 직원들의 단합을 이끌어내기 위한 기획 영상 시리즈다. 개즘Chasm은 새로운 기술과 혁신이 대중화되기 전 겪게 되는 일시적인 성장 둔화를 의미하는데, 전기차시장의 수요 둔화로 기업들이 투자 축소·연기 등을 발표하면서 시장 분위기도 많이 가라앉은 상황이었다.

▲ 포스코퓨처엠 공식 유튜브 〈캐즘 극복 챌린지〉 시리즈

'캐즘, 그냥 넘어서 이겨내버리자!'라는 발상의 전환으로 직원 3명이 무작정 클라이밍에 도전하는 영상을 시작으로 철인3종경기, 전기차 영업전쟁, AI로 응원가 만들기 등의 영상 시리즈가 발행됐다.

6편으로 연재된 구성된 이 시리즈는 총 조회수 약 76만 7천회를 기록했고, 구독자들의 응원 댓글이 이어지며 많은 관심을 모았다. 챌린지의 스토리는 주요 언론들이 흥미롭게 다루는 등 많은 관심 속에 확산되었으며, 회사의 도전정신과 경쟁력을 알리는데 기여했다. 〈캐즘 극복 챌린지〉 시리즈는 기업과 산업의 위기를 재미와 도전정신으로 전환하고 소재로 활용한 참신한 기획으로 평가받고 있다.

눈에 띄지 않지만,
일상을 지키는 소중한 존재

포스코퓨처엠의 웹드라마 한 편에는 국내에서 유일하게 생산하는 소재 사업을 이어가고, 대한민국 공급망의 경쟁력을 키워야 한다는 간절함이 담겨있다. 〈오늘 음극재가 사라진다면?〉 콘텐츠는 소재 산업을 우리의 일상과 연결한 스토리텔링형 영상 콘텐츠다.

음극재는 전기차의 충전속도, 수명 등에 영향을 주는 배터리 핵심소재이지만 중국이 세계시장의 90% 이상을 차지하고 있다. 포스코퓨처엠은 '만약 국내에서 음극재 생산을 중단한다면 어떤 일이 벌어질까?'를 가정한 웹드라마로 국내 산업 보호의 중요성에 대한 공감대를 형성했다.

▲ 포스코퓨처엠 유튜브 〈오늘 음극재가 사라진다면?〉 콘텐츠

포스코퓨처엠은 이 드라마를 단순한 관심을 이끌어내기 위한 이야기가 아닌, 국내 공급망 보호를 위한 공감대를 형성하고 실제적인 지원을 이끌어내기 위한 홍보 수단으로 활용했다. 다수 언론에서도 음극재의 지원 필요성에 대해서 함께 보도했으며, 정부는 음극재에 대한 지원을 결정하기도 했다.

전문 지식을
1분에 뚝딱!

포스코퓨처엠은 배터리소재 기업의 전문성을 활용해 취업준비생, 투자자 등 배터리산업에 관심이 있는 사람들에게 정보를 전달할 방법으로 숏폼 영상을 선택했다. 〈배터리소재 QUIZ〉는 '배터리를 충전할 때 리튬이온은 어디로 이동할까?', '배터리 4대 핵심소재 중 가장 비싼 소재는?' 등 배터리와 관련해 누구나 궁금해할 수 있는 지식을 퀴즈 형태로 제공하는 숏폼 영상이다. 1분의 짧은 시간 동안 3개의 문제와 정답해설을 통해 난이도별 지식을 학습할 수 있는 것이 특징이다. 포스코퓨처엠은 매주 배터리소재 QUIZ를 발행해 배터리 관련 전문지식을 공유하고, 소재에 대한 관심을 이끌어내고 있다.

배터리산업의 위키백과
포스코퓨처엠 블로그

블로그 〈포스코퓨처엠 스토리〉는 배터리산업에 대한 전문지식, 트렌드 등을 총 망라한 지식 채널이다. 배터리소재 전문가인 직원들이 직접 소개하는 최신 전 기차·배터리 트렌드부터 소재의 역사 등 전문적인 지식을 이해하기 쉽게 소개 한다. 배터리소재를 처음 접하는 사람, 보다 깊이있는 지식이 궁금한 사람이라 면 누구나 포스코퓨처엠 블로그에서 유용한 정보를 얻을 수 있다.

▲ 포스코퓨처엠 블로그 전기차·배터리 트렌드 취재 콘텐츠

〈성사원의 '간다'〉 시리즈는 인터배터리, 충전인프라 산업전 등 전기차·배터리 산업 트렌드를 현장 취재해 소개하는 콘텐츠이다. 포스코퓨처엠 직원이 직접 전시회 등 현장에 방문해 설명을 듣고 체험한 것들을 현장 사진, 동영상 등과 함 께 전달해 생동감을 더했다.

그 외에도 소재의 역사를 소개하는 〈뿌리를 찾아서〉 시리즈, 전기차 관련 기술 이나 트렌드를 AI를 이용하는 콘셉트로 쉽게 핵심만 짚어 소개하는 〈Q&AI〉 시 리즈 등으로 전문지식을 쉽게 풀어 대중과 공유하고 있다.

포스코퓨처엠의 블로그는 채널 특성에 맞춰 검색을 통한 유입을 최대화하고 양 질의 전문지식을 제공하기 위해, 사내 전문가의 검증을 거쳐 구독자들에게 신 뢰도 높은 콘텐츠를 제공해나가고 있다.

브랜드별로
대상도 콘텐츠도 다르게

하이트진로의 '일곱 빛깔' 인스타그램

하이트진로는 제품 브랜드별 아이덴티티를 반영해 인스타그램을 각 브랜드별로 나누어 각기 다른 타깃에 맞춰 공감, 소통하고 있다. 현재 하이트진로에서 운영하고 있는 7개의 제품 브랜드 인스타그램 채널과 그 대표 콘텐츠를 살펴본다.

소통의 원조
'진로' 인스타그램

진로는 빠른 트렌드를 반영한 소재를 활용해 브랜드 애착을 높이며 두꺼비 캐릭터의 세계관을 구축해왔다. 약 78만 명의 팔로워를 확보하고 있는 진로 인스타그램은 주류/브랜드 캐릭터 계정 중에서도 독보적인 브랜드 팬덤을 형성하며 브랜드 로열티와 소통 경쟁력을 입증하고 있다.

〈두껍어택〉은 번화가와 대학가 상권의 활력을 더하기 위한 두꺼비 인형탈 챌린지형 게릴라 콘텐츠다. 서울 주요 상권에 두꺼비가 깜짝 출몰해 시민들과 직접 소통하고, 술자리 미션이나 챌린지를 수행하는 콘텐츠를 통해 현장의 활기를 불어넣는 동시에 긍정적인 음주 문화를 전파했다. 타깃과의 오프라인 접점 확대는 물론, 현장 비하인드, 시민 목격 인증샷 리그램 등 2차 콘텐츠로 확산되어

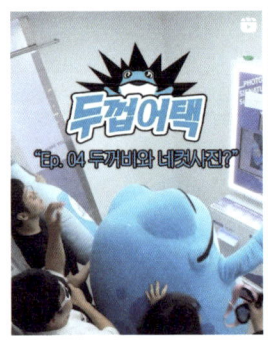

▲ 상권 연계형 챌린지 레이스! 〈두껍어택〉

실질적인 제품 음용·구매로 이어지는 상생형 콘텐츠로 단순 홍보를 넘어 브랜드 친밀도를 높이고 상권에 활력을 더하는 효과를 가져왔다.

NO.1 소주, NO.1 콘텐츠
'참이슬' 인스타그램

참이슬은 10년째 브랜드와 함께하고 있는 뮤즈 아이유와 함께 '이슬 요정' 콘셉트의 다채로운 콘텐츠를 선보이고 있다. 주류업계 최장수 모델로서 아이유의 독보적인 존재감은 브랜드 아이덴티티를 견고히 하며, 참이슬만의 감성과 메시지를 효과적으로 전달한다. 모델 활용 콘텐츠를 넘어, 참이슬의 브랜드 콘셉트를

▲ 참이슬 모델 아이유를 활용한 다양한 콘텐츠

시각적으로 강화하는 다양한 크리에이티브도 함께 전개하고 있다. 맑고 투명한 비주얼 연출부터 신기술을 접목한 시리즈 콘텐츠까지, No.1 소주 브랜드로서의 이미지를 더욱 공고히 다져가고 있다.

참이슬 인스타그램은 매월 아이유를 활용한 시리즈형 콘텐츠를 기획해 팬덤 타깃을 공략한다. 시즌 이슈를 반영한 실용적인 디지털 굿즈 4종, 촬영 비하인드 및 B컷 모음 등 다양한 소재로 콘텐츠를 확장하며 팬들과의 유대감을 강화하고 있다. 특히, 팔로워와의 밀도 높은 소통과 브랜드 애정도 확대를 위해 공지 채널을 별도로 운영하며, 이 채널을 통해서만 공개되는 독점 콘텐츠로 이슈몰이를 극대화하고 있다. 뿐만 아니라 게시물 알림, 투표 기능 등 플랫폼 기능을 적극 활용해 사후 콘텐츠에 반영하고, 미공개 모델 비하인드 등을 독점 공개함으로써 공식 채널의 차별화된 가치를 높이고 있다.

프리미엄 문화 공간
'일품진로' 인스타그램

일품진로 인스타그램은 증류주 일품진로 라인업의 차별화된 헤리티지를 감각적으로 전달하고자 다양한 콘텐츠를 전개해왔다. 대중의 선망을 받는 모델 '이효리' 활용은 물론, 고감도 미식 경험과 요리 페어링을 결합한 콘텐츠를 통해 국

▲ 푸드 페어링 콘텐츠 〈셰프의 일품만찬〉 시리즈

내 프리미엄 소주 시장을 개척한 일품진로의 브랜드 철학을 효과적으로 풀어냈다. 그 결과, 채널 개설 약 3년 만인 25년 5월 기준 콘텐츠 총 280건을 발행, 누적 소비자 반응 약 190만 건을 기록했으며, 팔로워 수도 28만 명을 돌파했다.

일품진로 인스타그램은 핵심 타깃 대상 브랜드 이슈 강화를 위해, 최근 주목받고 있는 '셰프 마케팅' 트렌드를 반영해 푸드 페어링 콘텐츠를 전개했다. MZ세대가 선호하는 유명 셰프들과 실제 친분을 기반으로 한 찐친 동반 출연을 통해, 프리미엄 감성은 물론 브랜드의 정통성과 대중적인 매력을 함께 전달하고자 했다. 셰프들의 리얼한 우정과 자연스러운 케미를 통해 일품진로의 맛과 멋, 그리고 헤리티지를 진정성 있게 풀어내며 차별화된 화제성과 콘텐츠 완성도를 동시에 확보했다.

복순이의 텐션 충전소 '이슬톡톡' 인스타그램

이슬톡톡' 인스타그램은 이슬톡톡 제로슈거 리뉴얼 출시에 맞춰, 소비자 주요 구매 접점인 편의점 콘셉트로 새롭게 단장했다. 핑크빛 톤 앤 무드의 편의점 공간 속에서, 브랜드 캐릭터 복순이와 모델 아이유를 활용해 유저들의 흥미와 몰입도를 높였다.

▲ 톡톡 터지는 핑크빛 세상! 〈톡톡편시피〉 시리즈

〈톡톡편시피〉는 SNS에서 화제가 된 인기 레시피를 기반으로, 매달 편의점 콘셉트에 맞춘 트렌디한 '편시피'를 소개하는 시리즈 콘텐츠다. 편의점에서 쉽게 구할 수 있는 메뉴와의 페어링 또는 이슬톡톡을 활용한 믹스 레시피를 제안하여, 믹솔로지 타깃의 음용을 자연스럽게 유도하고 있다.

청정 콘텐츠,
'테라' 인스타그램

테라는 청정함이라는 브랜드 본질은 지키면서도, 보다 다채롭고 도전적인 활동으로 소비자 접점을 넓혀가고 있다. 업종의 경계를 넘나드는 이색 협업을 통해 브랜드 경험을 확장하는 한편, 지난해 출시한 '테라 라이트'의 건강하고 트렌디한 무드를 전하기 위한 콘텐츠도 활발히 발행하고 있다.

▲ 테라 라이트와 가볍게 오.운.완. 〈Light ON〉 시리즈

요가 강사 이수정과 필라테스 전문가 또니와 함께, 부담 없이 가볍게 따라 할 수 있는 건강 루틴을 순차적으로 제안한다. 특히 인스타그램 공동 작업자 기능을 활용해 인플루언서 팔로워층까지 노출 범위를 확대했다. 〈Light ON〉 시리즈로 시작된 이 콘텐츠는 앞으로 상체·하체 등 부위별 맞춤 운동으로 확장해, 소비자들이 일상 속에서 테라 라이트의 브랜드 메시지를 자연스럽게 경험할 수 있도록 접근성을 높일 예정이다.

감각적 라이프스타일 채널
'켈리' 인스타그램

켈리의 공식 인스타그램은 '부드러운 첫맛과 강렬한 끝맛'의 이미지를 감각적으로 전하는 브랜드 라이프스타일 채널이다. 제품 중심의 세련된 비주얼과 함께 음악, 미식, 문화 등 다양한 즐길 거리를 제안하며 켈리의 세계관을 확장한다. 최근에는 〈켈리 키친〉 시리즈로 셰프와 푸드 크리에이터가 선보이는 더블 임팩트 레시피를 통해 미식 경험까지 더했다.

▲ 맥주와 어울리는 스타일 레시피 〈켈리 키친〉 시리즈

〈켈리 키친〉 시리즈는 푸드 크리에이터 백재광, 불꽃남자 박성우 셰프, 한신희 셰프가 참여해 켈리와 완벽한 페어링을 이루는 더블 임팩트 레시피를 공개했다. 부드러운 첫맛, 강렬한 끝맛이 있는 켈리의 매력과 차별화된 미식 경험을 동시에 담아내며, 맥주와 어울리는 새로운 라이프스타일을 제안한다.

좀 더 Hip하게!
'필라이트' 인스타그램

필라이트 인스타그램은 귀여운 캐릭터 필리를 활용해 가성비 있지만 힙한 브랜드 이미지를 만들어 가고 있다. MZ들을 사로잡는 핫하고 위트 있는 밈과 Hip한

라이프스타일을 결합한 콘텐츠를 보여주며 단순히 가성비 주류가 아닌 하나의 문화를 만들어가는 브랜드로 포지셔닝하고 있다.

▲ 필라이트 캐릭터 필리를 이용한 〈밈잘알〉 콘텐츠

가장 핫한 밈과 필라이트 캐릭터 필리를 결합한 〈밈잘알〉 시리즈는 필리와, 필라이트 브랜드에 대한 인지도를 강화하고 주요 타깃층인 MZ세대와의 친밀도를 높여 활발한 소통을 이끌어내고 있다.

하이트진로 인스타그램은 맥주부터 소주까지 다양한 제품에 맞춰 각기 다른 콘셉트와 콘텐츠와 적합한 콘텐츠로 운영되고 있다. 각 채널은 콘텐츠뿐 아니라 타깃 특성에 맞는 캠페인을 통해 지속적으로 브랜드에 대한 애정과 충성도를 확대해가고 있다.

진지한 주제에
독자들은 얼마나 관심을 보일까?

한화그룹의 브랜드 매거진 콘텐츠

한화저널은 한화그룹 및 한화의 계열사가 선도하고 있는 미래 기술과 지속가능 관련 이야기들을 독자들에게 보다 유용하고 친근한 방식으로 각색해 전달하는 브랜드 매거진이다. 한화저널은 시대와 산업을 움직이는 가장 큰 동력기업인 기술이 우리의 삶에 어떤 변화를 만들어내는지에 대해 집중하고 있다.

한화저널은 누구나 이해할 수 있는 언어와 형식으로 복잡한 개념과 용어로 가득한 기술 이야기를 친근한 비주얼과 내러티브 중심의 콘텐츠로 풀어간다. 그리고 사람을 위한 기술, 그 기술은 선도하는 기업의 이미지를 구축하며 브랜드 가치를 높여가고 있다.

기업은 실행 가능한 해결책을
제시할 수 있는 주체

2025년 한화저널은 기술로 실천하는 기후행동 〈Climate Action〉 시리즈 콘텐츠를 발행했다. 최근 폭염, 폭우, 산불, 가뭄 등 기후 변화로 인한 재난이 점점 더 자주, 더 강하게 발생하면서, 이제 기후위기는 더 이상 막연한 미래의 이야기가 아니라는 것을 모든 사람들이 피부로 느끼고 있다.

〈Climate Action〉 시리즈는 이러한 흐름 속에서 기후위기에 대한 한화의 실질적인 기술 대응과 실행의지를 콘텐츠로 풀어낸 기획이다. 단순한 선언적 메시지를 넘어, 실제 산업 현장에서 작동하고 있는 기술을 통해 '기후행동'을 실현하고 있다는 점을 알리고 있다. 각 편은 '기후위기를 해결하는 기술은 무엇이어야 하는가'라는 질문에서 출발해, 구체적인 산업 변화와 기술 실현 사례를 중심으로 설계되었다. 이 시리즈는 한화의 기후위기 대응 기술이 어떻게 기후행동 실천으로 이어지는지를 스토리 중심으로 전달한다.

콘텐츠로 담은
한화의 기후행동 실천

〈Climate Action〉 시리즈는 현재 총 5편이 발행되었다.

1편 '탄소중립을 넘어서' 편은 지구온난화를 가속화하는 온실가스와 유해물질의 위험성에 대해 설명하고 이에 대응하기 위한 한화의 기술적 솔루션인 초분광 위성, 저온탈질시스템, 수소혼소 기술 등을 소개한다.

'해양탈탄소를 향해' 편에는 해양온난화의 피해와 이에 대응하는 한화의 연료 절감, 탄소포집, 무탄소 선박 개발 등 해양탈탄소 솔루션 고도화를 담았다.

'순환경제로 여는 지속가능한 미래' 편은 한화의 플라스틱 재활용, 수소혼소 발전, 냉각 에너지 절감 등 순환경제 기반의 자원 절감·재사용 솔루션을 소개했다.

그리고 '생태계 복원의 여정' 편에서는 한화의 생태계 복원 기여에 대해, '미래

▲ 〈Climate Action〉 시리즈 콘텐츠

에너지 투자' 편에서는 지속가능한 에너지로의 전환에 대해 소개하고 있다.

이해와 공감을 위한
세심한 콘텐츠 가공

〈Climate Action〉 시리즈는 기후위기를 하나의 일반적 이슈로 다루는 방식에서 나아가, 지구온난화, 해양온난화, 폐기물, 생태계 파괴 등 기후위기의 다양한 양상을 주제별로 구분해 심층적으로 다뤘다. 기후 변화가 각 분야에 미치는 영향을 개별적으로 조명함으로써, 기후위기의 복합성과 파급력을 보다 체계적으로 이해할 수 있도록 구성했다.

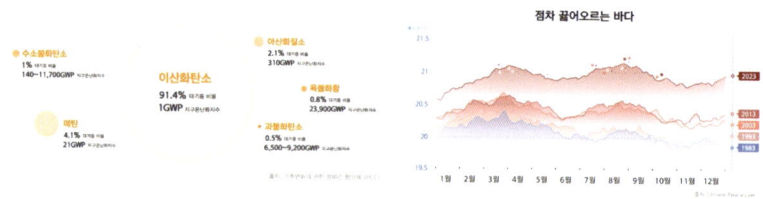

▲ 직관적인 이해를 돕기 위한 근거 자료 인포그래픽

또한 기후위기를 막연한 개념이 아닌, 객관적인 수치와 과학적 근거를 통해 구체적으로 전달했다. 온실가스별 지구온난화지수$_{GWP}$, 해수온 변화, 지구 생태용량, 생물종 개체 수 변화 등 각 주제와 밀접하게 연관된 데이터를 기반으로 내용을 구성하고, 이를 시각화함으로써 기후위기의 심각성을 직관적으로 이해할 수 있도록 했다.

기후위기에 대응하는
한화의 진정성

〈Climate Action〉 시리즈는 기후위기의 양상만을 진단하는 데 그치지 않고, 각 분야의 문제에 대응하기 위한 한화의 솔루션을 함께 제시한다. 수소혼소, 탄소 포집, 재생 포장소재 등 산업 현장에서 실현 가능한 기술은 물론, 생물다양성 보전을 위한 숲 조성과 같은 그룹 차원의 환경 캠페인까지 아우르며, 한화가 기후 위기에 얼마나 진정성 있게 접근하고 있는지를 전달한다.

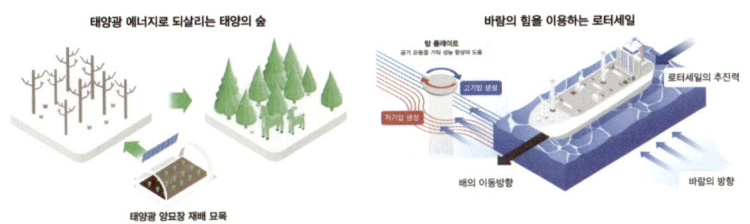

태양광 에너지로 되살리는 태양의 숲

태양광 양묘장 재배 묘목

바람의 힘을 이용하는 로터세일

탑 플레이트
공기 유동을 가속 상향으로 유도

고기압 생성

저기압 생성

로터세일의 추진력

배의 이동방향

바람의 방향

▲ 보다 이해하기 쉬운 방식으로 풀어낸 한화의 기술과 실천 사례

구체적 실천사례 중심으로 기업의 역할과 지속적인 대응 의지를 담은 〈Climate Action〉 시리즈는 각 편마다 평균 약 50만 회의 조회수를 기록하며 대중성 면에서도 성공을 거두었다. 온갖 유행 밈과 자극적 콘텐츠가 가득한 온라인 상에서 진지한 주제와 어려운 기술적 용어로 이루어진 콘텐츠가 거둔 보기 드문 성과이다. 한화의 〈Climate Action〉 시리즈는 '진정성은 우리가 생각하는 것보다 힘이 세다'는 것을 보여주는 좋은 사례가 되고 있다.

사례로 보는
콘텐츠와 전략
정부 · 공공기관 · 공기업

국립부산과학관 · 근로복지공단 · 대한적십자사 · 부산항만공사

새만금개발공사 · 새만금개발청 · 아동권리보장원

인천국제공항공사(리브랜딩 캠페인) · 인천국제공항공사(오리지널 콘텐츠)

조달청 · 축산물품질평가원 · 한국건강증진개발원 · 한국교통안전공단

한국마사회 · 한국보건산업진흥원 · 한국보육진흥원

한국산업기술시험원 · 한국산업인력공단 · 한국지식재산보호원

한국핀테크지원센터 · 한국해양과학기술원 · 한국해양진흥공사

온라인 소통이
오프라인 경험으로

고객 참여로 완성되는 국립부산과학관 SNS

2025년 개관 10주년을 맞은 국립부산과학관은 부·울·경 지역의 국립 종합 과학문화시설로, 연간 100만여 명이 방문하는 지역명소이다. 우주탐사 새싹누리관, 어린이과학관, 부울경 산업과학기술체험 상설전시관, 133석 규모의 천체투영관, 국내 최대 굴절망원경, 꼬마기차 등 누구나 과학을 체험할 수 있는 다양한 공간을 갖추고 있다.

국립부산과학관은 오프라인 공간을 넘어, 장소와 시간에 제약 받지 않고 누구나 과학을 가까이 느끼고 경험할 수 있도록 SNS 채널을 통해 과학의 즐거움을 전파하고 있다.

꾸준한 소통,
고객 반응을 이끌어 내다

국립부산과학관은 실시간으로 댓글 소통이 가능한 SNS의 장점을 활용하여 고객과의 심리적인 거리감을 줄이고 고객의 솔직한 피드백을 유도하며 소통하고 있다. 매월 쉽고 재미있게 참여할 수 있는 이벤트를 진행하여 월 평균 2,000여 명의 높은 참여율을 기록하고 있으며, 2025년 3월에 진행한 〈수학퀴즈〉 이벤트

▲ 〈수학퀴즈〉, 〈2025 소통프로젝트〉 이벤트와 댓글

는 인스타그램 단일 채널에서만 댓글이 약 2,200개를 넘는 성과를 달성했다.

개관 10주년을 맞아 진행된 〈2025 소통프로젝트〉는 SNS 댓글을 통해 행사 및 체험 프로그램에 대한 고객의 목소리를 가장 직접적으로 확인하고, 고객의 솔직한 반응과 의견을 토대로 콘텐츠와 프로그램 기획에 활용했다.

▲ 참여형 인스타그램 스토리 콘텐츠

또한 여기에서 나아가 설문조사와 참여형 인스타그램 스토리를 활용해 고객이 참여하여 완성할 수 있는 콘텐츠를 구현하고, 이를 통해 '트렌디하다, 직접 참여할 수 있어 더 재밌다' 등의 긍정적인 반응도 이끌어 내고 있다. 디지털 기반의 참여형 콘텐츠는 과학관이 단순한 전시 공간을 넘어 지역사회와 끊임없이 대화하고 성장하는 소통 플랫폼으로 자리잡는 데 큰 역할을 하고 있다.

쉽고 재미있게 접근할 수 있는
과학 상식 콘텐츠

국립부산과학관은 온·오프라인을 아우르는 다양한 과학 교육 콘텐츠를 개발, 제공하고 있다. 과학관의 SNS 채널에서는 일상 속 음식이나 전자제품, 놀이 기구 등 친숙한 소재를 활용한 과학 상식을 전할 뿐 아니라, 물질의 변화 과정과 같은 복잡한 개념도 직관적인 디자인과 시각 자료를 통해 쉽게 이해할 수 있도록 돕고 있다.

▲ 흥미로운 소재와 재미있는 지식이 담긴 과학 정보 콘텐츠

이러한 콘텐츠는 과학에 대한 호기심을 충족시키고 보다 친근하게 다가갈 수 있는 기회를 제공하는 동시에, 직접 방문이 어려운 타지역민이나 시간과 거리의 제약이 있는 고객들에게도 과학 경험을 간접적으로 체험할 수 있도록 지원한다.

실제 관람객 등장으로
생생한 현장감 부여

국립부산과학관의 행사는 관람객의 참여로 완성된다. 행사에 참여한 관람객들의 모습을 담은 롱폼/숏폼 영상과 카드뉴스 콘텐츠를 통해 생생한 현장감을 전하고, 정서적인 공감대를 형성한다. 실제 행사에 참여했던 관람객들은 과학관에서의 즐거운 추억을 되새기며, 자연스럽게 재방문으로 이어질 수 있도록 하고 있다.

▲ 직접 체험하며 즐기는 과학관 〈뚝딱뚝딱 패밀리 챌린지〉

2025년 5월 가정의 달을 맞아 진행된 〈뚝딱뚝딱 패밀리 챌린지〉는 온 가족이 즐길 수 있는 체험행사로 진행되었다. 단순한 행사 소개보다는 실제 체험에 참여한 관람객들의 모습을 노출함으로써 보다 실감 나는 현장을 소개했다. 가정의 달 행사는 매년 진행되기 때문에 올해 행사 시작하기 전 작년 행사 모습을 담은 숏폼 홍보영상을 송출하였는데, 해당 영상에는 '지난 추억이 생각난다', '이 행사 정말 추천' 등 긍정적 댓글이 달렸다.

온라인 소통이 방문으로,
온·오프라인 연계 쿠폰

온라인에서의 긍정적인 경험과 꾸준한 소통은 과학관에 대한 신뢰와 기대감을 높이고, 오프라인 방문 및 재방문으로 자연스럽게 이어지는 선순환을 만들어 낸다.

특히 카카오톡 채널을 통한 쿠폰 발행은 관람객에게 실질적인 혜택을 제공함으로써 오프라인 방문의 동기를 강화하고, 온라인-오프라인 간의 효과적인 연

▲ 국립부산과학관 카카오톡 채널 오프라인 쿠폰

결 고리를 만들어낸다. 실제로 오시리아 관광단지 공동 홍보행사인 〈오시리아 놀러와봄〉 경품이벤트 참여 쿠폰은 단기간에 8천 장을 모두 소진할 만큼 많은 인기와 높은 참여율을 기록했다.

뉴스레터 발행으로
고객 접점 확대

국립부산과학관은 디지털 기반의 과학 콘텐츠 소비 확대를 위해, 정기 뉴스레터를 자체 제작·운영하고 있다. 뉴스레터는 전시 안내, 교육 일정, 체험 프로그램, 과학 소식 등 다양한 정보를 담고 있으며, 이메일 구독 기능을 통해 일상 속에서 손쉽게 과학 콘텐츠를 접할 수 있도록 구성됐다. 해당 콘텐츠는 홈페이지에서도 열람이 가능하며, 메일 외에도 홈페이지 내 '뉴스레터 게시판'을 통해 과월호 열람이 가능하다.

뉴스레터는 과학관의 전문성과 정보 전달의 기능 외에도 구독형 콘텐츠가 가지는 장점을 가지고 있다. 뉴스레터는 자발적 관심 기반의 과학문화 콘텐츠 소비를 유도하고 정기 발송 및 아카이브 제공을 통해 지속적이고 누적적인 콘텐츠 노출 효과를 보여주고 있다.

꼭 필요한

정보를 제때에

근로복지 공단이 정보전달력을 높이는 방법

근로복지공단은 산재·고용보험과 근로복지사업을 수행하는 고용노동부 산하의 공공기관이다. 업무상 부상·질병을 겪은 근로자에게는 산재보상, 요양, 재활서비스 등을 제공하여 신속한 회복과 직장 복귀를 지원하며, 재직 중인 근로자에게는 노후 생활 보장, 긴급 생활안정자금 지원, 보육·문화·여가활동 등을 지원한다. 근로복지공단은 국민 누구나 근로복지 제도를 쉽게 이해하고 공감할 수 있도록 생활밀착형 정책 콘텐츠를 제작·운영하고 있다. 근로복지공단은 소셜네트워크 이용자, 채널 팔로워와의 소통에 집중하기 위해 인스타그램과 유튜브를 메인 채널로 운영하고 있으며, 보다 자세한 정보를 전하기 위한 블로그에도 중점을 두고 있다.

정확하고 유용한 정보를
정기적으로

근로복지공단 SNS는 국민 생활에 밀접한 정보를 중심으로 소통하는 채널이다. 근로복지공단은 국민들에게 꼭 필요한 정보를 적시에 정확하고 알기 쉽게 전달하기 위해 〈N월 알려드림〉, 〈일단저장〉, 〈건강수첩〉 등 시의성에 맞춘 콘텐츠를 정기적으로 운영하고 있다. 또한 공감형 콘텐츠와 생활밀착형 정보 등 정보의 전달력을 높이기 위해 보다 친근한 콘텐츠 가공 방식으로 국민들과의 거리를 좁히고 있다.

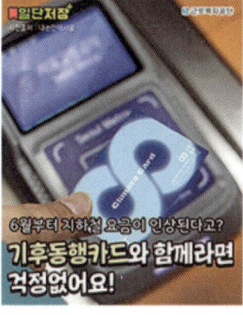

▲ 정기 운영되는 생활 밀착형 정보 콘텐츠

이러한 생활밀착형 콘텐츠는 정책과 제도 정보를 쉽고 이해하기 쉽게 전달하며, 국민의 정보 접근성을 높이고 자발적 확산을 유도하는 성과를 거두고 있다.

직접 참여를 통한
친밀한 소통

근로복지공단은 보다 친근한 소통을 위해 직원이 직접 참여·연출하는 '임플로이

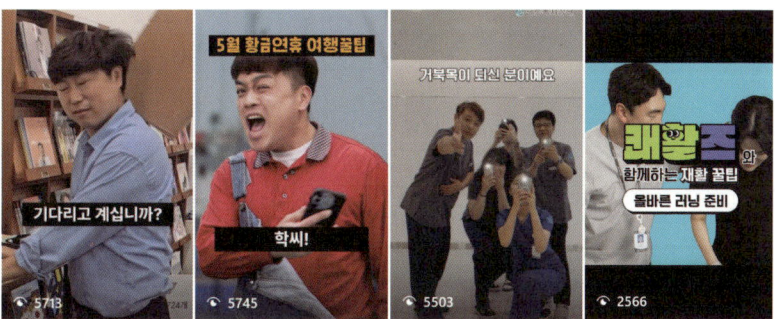

▲ 공단 정책 홍보단이 출연하는 〈근튜버〉와 병원, 건강 관련 홍보단이 출연한 〈쾌활즈〉

언서' 숏폼 콘텐츠를 활발히 운영하고 있다. 공단이 제공하는 복지 서비스와 정책을 홍보하는 〈근튜버〉, 병원 및 건강 관련 정보를 전달하는 〈쾌활즈〉는 직원이 직접 출연해 보다 친근하게 소통한다. 또한 최신 밈과 챌린지 형식을 적용해 국민이 보다 쉽고 즐겁게 정보를 접할 수 있도록 하고 있다.

▲ 〈Chat.근복!〉 출퇴근 시 산재 관련 콘텐츠와 육아 지원 정책 관련 콘텐츠

국민이 직접 참여하는 콘텐츠도 보다 친밀한 소통을 이끌어내는 창구가 되고 있다. 〈Chat.근복!〉은 인스타그램 스토리를 활용해 국민들이 궁금해하는 질문들을 수집해 이에 대해 친절하고 상세하게 답변하는 콘텐츠이다. 답변에는 AI를 활용한 영상을 제공해 정책 이해도를 높이고 있다.

더 친근하게,
국민의 일상 속으로

근로복지공단은 단순히 제도와 정책을 알리는 것을 넘어, 국민의 일상 속으로 스며들어 공감을 이루는 소통에 주력하고 있다. 생활에 꼭 필요한 정보를 시의적절하게 제공하는 정기 콘텐츠부터, 직원이 직접 출연하는 친근한 콘텐츠, 국민이 직접 질문하고 참여하는 소통 창구에 이르기까지 다양한 방식을 통해 정보의 전달력과 접근성을 높이고 있다.

대한적십자사는 창립 120주년을 맞은 국내 최대 인도주의 단체로, 대한민국의 역사적 전환점마다 국민과 함께 해왔다. 하지만 대중적 인식은 여전히 헌혈 활동에 편중되어 있어, 적십자사의 폭넓은 역할이 충분히 알려지지 못했다.

대한적십자사는 적십자사의 다양한 활동과 이에 대한 지지와 성원을 이끌어내기 위해 SNS채널을 통한 소통에 힘쓰고 있다. 특히 적십자·적신월사의 설립 이념인 '인도주의 가치'를 앞에서 이끌어갈 2030 세대를 주타깃으로 설정하고, 이들이 적십자사의 이념과 활동에 공감할 수 있도록 하는 것을 콘텐츠와 채널 운영의 최우선 순위에 두고 있다.

MZ를 만나는
최적의 채널

대한적십자사의 정기 후원자는 50대 이상 연령층이 높은 비중을 차지하고 있지만, 1030 세대는 정기 후원보다 일시 후원에 익숙한 특성이 있다. 젊은 세대는 이슈가 되는 현안에 대해서 관심이 많다는 반증이다.

대한적십자사의 인스타그램과 페이스북 채널은 알고리즘 통한 확산이 쉽도록 유행어나 밈을 활용한 톤&매너로 신규 시청자를 확보하고 친밀도를 형성하고 있다. 특히 공식 캐릭터인 '쎄호'를 활용해 채널 주 이용자가 부담 없이 볼 수 있는 콘텐츠를 선보여 피로도를 낮추고 최신 트렌드를 즉각 반영한 직원 출연 콘텐츠로 친근하고 긍정적인 이미지를 쌓아가고 있다. 세대 맞춤 스토리텔링을 통해 구독과 참여를 유도하고, 쌍방향 소통을 활성화함으로써 채널 주 이용자인 MZ세대의 유입을 확대하며 우호적 지지층을 형성하는 데 주력하고 있다.

▲ MZ 세대의 정서와 트렌드를 반영한 인스타그램, 페이스북 콘텐츠

블로그는 정보 콘텐츠 중심의 채널로 생생한 구호 활동 전개 과정부터 각종 모금 캠페인까지, 적십자사의 주요 활동과 정보를 정확하고 상세히 전달한다.

또한, X구 트위터는 국내뿐만 아니라 국제 적십자·적신월의 각종 소식을 발 빠르게 전달하는 채널로 운영되고 있다. 시의성, 신속한 현장 보도가 필요한 적십자사의 특성상 리트윗으로 확산이 빠른 채널 특성을 활용해 재난, 구호 활동, 모금 등 정보를 실시간으로 제공하고 있다.

적십자 잘 아는
MZ를 찾습니다

대한적십자사 유튜브 채널은 진지하고 무거운 이미지에서 탈피해 MZ세대를 유입시킬 수 있도록 유명 인플루언서를 기용하고 흥미성 콘텐츠를 확대하는 등 이전과 달리 새로운 운영을 시도하고 있다.

그러나 기관 특성상, 흥미성만 강조할 경우 기관의 진정성까지 해칠 수 있으므로 적십자사의 사업성과, 지원활동을 소재로 신뢰도를 제고할 수 있는 정보성 콘텐츠 역시 제작하고 있다. 또한 기관의 진정성과 신뢰성 확보하는 콘텐츠로 '임플로이언서 페르소나'도 적극 활용하고 있다.

▲ 직원이 직접 출연하는 대한적십자사의 영상 콘텐츠들

대한적십자사 홍보팀 직원이 직접 출연하는 콘텐츠는 최신 밈과 트렌드, 패러디 숏폼 등의 요소를 적절하게 가미해 다소 무겁게 인식되던 적십자사의 이미지를 친근하고 유쾌하게 전환하고 있다. 그리고 내용에 적십자사의 지원사업이나 활동을 자연스럽게 녹여내어 정보 전달과 재미를 동시에 달성했다.

▲ 현장에서 MZ세대를 직접 만나는 〈적잘알 찾기〉 시리즈

〈적잘알 찾기〉도 젊은 세대와의 접점을 강화하고, 자연스럽게 적십자사 후원에 대한 관심을 높이기 위해 기획된 숏폼 콘텐츠다. 젊은 세대가 많이 찾는 번화가에서 직접 시민들을 만나 퀴즈에 참여시키는 방식으로 진행된다. 흥미로운 질문을 통해 부담 없이 적십자사의 다양한 활동과 지원사업을 알리고 있다.

대한적십자사는 소셜미디어 주이용자인 젊은 세대와 활발히 소통하기 위해 그들의 정서를 담은 콘텐츠들에 역량을 집중하고 있다. 하지만 단순한 흥미나 웃음에 그치지 않고 적십자사의 다양한 사업을 자연스럽게 연결시키고 있다. 그리고 이를 통해 기존 적십자사에 거리감을 느끼던 젊은 세대에게 친근하게 다가가며 자발적인 확산과 긍정적인 반응을 이끌어내고 있다.

재미를 담은

전문성

부산항만공사는 우리나라 해상물류의 중심기지인 부산항의 운영과 관리에 중추적인 역할을 담당하는 공기업이다. 부산항만공사는 일반 소비자와 직접 만나는 기업은 아니지만 국민 경제에 중요한 축을 담당하는 인프라 기업으로서 국민과의 소통을 강화하고 브랜드 인지도를 높이기 위해 소셜 미디어 채널을 운영하고 있다. 부산항만공사는 이를 통해 국민들이 항만의 역할과 가치를 쉽게 이해할 수 있도록 다양한 콘텐츠를 제공하고, 단순 정보 전달을 넘어 국민이 직접 참여하고 의견을 나눌 수 있는 소통 창구로 발전시켜 나가기 위해 다양한 노력을 하고 있다.

항만을 쉽게,
소통은 깊게

부산항만공사는 항만산업이라는 다소 어렵고 생소한 주제를 보다 쉽고 흥미롭게 전달하기 위해 애니메이션, 일러스트, 웹툰 등 친숙한 콘텐츠 형식을 적극적으로 활용하고 있다.
부산항만공사 SNS 콘텐츠의 가장 큰 특징은 정보 전달의 장벽을 낮추고 국민

▲ 전문 정보를 다양한 기법으로 쉽게 풀어낸 롱폼, 숏폼 영상 콘텐츠

누구나 항만을 쉽게 이해할 수 있도록 하는 '재미있는 전문성' 전달이다.

영상 콘텐츠는 생소한 항만공사의 사업 내용 등 전문 지식을 시청각적으로 쉽게 풀어 설명한다. 〈부산항 지식대백과〉 등 항만 소개 영상들은 실사와 그래픽에 애니메이션을 적절하게 사용해 이해도를 높인다. 숏폼 영상은 항만 분야의 여러 정보를 호기심을 자극하는 제목과 빠른 템포의 그래픽으로 쉽고 흥미롭게 풀어내고 있다.

심화 정보 제공을 통한 신뢰도 강화

인스타그램은 카드뉴스 형식으로 부산항만공사의 최신 소식과 정보를 효과적

▲ 항만 관련 지식 정보와 소식을 담은 카드뉴스형 콘텐츠

으로 전달하고, 블로그는 깊이 있는 포스팅을 통해 항만산업 관련 전문 정보를 체계적으로 제공함으로써 신뢰도와 이해도를 높인다. 네이버 블로그에 업로드한 뉴스 클리핑 게시글은 한 달에 한 번 카드뉴스 형태로 제작하여 인스타그램을 통해 유입된 이용자들에게 블로그의 심화 콘텐츠까지 자연스럽게 확장 노출한다.

해운&항만 관련 용어와 어려운 지식 등을 알기 쉽게 설명해주는 지식 제공 카드뉴스 〈해.바.용_해운·항만 바로 알기 용어 모음〉과 뉴스 클리핑 조회수 TOP 4를 선정하여 월말에 발행하는 매거진형 콘텐츠 〈월간BAP〉 등은 꾸준하고 정기적인 발행으로 호평을 받고 있다.

일상에서는 접근하기 어려운 항만 정보를 시청자의 눈높이에 맞춰 간단하고 재미있게 소개하는 부산항만공사 SNS 콘텐츠들은 대중들이 항만산업을 보다 가깝고 친근하게 다가갈 수 있도록 돕는 디지털 '항로'이다.

부산항만공사는 단편적이고 일회성의 정보 전달을 넘어, 항만산업과 글로벌 해운물류 전반에 대한 깊이 있는 정보를 체계적으로 제공함으로써 공공기관으로서의 신뢰성과 전문성을 함께 강화하고 있다.

투명성과 창의성으로
사업의 신뢰도를 높이다

새만금개발공사의 투명한 정보 제공

새만금개발공사는 효율적인 정보 전달과 대중과의 소통 강화를 위한 전략으로 창의적이고 신뢰성 있는 콘텐츠를 통해 국민에게 중요한 개발 사업 소식을 전달하고 있다. 공사는 유튜브 채널을 비롯한 다양한 디지털 채널을 활용하여 국민들과의 소통을 지속적으로 강화하고 있으며, 이를 통해 새만금 개발 사업에 대한 신뢰와 이해도를 높이고 있다. 새만금개발공사의 콘텐츠 소통은 투명성, 창의성, 신뢰성을 핵심 가치로 삼아, 사업의 진행 상황과 중요성을 효과적으로 전달하고 있다.

투명한 정보 제공으로 신뢰 쌓기

▲ 새만금개발공사 유튜브 'ON AIR' 시리즈

〈새만금 ON AIR〉 시리즈는 새만금개발공사가 정기적으로 선보이는 뉴스 브리핑 형식의 콘텐츠이다. 새만금 개발 사업의 최신 동향과 주요 소식을 간결하고 핵심적으로 전달한다. 이 시리즈는 짧은 영상 안에 여러 개의 주요 소식을 요약하여, 시청자들이 효율적으로 새만금 사업의 진행 상황을 파악할 수 있도록 돕는다. 국민과 투자자, 파트너 기관 등 다양한 이해관계자들에게 일관되고 신뢰성 있는 정보를 제공함으로써, 새만금 사업의 성공적인 추진을 위한 대중의 지지를 확보하는 전략적 의미도 내포하는 것이 특징이다. 꾸준한 시리즈 콘텐츠를 정기적으로 발행하며 새만금 개발 사업에 대한 이해도를 높이고, 신뢰를 쌓는 데 긍정적인 영향을 미치고 있다.

AI를 활용해 창의적 스토리텔링으로 풀어내다

새만금개발공사는 AI와 숏폼 콘텐츠를 활용한 혁신적인 소통 방법을 통해 대중의 관심을 끌고 있다. 〈수변도시의 신들〉 시리즈는 새만금 스마트 수변도시의 기능을 신(神)이라는 캐릭터로 비유해 새만금 스마트 수변도시의 각 기능을 스토리텔링으로 전개하면서 대중에게 쉽고 재미있게 전달하고 있다. 신화적 스토리텔링을 활용하여 복잡한 개발 사업을 대중의 눈높이에 맞춰 풀어내고, 그 과정을 통해 새만금의 복합적인 가치와 미래 비전을 매우 창의적이고 효과적인 방식으로 전달한다. 이러한 콘텐츠는 시청자의 흥미를 끌어내는 동시에, 새만금에 대한 긍정적인 인식을 확대하고, 미래에 대한 기대감을 높이는 데 기여한다.

새만금개발공사는 〈새만금 ON AIR〉와 〈수변도시의 신들〉을 통해 국민에게 투명한 정보 제공과 창의적인 콘텐츠 소통을 결합하여, 사업의 신뢰성을 효과적으로 전달하고 있다. 이러한 접근은 새만금 개발 사업에 대한 대중의 관심을 지속적으로 유도하며, 새만금개발공사의 브랜드 이미지를 강화하고, 국민과의 신뢰를 기반으로 사업의 성공적인 추진을 돕는 중요한 역할을 하고 있다.

▲ 새만금개발공사 '수변도시의 신' 숏폼 시리즈

'로맨스 드라마'와 '인스타툰'

콘텐츠로 소통하는 법

새만금개발청의 공감 콘텐츠

새만금개발청은 인스타그램과 유튜브를 적극적으로 활용하여 젊은 세대와의 소통을 강화에 나서고 있다. 특히 인스타툰과 웹드라마 등 트렌디하고 창의적인 콘텐츠를 접목해 대중의 관심을 유도하고 있으며, 공공기관이 전통적으로 다루는 딱딱한 정책 정보 전달을 넘어 정서적 연결을 시도하고 있다.

'첫사랑인만큼':
인스타툰으로 풀어내는 정보

새만금개발청의 인스타툰 시리즈인 〈첫사랑인만큼〉은 젊은 세대를 타깃으로 한 창의적인 콘텐츠다. 이 시리즈는 청춘 남녀의 '첫사랑'이라는 보편적인 소재

▲ 새만금개발청 인스타툰 '첫사랑인만큼'

를 다루면서 독자들의 공감을 이끌어낸다. 민주와 우석이라는 두 주인공의 이야기는 젊은 층이 쉽게 몰입할 수 있는 감성적 스토리라인을 제공하며, 새만금이라는

지역을 자연스럽게 홍보하는 효과를 가져온다. 새만금 지역의 아름다운 풍경과 특징적인 장소를 스토리와 엮어 지역을 자연스럽게 알리는 전략은 창의적이고 효율적인 홍보 방법으로 작용하고 있다. 이는 공공기관의 콘텐츠가 다소 딱딱하고 정보 전달 위주로 흐르기 쉬운 상황에서, 감성적 소통을 통해 청중과의 깊은 정서적 연결을 구축한 사례이다.

'한여름밤의 꿈'
: 스토리텔링을 통한 젊은 세대와의 공감대 형성

유튜브 채널에서도 스토리텔링과 엔터테인먼트 요소를 결합한 시도가 돋보인다. 그 중에서도 〈한여름밤의 꿈〉 시리즈는 로맨스 드라마라는 이례적인 장르를 선택한 콘텐츠로, 젊은 세대의 감성을 자극하며 큰 인기를 끌고 있다. 새만금개발청과 해양경찰의 협업으로 제작된 이 드라마는 새만금을 단순히 개발 현장이 아닌 아름다운 이야기가 펼쳐지는 배경으로 전환시키며, 정서적 유대감을 형성하는 데 효과적이었다. 로맨스 드라마라는 장르는 드라마를 즐겨 보는 젊은 층에게 매력적으로 다가가며, 새만금 지역에 대한 긍정적인 인식을 심어주는 데 중요한 역할을 했다.

새만금개발청의 웹드라마 형식 콘텐츠는 MZ세대가 선호하는 짧고 간결한 콘텐츠를 제공하면서, 공공기관 홍보의 틀을 깨는 혁신적인 시도로 긍정적인 반응을 얻고 있다. 로맨스 드라마라는 형식은 단순히 정보 전달을 넘어, 보편적인 감정인 '사랑'을 통해 젊은 세대와 정서적 공감대를 형성하려는 전략이다. 이러한 콘텐츠 전략은 공공기관 콘텐츠의 새로운 패러다임을 제시하며, 젊은 세대와의 관계 강화와 새만금 개발 사업에 대한 긍정적인 이미지 형성에 중요한 역할을 하고 있다.

▲ 새만금개발청 유튜브 '한여름밤의꿈'

정책과 정보를 한눈에, 쉽게!

전문성과 공공성이 담긴 아동권리보장원의 SNS

아동권리보장원은 보건복지부 산하의 아동 전문 정책·지원 기관으로, 아동의 권리 보호와 아동학대 예방·대응, 위기 아동 지원, 아동정책 연구 및 제도 개선을 담당하는 공공기관이다.

아동권리보장원 SNS는 아동권리의 가치를 함께 나누고 확산하는 소통 창구로, 기관의 활동과 소식을 담은 다양한 콘텐츠와 캠페인, 이벤트 등을 통해 국민 참여와 소통을 확대하는 역할을 한다. 또한 아동정책과 제도를 쉽고 정확하게 전달하는 정보 전달 창구로서 기능하고 있다.

전문 정보를 한눈에, 아동권리보장원 블로그

아동권리보장원 블로그는 2025년 누적 방문자 수 125,176명25년 8월 기준을 기록하며, 아동권리 전문 정보 전달의 중심 허브 역할을 하고 있다.

아동권리보장원 블로그는 크게 세 가지 카테고리로 운영되고 있는 데, 먼저 「아동권리보장원 돋보기」는 기관의 최근 소식과 뉴스를 비롯하여 참여형 이벤트, 서포터스 활동 등 국민과 직접 소통하는 콘텐츠로 운영되고 있다.

▲ 아동권리보장원 공식 블로그 채널 메인 화면

「아동권리보장원 더하기」는 아동 입양, 보호, 권리, 자립 등 아동정책 관련 주제를 심층적으로 다루고 있는데, 국민이 아동권리와 관련 정책을 종합적으로 이해할 수 있도록 체계적인 정보를 제공한다.

「정익중의 아동권리레터 및 정보 나누기」는 원장의 기고문과 전문적 분석을 통해 아동권리 정책의 비전과 방향성을 제시한다. 이를 통해 기관의 전문성과 정책 추진 의지를 국민에게 전달하며, 신뢰도를 높이고 있다. 이와 같이 블로그는 소통·정책·이해·전문성 강화라는 네 축을 균형 있게 운영하고 있으며, 검색 최적화 구조를 기반으로 접근성과 정보 확산 효과를 높이고 있다.

관심을 공감으로 이어주는
블로그 콘텐츠

아동권리보장원은 대중매체 속에서 나타나는 아동학대, 보호, 입양, 긍정양육

드라마 〈폭싹 속았수다〉 속 애순이, 관식이, 부상길, 금명이 이야기로 보는 아동권리

드라마 속 아동문화를 들여다보다

넷플릭스 드라마 〈폭싹 속았수다〉는 종영 이후에도 뜨거운 인기를 자랑하고 있는데요.

▲ 아동권리보장원 블로그 〈미디어 속 아동권리 이야기〉 콘텐츠

등의 주요 이슈를 정책 및 사업과 연결하여 쉽게 풀어내고 있다. 대표적으로 〈미디어 속 아동권리 이야기〉 시리즈는 드라마, 공중파 드라마, 최신 영화 등 다양한 작품을 소재로 삼아 아동의 권리를 다각도로 조명한다. 예를 들어 드라마 속 위탁가정 사례를 통해 국내 가정위탁제도의 필요성을 알리고, 영화 속 학대 장면을 통해 아동보호 체계 강화의 중요성을 짚어내는 등 현실 정책과 문화 콘텐츠를 연결한다. 이러한 방식은 대중의 관심을 자연스럽게 정책 공감으로 이어주며, 아동권리와 인권 문제에 대한 국민의 인식을 넓히는 역할을 하고 있다.

아동 권리를 더 쉽게
아동권리보장원 인스타그램

아동권리보장원 인스타그램은 국민이 복잡한 정책과 제도를 어렵지 않게 이해

할 수 있도록 다양한 시각 자료를 적극 활용하고 있다. '입양체계 공적개편', '아동권리보장원 바로알기'와 같이 전문적이고 다소 낯설게 느껴질 수 있는 정책은 〈QnA 카드뉴스〉와 〈소식 한 컷〉 시리즈로 재구성하여 전달한다. 질문-답변 형식으로 풀어내거나 핵심을 간결하게 요약해 제공함으로써, 국민이 정책의 본질과 의미를 직관적으로 이해할 수 있도록 돕고 있다.

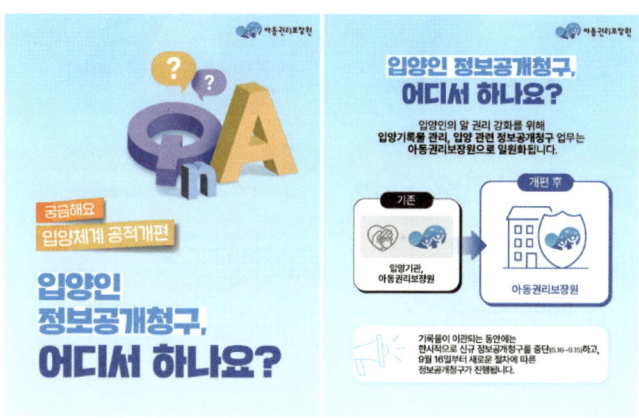

▲ 아동권리보장원 인스타그램 〈입양체계 공적개편〉 시리즈 콘텐츠 일부

카드뉴스와 단일 이미지 중심의 콘텐츠는 시각적으로도 직관적이어서 SNS 환경에 적합하며, 짧은 시간 안에 핵심 메시지를 전달할 수 있는 장점이 있다. 특히 〈궁금해요 입양체계 공적개편 QnA〉 콘텐츠는 정책이나 제도를 요약해 빠르게 소개하는 역할을 하며, 정책 확산과 접근성 제고에 크게 기여하고 있다.

콘텐츠의 중심은
'아동 권리'

아동권리보장원 인스타그램의 모든 콘텐츠는 아동의 권리에 중심을 두고 있다. '국제 행복의 날', '세계 아동노동 반대의 날', '지구의 날'과 같이 사회적 의미가 큰 기념일과 이슈를 적극적으로 연계하여, 국민이 아동권리를 일상 속에서 자연스럽게 인식할 수 있도록 하고 있다. 이 과정에서 해당 날의 의미를 아동의 건 강권, 보호권, 교육권, 참여권 등 구체적인 권리와 연결시켜 다양한 시각에서 조 명한다. 예를 들어 환경 이슈를 다루는 '지구의 날'에는 기후위기와 아동의 건강 권을 연결하여 설명하고, '국제 행복의 날'에는 아동의 학습과 쉼을 주제로 메시 지를 전달한다.

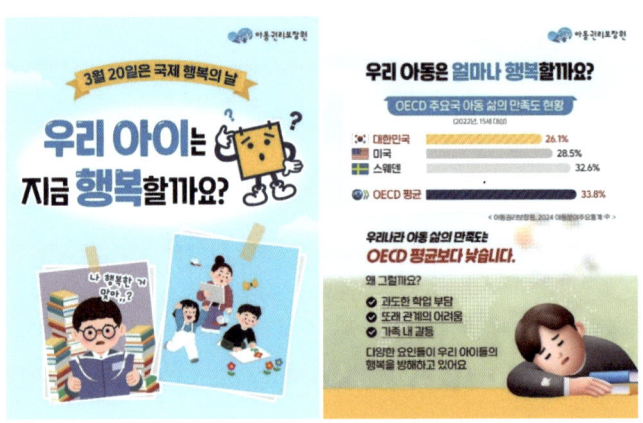

▲ 아동권리보장원 인스타그램 〈국제행복의 날, 우리 아이는 행복할까요?〉 콘텐츠 일부

사회적 담론과 아동권리를 결합한 콘텐츠는 국민이 기념일을 다시 바라보게 하 는 계기가 되며, 아동을 단순한 보호 대상이 아니라 사회 변화를 이끄는 주체로 인식하도록 돕고 있다.

아동권리보장원 SNS는 아동 중심 사회 실현을 위한 정책 전달과 소통 강화를 목표로 일상 속 공감과 참여를 이끄는 공공성·전문성 기반 콘텐츠 전략을 운영 하고 있다. 그리고 아동의 권리가 일상 속에서 자연스럽게 이야기되고 실천되는 문화를 국민과 함께 만들어가기 위해 디지털 기반 소통을 더욱 강화해 나갈 예 정이다.

당신의 '가능성'이고
싶습니다

새로운 브랜드 가치를 위한 인천공항의 SNS캠페인

인천국제공항은 세계를 향한 대한민국의 관문, 아시아 최고의 허브공항, 2001년 개항 이래 세계공항서비스평가ASQ에서 10여 년 연속 1위! 등등 다양한 수식어를 가지고 있는 자타공인 세계 최고의 공항 중 하나이다.

우리나라 사람들에게 인천공항은 하나의 자부심이자 우리 국력 성장의 상징이었다고 해도 과언이 아닐 것이다. 하지만 요즘 들어 전세계적으로 최첨단 대형 공항이 속속 개항하면서 '세계 최고'라는 이미지는 점점 흐릿해지고 있다. 이제 '세계 최고'를 넘어 고객의 마음 속에 깊이 자리잡을 새로운 브랜드 이미지가 필요해진 시점이 온 것이다.

브랜드 이미지 전환을 위한
SNS 캠페인

인천국제공항공사는 스마트 기술과 편리함, 속도 등 이성적 가치에 치중했던 기존 브랜드 이미지를 전환하기 위해 2025년 상반기 '인천공항과 가능성' 캠페인을 시작했다.

캐치프레이즈에서 나타나는 것처럼 이 캠페인은 이용객의 개인적 경험을 기반

"공항이 성장한 만큼 당신의 가능성도 더 커질 테니까"
"지금까지 그리고 앞으로도, 인천공항은 당신의 가능성이고 싶습니다"

으로 한 감성적 접근을 통해 '가능성'이라는 키워드로 공항과 이용객을 연결함으로써, 인천공항 브랜드의 새로운 가치를 제시하고 있다.

'가능성'이라는 추상적 이미지를 효율적으로 고객에게 전달하기 위해 캠페인 구조를 짰다. SNS 캠페인은 ① 스토리텔링을 담은 본편 브랜드 필름을 통해 핵심 메시지를 제시하고, ② 이를 기반으로 참여형 이벤트를 운영하여 대중의 관심과 공감을 확산시키며, ③ 이벤트 영상을 통해 메시지를 재차 강조하고 참여자의 시선을 반영하여 과정을 구현함으로써 공감과 몰입을 심화하고, ④ 실제 참여자의 경험을 쇼츠 영상으로 재구성·공유하는 단계적 체계로 전개되었다.

공감할 수 있는 이야기를 담은
브랜드 필름

브랜드 필름은 "인천국제공항의 성장은 국가 발전뿐만 아니라 개인의 삶과 주변에 크고 작은 혜택을 가져오며 새로운 가능성을 만들어왔다"는 핵심 메시지를 중심으로 기획·제작됐다. 단순한 기능과 역할 전달을 넘어, 실제 사람들의 이야기 속에 브랜드 가치를 녹여내기 위해 보편적 공감을 이끌 수 있는 인물상을 설정했다.

▲ 인천국제공항 SNS 캠페인 영상 콘텐츠

주인공은 20대 초반 대학생, 40대 초반 해외영업팀 팀장, 한국을 방문한 20대 외국인 작곡가로 구성됐다. 각기 다른 배경과 목표를 지닌 이들이 인천국제공항을 매개로 새로운 여정을 시작한다. 이들의 출국 준비 과정은 방황하던 이들이 주체적으로 자신의 길을 찾아가는 변화를 그리며, 탑승을 앞둔 설렘과 도전을 통해 잠재력이 드러나는 순간을 포착한다. 이를 통해 인천공항을 단순한 이동 경로가 아닌, 가능성과 만남의 출발점으로 제시하고 '나의 가능성'과 '공항의 가능성'이 맞닿아 있다는 메시지를 설득력 있게 전달했다.

특히 '새로운 가능성'이라는 키워드를 중심에 두어, 인천국제공항의 브랜드 이미지를 신선하고 젊은 감각의 미래지향적 방향으로 강화했다. 시청자가 인물들의 여정에 감정이입하며 자연스럽게 공항의 긍정적인 이미지를 연상하도록 기획되었다.

실제 고객의 기록을 담은
후속 영상 콘텐츠

대중의 관심과 공감을 확산시키기 위한 본편의 후속 활동으로 여행비를 지원하는 이벤트도 진행했다. 이벤트 당첨자들의 실제 여행기를 기록해 '가능성이 실현되는 과정'을 콘텐츠 시리즈로 제작했다.

특히 브랜드 필름에서 제시한 메시지를 심화하고 이벤트의 의미를 연결하기 위해, 여행의 설렘과 새로운 시작을 담아 인천국제공항이 가능성의 출발점임을 표현한 이벤트 영상을 중간 단계로 제작·공개하기도 했다.

이벤트 영상은 여행이 단순한 이동이 아닌, 새로운 만남과 경험을 통해 삶의 폭

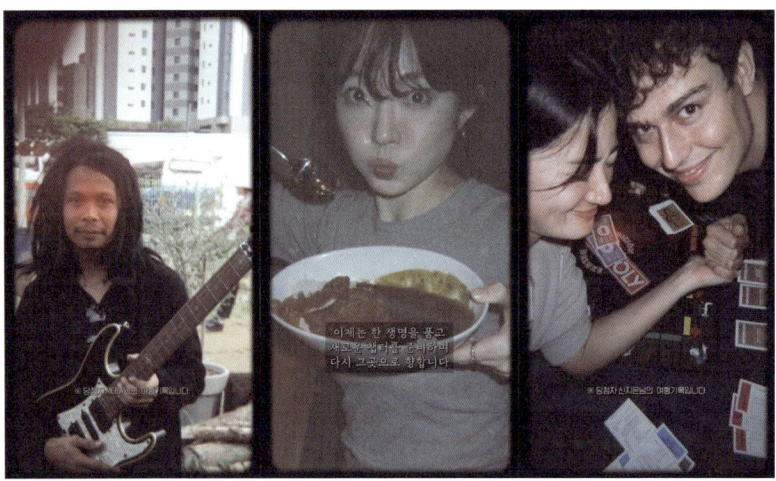

▲ 인천국제공항 SNS 캠페인 후속 쇼츠 영상

과 깊이를 확장하는 의미 있는 여정임을 제시하며, 시청자가 각자의 여정을 통해 미래의 가능성을 스스로 만들어가는 주인공임을 느끼게 했다. 이를 통해 당첨자들의 실제 여행 기록을 담은 후속 쇼츠 시리즈에 대한 기대와 몰입도 강화되었다.

후속 쇼츠는 단순한 후기 영상에 그치지 않고, 캠페인 메시지를 실제 이벤트 당첨자의 여행 경험 속에서 재현함으로써 높은 몰입감과 진정성을 확보했다. 이를 통해 '인천국제공항'과 '가능성' 키워드의 연상 효과를 심화시키고, 캠페인 메시지가 일회성에 머무르지 않고 지속적으로 확산되도록 설계했다.

브랜드 이미지는 물론 단발성 캠페인 몇 번으로 쉽게 바뀌지는 않는다. 일관된 메시지와 꾸준함, 시간, 물량 그리고 다양한 시도와 그 시도에서 나타난 시행착오를 수정해가면서 싸워 나가야 하는 장기전이다. 하지만 새로운 브랜드 가치를 만들기 위한 인천국제공항공사의 시도는 기존 브랜드 이미지의 혁신이 필요한 시점에서 꼭 필요한 도전이다. 향후 계속해서 펼쳐질 인천국제공항공사의 다양한 노력과 과정 그리고 그 성과는 리브랜딩을 원하는 다른 기업기관들이 꼭 관심을 갖고 지켜봐야 할 좋은 참고서가 될 것이다.

독보적 가치와
전문성을 담다

인천공항의 오리지널 콘텐츠

2025년 인천공항 SNS에서 가장 인기 있는 콘텐츠는 무엇이었을까? 그것은 바로 에어부산 제2여객터미널 이전 이슈를 소개하는 '담요 마술 밈' 패러디 쇼츠였다.

▲ 인천국제공항 SNS 에어부산 터미널 이전 담요마술밈 패러디

인천국제공항공사는 에어부산의 제2여객터미널 이전 사안을 대중에게 효과적으로 알리기 위해, 온라인 유행 콘텐츠인 '담요 마술 챌린지'에 착안한 홍보 영

상을 제작 및 배포했다. 동영상은 유튜브(쇼츠), 인스타그램·페이스북(릴스)에서 총 50만 회 이상의 조회수를 기록하였으며, '좋아요', 댓글, 공유 등 5천 건 이상의 누적 상호작용·인게이지먼트을 달성했다. 이 콘텐츠의 특징은 '직원이 직접 출연한 자체제작 콘텐츠 + 인천공항에서만 전할 수 있는 유용한 정보 + 적절한 유행 밈이 잘 어우러져 있다는 점이다.

자신들만이 제공할 수 있는 유용한 정보를 대중 친화적인 방식으로 전달하는 콘텐츠는 성공 가능성이 높은 아이템이다. 인천국제공항공사 SNS 콘텐츠에서 가장 눈에 띄는 점은 전문성을 담은 오리지널 콘텐츠가 많다는 점이다.

직원이 직접 전하는
공항의 숨은 이야기

인천국제공항공사의 영상 콘텐츠 〈대리공항〉은 홍보팀 '대리'가 직접 출연해 인천공항의 시설, 서비스 및 비하인드 스토리를 친근하게 전달하는 웹예능 포맷의 콘텐츠이다. 신규 서비스를 직접 체험해보거나 잘 알려지지 않은 인천국제공

▲ 인천국제공항 공식 유튜브 채널 〈대리공항〉과 〈탐구공항〉 시리즈

항의 공간, 비하인드 스토리 및 전문 지식을 미션 수행 형식으로 흥미롭게 전달하여 재미와 몰입도를 높였다. 최신 트렌드와 밈을 접목해 공공기관 콘텐츠의 경직성을 완화하고 익숙했던 인천공항에 대해 새로운 관심과 궁금증을 유발한다. 영어 자막으로 글로벌 시청층의 접근성을 높였으며, 현장감 있는 연출과 유머로 친근하고 생동감 있는 브랜드 이미지를 구축했다.

또한, 토크쇼 영상 콘텐츠 〈탐구공항〉은 보안검색·기내반입물품, 인천공항의 글로벌 위상과 디지털 대전환, 운항 스케줄 및 지연 이슈 등 공항의 안전, 운영 관련 정보를 다루고 있다. 최근 유튜브에서 전문 정보를 흥미롭게 소비하는 트렌드를 반영해, 각 분야 전문가와 공항 관계자가 직접 출연해 생생한 현장 사례와 인사이트를 전달함으로써 공신력과 몰입도를 동시에 높였다. 여기에 최신 트렌드에 부합하는 밈·챌린지형 쇼츠를 제작하여 젊은 층의 관심과 참여를 유도하고, 공항 콘텐츠의 확산성을 강화했다.

공항만이 보여줄 수 있는 콘텐츠를 중심으로 인천공항은 정보성과 오락성을 겸비한 소통 채널을 구축하고 있다. 다른 곳에서는 찾아볼 수 없는 오리지널 콘텐츠들은 공항 이용 경험에 대한 긍정적 인식을 확대하고, 인천국제공항의 숨은 매력과 가치를 효과적으로 전달하고 있다.

신뢰도 높고
실제 도움이 되는 정보

인천국제공항 SNS는 공항의 공식 채널로서 공신력과 신속성을 갖춘 차별화된 콘텐츠를 운영하기 위해 각 채널 유입 데이터를 기반으로 이용객의 관심사를 분석하여 콘텐츠를 기획·제작하고 있다.

〈기내반입금지물품〉 시리즈 콘텐츠는 계절·유행 물품 등 대중들의 관심사 트렌드를 반영해 헷갈릴 수 있는 물품들의 기내반입 가능 여부를 알기 쉽게 안내하는 콘텐츠이다. 단순 안내를 넘어 계절별로 자주 휴대하는 물품이나 사회적 유

▲ 인천국제공항 블로그 〈기내반입금지물품〉 시리즈

행에 따라 주목받는 물건 등 시의성을 반영해 기내반입 가능 여부를 구체적으로 안내함으로써 이용객에게 실질적인 도움을 제공한다.

공항이 직접 제작하는 만큼 공신력이 보장되었으며, '공항 채널'만의 특수성으로 이용객이 기내반입 관련 정보를 다른 어떤 채널보다 신뢰하고 적극적으로 소비하게 하여, 인천공항의 차별화된 가치를 한층 높였다.

소속원들이 직접 담아낸
생생한 현장

〈ICN 크리에이터〉 콘텐츠도 인천국제공항 임직원이 직접 제작에 참여하는 콘텐츠다. 직원들의 현장감 있는 시선과 목소리는 현장성과 진정성을 동시에 만들어내고 있다.

이 시리즈는 직원들이 근무 현장에서 체득한 경험을 기반으로 인근 숙소·맛집 등 생활 밀착형 정보와 이용객의 체감 경험을 반영한 이야기, 일반적으로 공개되지 않는 임직원의 업무와 일상, 내부 행사까지 폭넓게 담아내고 있다.

특히 촬영과 기획 전반에 실제 현장의 공기와 분위기를 녹여내어, 단순 정보 전달을 넘어 생생한 현장감을 구현했다. 이를 통해 공항을 다각적으로 조명하며 이용객에게 실질적인 정보를 제공하고 친근한 소통을 강화하고 있다. 또한 임직원의 자발적 참여는 신뢰도와 브랜드 이미지를 제고하는 성과로 이어지고 있다. 인천공항은 이외에도 대학생을 중심으로 구성된 SNS 서포터즈 콘텐츠, 연예인 공항 홍보대사, AI와 밈을 활용한 공항 정보 콘텐츠 등 다양한 방법을 통해 자신만의 오리지널 콘텐츠를 구축해 나가고 있다.

▲ 다양한 형태로 가공된 인천공항의 SNS 숏폼 콘텐츠

인천공항은 흥미로운 소재가 풍부한 '국제공항'이라는 이점을 잘 살려 파급력 있는 콘텐츠를 발굴하고 있다. 자신들만이 만들 수 있는 '오리지널 콘텐츠'는 힘이 세다. 인천공항은 가지고 있는 장점을 최대한 활용하며 소재를 흥미로운 콘텐츠 포맷으로 가공해 단순한 정보 전달을 넘어 이용객과의 심리적 거리를 좁히고, 친근하면서도 생동감 있는 공항 브랜드 이미지를 만들어가고 있다.

인식을 전환하는

콘텐츠

조달청의 '한계를 넘는' 캠페인

조달청은 2025년 22년 만에 전면 개편된 '나라장터'에 대한 홍보와 인식 개선을 위해 유튜브 영상을 중심으로 한 온라인 캠페인을 펼쳤다. 이번 캠페인은 '감각적이고 직관적인 영상'을 통해 '보다 빠르고 더 정확하고 안정적으로 운영되는 차세대 나라장터'를 널리 알리고 국민의 이해도를 높이는 데 집중했다.

국가대표 나라장터,
한계를 넘어서

대한민국 올림픽 메달리스트 양궁 김우진, 역도 박혜정, 태권도 이다빈과 함께 협업한 캠페인 영상 콘텐츠 〈대한민국 국가대표, 한계를 넘다〉는 세계 무대에서 활약하는 국가대표 선수들의 '도전'과 '기록 경신' 이미지를 22년 만에 전면 개편되는 '차세대 나라장터'가 '한 단계 더 도약'한다는 의미로 연결시켰다.

영상에서는 대한민국 국가대표 선수들의 끊임없는 도전과 흔들림 없는 열정을 담은 훈련모습과 함께 ▲양궁의 '신속·정확·집중', ▲역도의 '균형·선택·돌파', ▲태권도의 '바름·역동성·K브랜드' 라는 이미지를 '보다 빠르고 더 정확하고 안정적으로 운영되는 차세대 나라장터'의 이미지와 결합했다.

▲ 나라장터 개편 홍보 캠페인 영상 〈대한민국 국가대표, 한계를 넘다〉

영상 공개에 맞춰 대국민 온라인 캠페인 〈#한계를넘다〉도 병행됐다. 이 릴레이 캠페인은 조달청장이 첫 주자로 나서고 박혜정 선수를 포함한 출연진, 조달기업, 일반국민들이 참여하여 자신이 '도전하고 싶은 목표'를 직접 작성해 누리소통망 채널을 통해 공유하는 방식으로 진행됐다.

이 캠페인은 나라장터 개편 홍보 외에도 어려운 여건하에서도 무한한 열정과 끊임없는 혁신을 통한 자신의 한계 극복하는 사람들에 대한 응원과 그리고 민생경제 회복 의지 확산이라는 의미도 담겨있다.

선을 넘는
캠페인 확산 전략

조달청은 영상과 온라인 캠페인과 더불어 가능한 모든 매체를 통해 확산에 나섰다. 홈페이지 배너, 영상 촬영 현장 비하인드 이야기를 담은 블로그 시리즈 콘텐츠, SNS 채널들의 동시 이벤트는 물론 공무원들이 이용하는 '공직자통합메일' 메인에 노출했다.

언론을 통한 온오프라인 광고도 게재했다. 언론진흥재단 공익광고, 인터넷신문 12개사 홈페이지 배너 광고, KTX 차내 광고는 물론 문화일보, 서울신문, 대전역, 대전시청 옥외 전광판 등 빌보드 광고도 병행했다.

▲ 대전시청 외벽 대형 전광판　　　▲ 공직자 통합메일 메인 노출

조달청과 정부 부처가 가진 자산도 최대한 활용했다. KTV 보유 채널을 통한 홍보, 청사관리본부 보유 매체서울 세종 과천 대전 승강장 및 엘리베이터, 모니터 등를 통한 송출, 방통위 협업 보유매체한국방송광고진흥공사 엘리베이터 및 TV모니터, 전국 11개 시청자미디어 센터 TV모니터 송출, 그리고 조달청 지방청 및 시도청 유관기관 보유 홍보매체를 이용해 동시 다발적으로 붐업을 유도했다.

조달청 국가대표
높은 도달율과 긍정적 평가

캠페인 영상 〈대한민국 국가대표, 한계를 넘다〉는 공개 후 짧은 시간 내에 조회수 17만 회, 댓글 648여 개 등의 긍정적인 반응을 이끌어냈고, 언론에서도 주목을 받아 많은 보도를 이끌어냈다.

홍보 노출 직후 나라장터 연관어 조사결과에서는 국가대표, 한계극복, 도약하다, 안정적 등 연관어가 새롭게 등장했다. 영상 콘텐츠를 중심으로 다양한 채널을 활용한 이번 캠페인은 나라장터에 대한 긍정 이미지를 강화하고 인지도를 상승시켰다는 평가를 받고 있다.

이해와 신뢰를
높이는 콘텐츠

축산물품질평가원의 국민 눈높이 콘텐츠

축산물품질평가원은 국민이 매일 접하는 소고기, 돼지고기, 닭고기, 계란 등 다양한 축산물이 안전하고 투명하게 유통될 수 있도록 축산물 이력제, 축산물 등급 판정, 계란등급제 등 핵심 제도를 운영하고 있다.

이러한 제도는 소비자가 고기와 계란을 구매할 때 신선도와 품질, 생산 이력까지 한눈에 확인할 수 있게 해주며, 국민이 안심하고 선택할 수 있도록 돕고 있다. 축산물품질평가원의 SNS 채널들은 제도의 필요성과 중요성을 알리면서도 재미와 공감을 더해, 국민의 신뢰를 높이는 역할을 하고 있다. 축산물품질평가원의 모든 활동은 '국민이 안심하고 먹을 수 있는 축산물'을 보장하기 위한 것이다. 이를 위해 축산물품질평가원의 SNS는 정확한 정보 제공과 적극적인 홍보 콘텐츠를 지속적으로 제작하고 있다.

축산물에 대한
믿음을 이끌어내는 영상 콘텐츠

축산물품질평가원은 국민에게 친근하게 다가가고, 축산물 제도를 알기 쉽게 전달하기 위해 다양한 주제의 영상 콘텐츠 시리즈를 운영하고 있다. 〈우리 농가 인터뷰〉, 〈축산유통 이야기〉 등을 통해 현장의 목소리를 직접 담아내고, 〈알egg고! 믿meat고! 축산물〉, 〈HI-meat, meet 축평원〉 등에서는 제도와 정책을 생활 속에서 이해할 수 있도록 소개하고 있다.

▲ 〈HI-meat, meet 축평원〉 시리즈(좌)와 〈알(egg)고! 믿(meat)고! 축산물〉 시리즈 콘텐츠

또한 〈교육자료〉, 〈스마트축산〉, 〈축산유통포럼〉 같은 전문 콘텐츠를 통해 정책과 산업 흐름을 공유하고, 〈청년 취업정보 JOB아보자〉, 〈젊음: 축평원을 만나다〉 등 청년 맞춤형 시리즈를 운영하며 MZ세대와의 소통도 강화하고 있다. 이 외에도 곤충산업, 워크숍, 대학생 축산유통 경진대회 등 특화 콘텐츠를 통해 축산업 전반의 이슈와 발전 방향을 다각도로 조명하고 있다.

축산물품질평가원 유튜브는 제도 홍보, 현장 소통, 청년 참여, 산업 전망을 아우르는 종합 채널로서, 국민이 쉽고 재미있게 축산물을 이해할 수 있도록 기여하고 있다.

제도부터 레시피까지, 알찬 정보

축산물품질평가원은 카드뉴스 형태의 콘텐츠를 통해 국민이 쉽고 재미있게 축산물 제도와 정책을 이해할 수 있도록 하고 있다. 계란등급제, 축산물이력제, 저탄소 축산물 인증제 등 국민 생활과 밀접한 제도를 알기 쉽게 풀어내고, 소비자

▲ 생활 속에서 활용 가능한 레시피를 전달하는 〈축산식탁 매거진〉

가 직접 참여할 수 있는 퀴즈 이벤트와 캠페인을 통해 흥미를 더하고 있다. 또한 축산물 레시피와 보관법, 계절별 안전한 소비 가이드 등 생활 밀착형 정보를 제공하여 국민의 식탁과 직결되는 실질적인 도움을 주고 있으며, 〈축산식탁 매거진〉과 같은 정기 콘텐츠로 전문성과 신뢰성을 높이고 있다.

웃다 보면
자연스럽게 정보가

축산물품질평가원은 대표 캐릭터 '축평이'를 활용해 MZ세대를 중심으로 공감과 웃음을 주는 밈·유행어 콘텐츠를 운영하고 있다. 소비자들이 친숙하게 즐기

▲ 밈, 유행어를 정보 속에 자연스럽게 녹여낸 인스타그램 콘텐츠

는 유머 코드와 일상 언어를 접목해, 제도·정책과 같은 다소 어려운 내용을 쉽고 재미있게 풀어내고 있다. 특히, 인스타그램 카드뉴스 형식으로 제작된 밈 콘텐츠는 축산물의 신뢰성과 제도적 가치를 자연스럽게 녹여내고 있다.

축평이의 익살스러운 표정과 상황극을 통해 전달되는 메시지는 팔로워들에게 친근감을 주고, 댓글 참여와 공유를 유도하며 활발한 소통을 이끌어내고 있다. 이 콘텐츠들은 축평원이 국민과 한층 가까워질 수 있는 창구로서의 역할을 하고 있다.

숏폼으로
간결하게 담아낸 정보

〈축산물 만물박사zip〉은 축산물품질평가원의 주요 정책과 제도, 축산 현안에 대한 국민 궁금증을 쉽고 재미있게 풀어주는 쇼츠 시리즈이다. 한우, 돼지고기, 닭고기 등 축산물의 등급 판정 기준부터 유통 정보, 축산물 제도의 필요성과 의미까지 알기 쉽게 전달하여 국민의 이해도를 높이고 있다.

특히, 전문적이고 다소 어려울 수 있는 주제를 1분 내외 영상으로 간결하게 설명해 큰 호응을 얻고 있다.

국민이 직접 참여한 정책 홍보 공모전의 우수작도 쇼츠 콘텐츠로 제작하여 소

▲ 쇼츠 콘텐츠 〈축산물 만물박사ZIP〉과 정책 홍보 공모전 우수작 쇼츠

개하고 있다. 참여자들의 창의적인 아이디어를 반영해 축산 정책과 제도의 필요성을 친근하게 전달하며, 국민이 공감할 수 있는 메시지를 담아내고 있다. 이 과정에서 축산물품질평가원은 국민들과의 소통을 강화하고 정책 참여 기회도 확대하고 있다.

축산물품질평가원 SNS 채널은 다양한 참여형 이벤트로 국민들의 참여를 독려하고 있다. 또한 '축산물품질평가원 대표 누리집 만족도 조사 이벤트'를 실시하여 국민의 의견을 수렴하고 정책 개선 방향에 반영하는 소통 창구로 활용한다. 계절 및 시의성 있는 주제와 연계된 다양한 콘텐츠와 이벤트는 국민 참여와 관심을 효과적으로 높이며, 기관의 친근하고 개방적인 이미지를 강화하는 역할을 하고 있다.

관심사를  저격하는 콘텐츠

한국건강증진개발원의 금연길라잡이 블로그

보건복지부 국가금연지원서비스의 일환으로 추진되고 있는 온라인금연지원서비스는 2001년부터 현재까지 금연길라잡이 홈페이지, 모바일앱을 운영하고 있다. 최근 정보 인지 혹은 정보 습득 경로가 소셜미디어에서 비롯되는 경향이 증가함에 따라 기존 웹/앱을 벗어난 새로운 매체 특성을 활용한 적극적인 정보 전달을 위해 한국건강증진개발원은 2018년 금연길라잡이 네이버 블로그 〈금연, 그래 좋아!〉를 신설했다.

유용한 콘텐츠뉴스 등의 정보 수집을 목적으로 하는 네이버 블로그의 사용 빈도는 계속 증가하는 추세이다. 한국건강증진개발원은 폭넓은 연령층을 대상으로 '금연길라잡이' 브랜딩을 강화하고 효과적인 금연 홍보를 수행하기 위해 네이버

블로그 활성화 및 채널 특성에 맞춘 콘텐츠 제작을 통해 국가금연지원서비스 참여를 확대해 나가고 있다.

관심을 집중시키는
콘텐츠 전략

금연길라잡이 블로그는 흡연 관련 건강 및 질병 정보와 담배 관련 사회적 이슈를 다룬 콘텐츠로 국민들의 관심과 공감대를 확대해 나가고 있다. 한국건강증진개발원은 폐암, 만성폐쇄성폐질환COPD, 기흉 등 흡연과 직접적으로 연결되는 질환에 대한 정보를 과학적 근거 및 전문적인 지식을 바탕으로 제공하고 있다.

▲ 흡연 관련 건강 및 질병 콘텐츠

미세먼지, 일사병, 독감, 천식, 피부염 등 계절의 흐름에 따라 흔히 발생하는 질병도 매월 시의성 있는 주제로 선정하여 흡연의 연관성을 다루어 흡연자가 일상적인 환경 및 날씨 변화에 더욱 취약하다는 점을 알기 쉽게 전달하고 있다. 또한 청소년, 임산부, 고도흡연자 등 연령이나 상황별로 맞춤화된 금연 정보를 제공한다. 흡연과 피부의 상관관계를 다룬 콘텐츠키워드 – 흡연 피부는 네이버 검색 인기글 1위로 노출되었고, '임신 중 흡연'을 키워드로 하는 키워드는 인기글 4위로 상단에 노출되었다.

흡연 및 금연과 관련된 사회적 현안과 정책적 흐름도 국민들의 관심이 큰 분야이다. '담배 마케팅', '국립공원 흡연' 관련 콘텐츠도 키워드 검색 인기글 2위에

▲ 담배 관련 사회적 이슈를 다룬 콘텐츠

노출되었다. 개방형 흡연 부스, 금연 구역 확대, 흡연 과태료 부과, 담배 마케팅 등 대중과 밀접하게 연관된 정보와 실제 사례를 카드뉴스 콘텐츠에 담아 담배에 대한 유해성과 금연의 필요성을 효과적으로 전달하고 있다.

공감과 액션을 이끌어내는
핵심 콘텐츠

연령, 상황별로 금연 정보를 제공하는 맞춤 콘텐츠에는 흡연에 관한 과학적 사실과 쉽게 실천할 수 있는 방법 등을 담아 구독자들의 공감과 액션을 이끌어내고 있다.

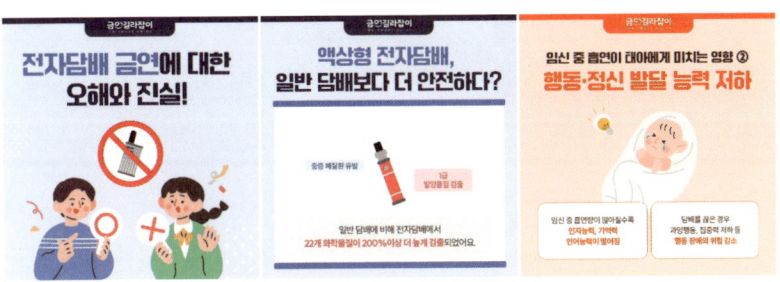

▲ 과학적 사실을 바탕으로 구체적 정보를 정공하는 핵심 콘텐츠들

〈임신 중 흡연 태아에게 이렇게 위험해요!〉는 임신 중 흡연이 태아에게 미칠 수 있는 여러 가지 영향을 살펴보고, 금연 필요성을 느끼고 있지만 실천에 어려움

을 겪는 산모들을 위해 국가금연지원서비스금연길라잡이 온라인 금연프로그램, 금연상담전화를 함께 안내한다.

최근 금연을 목표로 하는 사람들 중에 액상형 전자담배로 바꾸는 경우가 늘고 있다. 〈전자담배 금연에 대한 오해와 진실!〉 콘텐츠는 전자담배로 인한 건강상 위해를 설명해 '전자담배가 궐련에 비해 덜 위험하다'는 인식에 대해 경각심 제고한다.

참여와 재방문을 이끄는
캠페인 이벤트

금연길라잡이 블로그는 국민 참여형 금연 캠페인 이벤트를 분기별로 진행하여 금연 메시지를 흥미롭게 전달할 뿐만 아니라 재미와 보상을 결합하여 금연 실천 의지를 독려하고 있다.

▲ 즐겁게 참여할 수 있는 퀴즈 형식의 이벤트 콘텐츠

5월 31일 세계 금연의 날을 기념해 WHO 주제와 연계한 〈세계 금연의 날 이벤트, 유혹의 범인을 찾아라!〉 이벤트 콘텐츠는 흥미를 유발하는 퀴즈 형식을 도입해 '가향담배'의 유해성을 알리는 형태로 많은 참여를 이끌어냈다. 이 외에도 지속적 이벤트를 개발해 자발적 소통과 재방문율을 높이고, 채널 영향력과 활용도를 높이고 있다.

국민 안전에
진심인 편

한국교통안전공단의 대국민 캠페인

한국교통안전공단은 교통사고 예방과 교통체계의 운영·관리 지원을 통해 안전한 교통환경을 조성하고 교통안전 관리의 효율화를 도모하며 국민의 생명·신체 및 재산을 보호하기 위해 설립되었다. 모든 교통 분야에서 교통사고 없는 행복한 미래를 열어가기 위해 자동차 검사, 자동차 안전시험 및 연구, 교통정보 서비스, 도로·철도·항공 교통안전 관리, 자동차사고 피해가족 지원, 교통안전 체험교육 등 다양한 사업을 추진하고 있다.

국민 안전을 지키는
온·오프라인 통합 캠페인

한국교통안전공단은 2025년 4월, 국토교통부와 함께 '문화역서울284'에서 선

포식을 갖고 온·오프라인에서 〈교통안전 대한민국, 오늘도 무사고〉 대국민 교통안전 캠페인을 전개하고 있다.

〈오늘도 무사고〉 캠페인은 '교통사고 사망자 없는 365일 안전한 대한민국'을 바라는 정부와 국민의 간절한 염원을 담아 탄생했다. 안전에는 조건이 없으며, 국민 모두가 함께 '무조건' 안전수칙을 지켜야 한다는 메시지를 전함으로써, 누구나 이동 시 안전하고 매일 무사히 가족의 품으로 돌아와 일상의 행복을 누릴 수 있는 세상을 만들어가는 데 그 목적이 있다.

▲ 〈오늘도 무사고〉 실천을 위한 6대 핵심 안전 수칙

한국교통안전공단은 '오늘도무사고.kr' 캠페인 사이트를 오픈하고, 이를 중심으로 운전자와 보행자 모두의 시각에서 함께 지켜야 할 교통안전 메시지를 간결하고 직관적으로 전달하는데 힘을 기울였다.

'오늘도 무사고'라는 통합 메시지 아래, 운전자와 보행자가 함께 지켜야 할 6대 안전수칙을 집중 홍보한다. ①과속운전 무조건 금지, ②안전벨트 무조건 착용, ③운행 전 무조건 점검, ④장거리 무조건 휴식, ⑤무단횡단 무조건 금지, ⑥스몸비_{스마트폰+좀비} 무조건 금지 등 국민 누구나 일상에서 쉽게 실천할 수 있는 내용으로 구성되었다.

소셜미디어를 통한 캠페인 전개

한국교통안전공단 인스타그램은 주제별 교통안전 수칙 콘텐츠를 새학기 어린이 보호구역, 봄 행락철, 여름 장마, 가을 졸음운전, 겨울 폭설 등 시의성을 반영

▲ 한국교통안전공단 '안전' 관련 인스타그램, 유튜브 콘텐츠

한 교통안전 이슈와 꼭 지켜야 할 안전수칙을 카드뉴스와 숏폼(1분 이내)으로 제작해 전달했다.

그 외에도 공단 캐릭터 '탠주'를 활용한 교통안전 자체 컷툰을 매월 정기적으로 발행하고, 인스타그램 이용자가 여행 정보를 많이 찾는 특성을 반영해, 여행지 + 안전수칙 콘셉트의 영상 콘텐츠도 매월 발행했다. 또한 〈오늘도 무사고〉 캠페인 홍보를 위해 10만 이상의 채널 팔로우 수를 보유한 인플루언서 작가와 협업, 공동 작업자로 콘텐츠 업로드를 진행해 작가 채널+공단 채널에 동시 홍보하며 확산을 유도했다.

유튜브 채널을 통해서는 땡큐 챌린지, 부가티 챌린지 등 최신 트렌드를 반영한 숏폼을 제작 '무사고 6대 안전수칙'을 재치있게 전해 캠페인에 대한 관심과 참여를 유도했다.

교통 거점을 중심으로 한
오프라인 캠페인

한국교통안전공단은 온라인 소셜미디어 채널은 물론 오프라인 채널도 총 가동하여 캠페인 Boom-Up에 나섰다.

2025년 5월 26일부터 29일까지 나흘간 서울역에서 전개한 〈교통안전 대한민국, 오늘도 무사고〉 현장 캠페인에는 어린이부터 고령자까지 약 1,000여 명이 참여해 '무사고 서약서 작성' 이벤트를 통해 안전수칙 실천을 다짐했다. 또한 무사고 퀴즈, 무사고 네 컷 사진 부스, 룰렛 게임 등 다양한 국민 참여형 프로그램을 운영하며 캠페인 분위기를 더욱 활기차게 만들었다.

▲ 서울역 대합실에서 운영한 〈오늘도 무사고〉 현장 캠페인 부스

이어 7월 16일부터 18일까지 사흘간, 국내외 항공교통의 중심지인 인천국제공항 제1여객터미널 교통센터에서 무사고 캠페인을 진행했다. 항공보안문화 확산을 위해 관계 기관들과 공동으로 주관한 '항공보안주간'에 맞춰 항공보안 안전수칙을 안내하며 국민의 관심과 참여를 높였다. 이 행사에서는 3,200여 명이 무사고 서약서 작성에 참여했다.

참여형 챌린지 및 굿즈 제작

한국교통안전공단은 캠페인 메시지를 전 연령 국민에게 널리 홍보하기 위해 국민들이 참여하는 공모전 형태의 이벤트를 기획했다. 〈오늘도 무사고 숏폼 릴스 챌린지〉는 공단에서 제작한 '무사고송'을 활용하여 교통안전 수칙 실천 영상을 촬영하도록 구성했다. 여기에는 총 159명이 자발적으로 참여하여 캠페인 메시지에 대한 공감대를 넓혔다.

〈오늘도 무사고 나만의 교통안전 이야기 그림 공모전〉은 참여자들이 일상 속 교통안전 실천을 주제로 자유롭게 아이디어를 표현할 수 있도록 기획하였으며, 총 80명이 참여하여 교통안전 인식 제고와 캠페인 메시지 확산에 기여했다.

▲ 참여형 이벤트 및 마스코트 '탠주'를 이용한 굿즈

공단은 맞춤형 굿즈도 제작·배포했다. 인스타그램 '무엇이든 물어보세요' 질문 창구에 매달 캐릭터 굿즈 출시 요청이 이어짐에 따라, 채널 팬들의 의견을 적극 반영해 간단한 다운로드만으로 소유할 수 있는 디지털 굿즈카카오톡 테마와 실물 굿즈캐릭터 키링를 제작했다. 공단은 온·오프라인 이벤트 운영 시 공단 브랜드 아이덴티티를 담은 굿즈를 적극 활용하여 남녀노소 전 연령대 국민에게 인지도를 높이고 있다.

〈오늘도 무사고〉 캠페인에는 교통사고 사망자 수는 꾸준히 감소하고 있으나, 무뎌져 가는 국민들의 교통안전 의식을 다시 환기하고자 하는 바람이 담겨있다. 한국교통안전공단은 앞으로도 계속 캠페인을 확대하며 국민과의 소통을 적극 이어갈 예정이다.

팬덤을 구축하는

스토리텔링

한국마사회 경마방송 KRBC가 내놓은 〈글로벌히트Global Hit〉 영상 콘텐츠 시리즈는 단순한 홍보물이 아니다. '한 마리의 경주마'가 국가대표로 성장해 세계무대에 도전하는 과정을 생생히 기록한, 스포츠 다큐멘터리이자 브랜드 리포지셔닝 프로젝트다.

스토리텔링으로 바꾸는
'인식'

그동안 경마는 대중에게 '배팅의 공간'으로 인식돼 왔다. 한국마사회는 이런 이미지를 개선하고 경마를 '보는 스포츠'로 전환하려 했다. 그 출발점이 바로 '글로

▲ 글로벌히트의 국내 활약을 담은 〈최초의 더비걸 탄생! 김혜선 기수&글로벌히트〉

벌히트'였다. 글로벌히트는 2020년생 국내산마로 2023년 코리안더비와 농림축산식품부장관배에서 우승했고, 2024년 '한국마사회 연도대표마'로 선정된 최고의 인기마이다.

이 시리즈는 말글로벌히트과 기수김혜선의 관계, 해외 원정 준비 과정, 현지 훈련, 출전과 귀국까지의 모든 여정을 브이로그·다큐멘터리·하이라이트 형식으로 풀어냈다. '국가대표마의 해외 도전기'라는 내러티브를 입혀, 팬이 말 한 마리의 서사에 몰입하도록 유도했다.

경마는 스포츠다, K경주마의 세계 도전기

〈글로벌히트〉 시리즈는 현재 20개의 영상이 제작되었는데, 1) 국내 대상경주 및 시즌 하이라이트 → 2) 해외 원정 준비 및 현장기 → 3) 해외 출전·경기 → 4) 귀국 및 평가/회고 등의 흐름으로 전개되었다.

▲ 2025 두바이 〈글로벌히트의 도전〉, 〈풍악을 울려라 글로벌히트&김혜선 나가신다〉

먼저 말과 그 말을 모는 기수에게 포커스를 맞추고, 글로벌히트의 국내 활약 및 대상경주 승리 과정을 공개했다. 그리고 한국을 넘어 세계로 진출하는 K경주마 해외 출정 준비 와 출발 직전 분위기를 담아 팬들의 기대감을 고조시켰다. 그리고 영상 시리즈의 클라이막스인 2025 두바이월드컵 시리즈 영상은 최고 시청률과 함께 다량의 구독자 증가를 불러왔다.

미디어 포맷의
다변화와 팬덤 전략

유튜브 'KRBC'와 '마사회TV' 채널을 중심으로 공개된 영상은 단순 경기 중계를 넘어, 사전 인터뷰·프리뷰 쇼·하이라이트·모아보기 등 다층적 포맷으로 구성됐다. 실시간 중계와 영어 해설을 병행하며 글로벌 팬 접근성도 높였다.

▲ 인터뷰, 프리뷰 콘텐츠와 유튜브 Live 콘텐츠

영상의 감정선은 '기수 김혜선과 글로벌히트의 동행'에 초점을 맞췄다. 이 서사는 팬들에게 '말도 도전하고 성장하는 존재'로 각인시켰고, 댓글에는 "응원하고 싶은 스포츠다", "다음 원정도 기다려진다" 같은 반응이 이어졌다.

시리즈의 대표 영상인 두바이 출정기와 원정 하이라이트는 각각 10만~20만 회 이상의 조회수를 기록하며 마사회 콘텐츠 중 최고 수준의 반응을 얻었다.

▲ KBSN스포츠 '국가대표마 글로벌히트, 한계를 넘다'

특히 방송사 다큐멘터리(KBSN스포츠 '국가대표마 글로벌히트, 한계를 넘다')로 확장되며 경마를 보지 않던 시청자층까지 접점까지 넓혔다. 이는 공공기관형 스포츠 콘텐츠가 팬덤과 브랜드 신뢰를 동시에 확보한 보기 드문 사례다.

'경마=스포츠' 브랜드 이미지의 전환

'글로벌히트' 관련 콘텐츠는 스토리텔링과 웹예능 포맷을 통해 팬덤 형성에 기여했다. 댓글을 분석해 보면 '말'과 '기수'에 대한 인격화된 감정 이입이 두드러졌다. '국가대표', '여성 기수', '도전'이라는 키워드는 팬덤 형성에 긍정적으로 작용했다.

글로벌히트 시리즈의 진짜 성과는 '숫자'보다 '인식'의 변화다. 한국마사회는 이 프로젝트를 통해 경마를 "즐기는 스포츠, 응원하는 스포츠"로 재정의했다. 말과 사람, 경기와 팬이 함께 만드는 감정의 순간을 영상으로 쌓아가며, 브랜드를 '도박 산업'이 아닌 '스포츠 산업'의 주체로 전환했다.

결국 '글로벌히트'는 단순한 콘텐츠가 아니라, 한국마사회가 추구하는 새로운 브랜드 정체성의 상징이다. 말 한 마리의 세계 도전기가, 산업 전체의 인식을 바꾸는 첫 발걸음이 된 셈이다.

유용한 정보
놓치지 않게

한국보건산업진흥원의 소통 전략

한국보건산업진흥원KHIDI은 바이오헬스 산업을 육성하여 국민 건강 증진과 국가 경제 발전에 기여하는 보건복지부 산하의 산업진흥 전문기관이다. 구체적으로 한국보건산업진흥원이 하는 일은 바이오헬스 혁신성장 인프라 강화, 바이오헬스 연구성과 창출, 바이오헬스 수출경쟁력 제고 등이다. 한국보건산업진흥원 SNS 채널들은 바이오헬스 기업·연구자·의료기관 실무자는 물론 일반 국민들을 대상으로 바이오헬스 산업의 가치와 기관의 역할을 친근하게 전달하고 있다.

시청자 친화적
영상 콘텐츠

한국보건산업진흥원의 유튜브 콘텐츠는 보다 친근한 기관의 이미지를 구축하는데 중점이 맞추어져 있다. 바이오헬스의 가능성을 현실로 바꾸기 위해 연구실, 사무실, 세계 시장에서 땀 흘리고 있는 숨은 영웅들을 응원하는 〈폭싹 속암수다〉 영상 콘텐츠는 2025년 전국민의 마음을 움직였던 인기 드라마 '폭싹 속았수다'를 패러디하여 메시지의 공감도를 높였다. 국민과의 거리를 좁히기 위한 직원들의 참여도 눈에 띈다. 〈건강강국 톡파원〉은 KHIDI 직원들이 직접 출연

▲ 바이오헬스의 숨은 영웅들을 소개하는 〈폭싹 속암수다〉와 직원 참여 콘텐츠 〈건강강국 톡파원〉

하는 영상 시리즈 콘텐츠이다. 리얼 브이로그! 워킹맘부터 취미부자, 맛잘알, 서울 사무실 기자까지 다양한 콘셉트로 국민들에게 친근하게 다가선다.

▲ 지식정보 콘텐츠 〈한국형 ARPA-H 프로젝트〉와 〈KHIDI TUBE〉 쇼츠 시리즈

한국보건산업진흥원 고유의 지식정보도 친근한 콘셉트로 가공되어 제공된다. 〈한국형 ARPA-H 프로젝트〉는 고위험 바이오 연구에 도전하는 프로젝트를 국민이 이해할 수 있도록 소개해 KHIDI의 공공성과 신뢰를 전하고 있으며, 국민, 기업, 직원에게 직접 찾아가 건강과 바이오헬스 산업에 대해 궁금한 걸 묻고 솔직한 이야기를 재미있게 풀어내는 〈KHIDI TUBE〉 시리즈는 숏폼으로 구성해 접근성을 높였다.

친근하게
정보를 전달하는 인스타그램

한국보건산업진흥원의 인스타그램은 감각적이고 감성적인 이미지 중심의 콘텐츠로 친근한 브랜드 이미지를 형성하고 있다. 기관의 공식 캐릭터인 '키디 프렌즈'에 디지털 밈 화법을 입힌 〈키디프렌즈랜드〉는 KHIDI의 역할과 사업을 누구나 공감할 수 있게 풀어내고 있다. 건강과 웃음을 담은 '행운 카드'로 국민의 건강과 일상을 응원하는 〈건강응원단〉도 좋은 반응을 얻고 있다.

▲ 좌측부터 〈키디프렌즈랜드〉, 〈건강응원단〉, 〈이달의 KHIDI PICK!〉

또한 바이오헬스 산업의 트렌드부터 정책 변화, 주요 이슈까지, 매달 발간되는 연구보고서와 최신 동향을 한눈에 정리한 〈이달의 KHIDI PICK!〉은 지금 꼭 알아야 할 정보를 간결하게 전달한다.

한 줄 더 깊이 있게, 블로그

바이오헬스 산업 동향, 정책 등을 전달하는 블로그는 깊이 있는 전문 정보 제공을 통해 산업에 대한 이해도를 높이고 있다.
바이오헬스 산업 보고서의 핵심 내용을 누구나 빠르게 이해할 수 있도록, 꼭 필요한 정보만 골라 전하는 〈KHIDI 신간〉과 바이오헬스 산업과 관련된 정책을 연구하고 인사이트를 도출하는 〈바이오헬스정책CARE〉는 국민과 산업 기관 모두가 정책의 방향을 쉽게 이해할 수 있도록 도움을 준다.

▲ 좌측부터 〈KHIDI 신간〉, 〈바이오헬스정책CARE〉, 〈KHIDI-ON〉 콘텐츠

〈KHIDI-ON〉은 KHIDI가 무슨 일을 하는지, 바이오헬스 산업이 어떻게 바뀌고 있는지 국민에게 쉽게 알려주고, 〈바이오헬스 완정정복!〉은 키디프렌즈가 국민에게 이해하기 어려운 바이오헬스 용어를 쉽고 재미있게 설명하여 국민의 바이오헬스 산업에 대한 이해도를 향상시킨다.

국민의 목소리를 경청하는 기관
KHIDI의 소통 방식

한국보건산업진흥원은 바이오헬스 산업 종사자들이 유용한 정보를 놓치지 않도록 댓글 상시 모니터링을 통해 국민 반응에 귀 기울이고 있다. 모니터링은 전체 SNS 채널 모두를 대상으로 진행하고 있으며, 질문에 대한 답변뿐 아니라 공감의 메시지로 이용자들과의 유대감을 다지고 있다. 한국보건산업진흥원은 단순한 전달이 아닌, 실시간 대화로 항상 국민과 연결해 친절한 기관, 소통하는 기관으로서의 이미지를 구축하고 있다.

소비자 니즈를 통한
콘텐츠 발굴

한국보육진흥원의 수요자 중심 콘텐츠

한국보육진흥원은 교육부 산하 공공기관으로, 영유아의 건강하고 행복한 성장 발달을 목표로 보육서비스의 질 향상을 도모하고, 보육정책을 체계적으로 지원하고 있다. 한국보육진흥원은 보육·양육 전반에 대한 정책과 제도, 그리고 수요자의 니즈를 기반으로 체감형 정보 제공을 위해 다양한 소셜미디어 채널을 운영하며 소통을 확대하고 있다.

수요자 중심의 채널 운영

타깃	보육교직원	예비 부모 및 양육자	대국민
타깃별 슬로건	"내일을 키우는 당신을 응원합니다"	"우리 아이의 내일, 함께 키웁니다"	"대한민국의 내일, 함께 생각합니다"
내용	보육교직원이 현장에서 자긍심을 가지고 보육할 수 있도록 정책·제도 변화, 보육교직원 역량강화를 위한 정보 적시에 제공	양육 과정에서 필요한 건강·안전, 발달 지원 정보, 부모교육 등 정보 제공	보육·양육의 공공적 가치와 사회적 의미를 국민이 함께 공감할 수 있도록 기관 동정, 보육·양육 등 다양한 정보 제공
효과	보육교직원 자긍심 고취 및 정보 접근 편의 제공	부모 대상 신뢰도 향상 및 기관 인지도 제고	보육·양육에 대한 긍정적 인식 확산 및 저출산 문제에 대한 관심 유도

한국보육진흥원은 2025년 슬로건 "대한민국의 내일을 키웁니다"를 중심 가치로 삼아, 주요 수요자를 세분화하고 맞춤형 소통 전략을 추진했다. 이를 통해 단순한 정보 제공을 넘어, 대상별 특성과 필요에 부합하는 공감형 메시지를 전달하며 공공기관 소통의 새로운 모범을 제시하였다.

수요자 니즈 파악을 통한
집중 대상, 필요정보 발굴

한국보육진흥원은 2023년부터 매년 상하반기 SNS 만족도 조사를 진행해 국민의 니즈를 파악하고, 홍보 채널의 다양한 부분을 개선하기 위해 노력하고 있다.

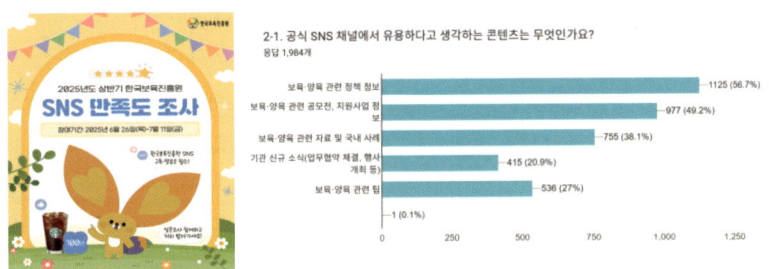

▲ 2025년 SNS 만족도 조사 결과

만족도 조사 결과, 91.7%의 이용자가 20~40대의 나이였으며, 보육·양육 관련 정책 정보에 관심이 있다는 것을 파악됐다. 또한 채널 중에는 인스타그램을 이용하는 비율이 56.9%로 가장 높아 이를 채널 운영에 반영하고 있다.

보육교직원의
니즈를 반영한 콘텐츠

보육교직원을 대상으로는 정책 정보를 전달하고, 심리정서 지원 프로그램을 소개함으로써 업무 이해도를 높이고 정서적 공감대 형성하고 있다.

▲ 보육교직원을 위한 맞춤 콘텐츠

대표적으로 〈보육교직원 번아웃, 슬기롭게 이겨내는 방법〉 콘텐츠는 현장의 어려움을 함께 공감하고, 〈어린이집 평가제 1주년 기념 이벤트〉는 정책 참여에 대한 자긍심을 고취하는 내용으로 발행되었다.

스승의 날을 맞아 진행한 댓글 이벤트 및 감사 메시지 영상 콘텐츠는 9,560회의 조회수를 기록하며, 인스타그램 릴스 중 높은 순위에 속하는 콘텐츠로 주목받았다.

예비 부모 및 양육자를 위한
공감형 콘텐츠

▲ 양육자를 위한 공감형 콘텐츠

한국보육진흥원은 예비부모 및 양육자의 일상적인 고민과 관심사에 기반한 공감형 콘텐츠 제작 필요성을 파악하고, 신뢰성 있는 정보를 기획해 소통하고 있다. 〈편식하는 우리 아이, 올바른 지도법〉, 〈아빠육아 지원제도〉 등과 같이 현실적인 주제를 담은 카드뉴스는 부모들의 높은 공감을 이끌어냈다.

〈어린이날 맞이 우리집 놀이법 공유 이벤트〉는 1,029명이 참여하는 등 양육에 대한 고민을 나눌 수 있는 창구가 되었고, "양육지원 정책 아이디어 공모전"을 통해 직접 참여할 수 있는 기회를 제공했다.

국민을 대상으로 하는 보육·양육정책 콘텐츠

한국보육진흥원은 〈대한민국의 내일을 키웁니다〉라는 슬로건을 가지고, 5월 가정의 달을 맞아 대국민 대상 캠페인을 실시했다.

이 캠페인은 부모, 보육교직원, 아이와 함께한 국민 모두가 참여할 수 있는 캠페인으로 #부모의 마음, #보육교사의 마음, #이모의 마음 등 다양한 해시태그를 연계해 보육·양육에 대한 긍정적 이미지를 확산했다. 그 결과, 134,721회라는 높은 조회수를 기록했다.

▲ 〈대한민국의 내일을 키웁니다〉 캠페인

문턱을 낮추는 시청자 친화적 콘텐츠

한국보육진흥원은 국민과의 공감대 형성을 더욱 강화하기 위해 인플루언서가 출연하는 영상 콘텐츠를 기획했다. 콘텐츠에서는 펜싱선수인 김준호가 보육교사로 직접 현장을 체험했다. 두 아들을 키우는 아빠의 시각에서 보여준 진정성은 부모들의 마음을 움직여 공감을 자아냈다.

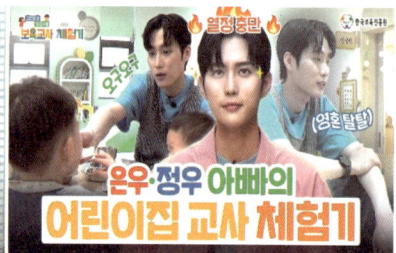

▲ 펜싱선수 김준호의 〈보육교사 체험기〉 영상 콘텐츠

또한 아들 또래의 아이들을 함께 돌보며 보육교사의 전문성과 역할을 전달하고, 한국보육진흥원이 추진·지원하는 사업에 대해서도 자연스럽게 안내한다. 해당 영상은 업로드 1개월만에 약 15만 회의 조회수를 기록하며 국민으로부터 긍정적인 반응을 받았다.

한국보육진흥원은 다양한 분야로 소통채널을 늘려나가고 있다. 2024년 국민홍보단의 첫 운영을 통해 국민들이 직접 참여하여 소통할 수 있는 채널을 구축하였고, 2025년에는 활동 범위와 인원을 늘려 더 적극적으로 소통하고자 노력하고 있다. 또한, 부모 중심의 소통채널로 '부모 소통 위원회'를 신설하여 육아를 하면서 직접 겪는 고민, 진흥원 사업 정보 공유 및 개선점 등 부모들과의 소통을 확대하고 있다.

본업에 충실한

$\rightarrow$

콘텐츠

한국산업기술시험원의 SNS 운영

한국산업기술시험원KTL은 국내 유일 공공 종합시험인증기관으로 SNS 채널을 통해 본업業에 기반한 역할, 사업소개 등을 소개함으로써 국가 정책과 미래산업에 대한 대국민 소통과 이해도 제고에 노력하고 있다. 또한 최신 기술 트렌드와 소식 등 유익하고 흥미로운 내용으로 구성된 콘텐츠로 국민과 적극적으로 양방향 미디어 소통을 하고 있다.

명확한 콘셉트로
운영되는 블로그

한국산업기술시험원의 블로그는 콘텐츠를 '기관뉴스, 사업소개, 상식' 3가지 컨

▲ 왼쪽부터 〈오늘의뉴스~ 탁〉, 〈우리 사업을~ 확〉, 〈상식이~ 착〉

섭으로 정리해 구독자들이 필요한 정보를 쉽고 빠르게 찾을 수 있도록 했다.
〈오늘의뉴스~ 탁〉은 KTL이 수행하고 있는 다양한 시험인증 분야와 연계해 미래산업, 기술 동향 등과 기관의 각종 행사, 사회공헌 활동 등을 소개한다. 〈우리 사업을~ 확〉은 드론, 로봇, 자율주행 로봇, 전기차 등 다양한 사업에 대한 궁금 증을 소재로 누구나 관심을 가질 사업에 대한 정보를 담고 있다. 〈상식이~ 착〉은 직접적인 기관 사업과 화제가 되고 있는 다양한 산업관련 상식 콘텐츠로 접근 성을 향상시키고 있다.

활발한 소통이 이루어지는 페이스북

페이스북은 이미지 위주의 카드뉴스 제공, 이벤트를 통한 양방향 소통, 정부정 책 공유 등으로 활발하게 소통하고 있다.

▲ 한국산업기술시험원의 페이스북 콘텐츠

모든 보도자료를 재밌고 쉽게 읽을 수 있도록 카드뉴스를 별도 제작하여 업로 드하고 있고 다양한 참여 중심의 이벤트를 통해 직접 댓글을 달고, 게시물을 공 유하는 양방향 소통을 활성화하고 있다.
또한 산업통상자원부, 과학기술정보통신부 등 정부에서 제작하는 카드뉴스를 적극 공유해 국민들에게 필요한 국가 정책, 안전 및 생활정보를 알리고 있다.

부캐스타그램,
더 친근하게 다가가는 정보

한국산업기술시험원의 인스타그램은 기관의 부캐 마스코트 '클리버'가 운영하는 SNS 채널 컨셉으로 시험인증, 과학 상식 등 다양한 정보를 콘텐츠에 담아 제공하고 있다. K-직장인 공감 짤, 밈, 과학상식 등 다채로운 콘텐츠는 의인화된 캐릭터 클리버를 통해 더 친근하게 국민들에게 다가간다.

▲ 왼쪽부터 〈캐릭터 밈〉, 〈과학상식〉, 웹툰 〈하루살이의 KTL 출근일기〉

또한 웹툰 작가와 협업한 인스타툰은 가상의 신입 및 선배사원들의 이야기로 세대별 공감을 이끌어내고 있다.

정보에 재미를 더한
유튜브 채널

유튜브는 예능 컨셉 영상, 유튜버 협업 영상, AI활용 영상, 다큐형식 영상 등 다

▲ 〈기실맨〉 시즌2와 숏폼 시리즈 〈테크하이〉, 〈과학상식〉

양한 제작 포맷과 긴 영상부터 숏폼까지 다양한 길이의 영상을 모두 활용한다. 대표 콘텐츠인 〈기실맨〉 시리즈는 기실맨한국산업기술시험원 일일 실습생 콘셉트로 인플루언서를 섭외해 기관에서 운영하는 다양한 시험 과정을 영상에 생생히 담아 국민 궁금증을 해소시켜 주고 있다. 2024년 시작된 이 시리즈는 시청자들의 호응에 힘입어 2025년 시즌 2를 발행했다.

웹진, 뉴스레터, 검색광고를 통한 소통 활성화

한국산업기술시험원은 기관 고유 시험인증 기술 가치를 대내외 확산하는 홍보 도구로 사내 및 사외 콘텐츠를 믹스한 혼합보 형식의 웹진을 지속적으로 발간하고 있다. 대내외적으로 열린 소통의 장이라는 특장에 맞춰 인플루언서 인터뷰, 주요 사업부서 인터뷰, 고객기업 취재, 직원 참여 활동 취재 등 구독자들이 즐길 수 있는 다양한 주제들을 쉽고 가독성 높게 전달하고 있다.

한국산업기술시험원은 내부소통에도 적극적이다. 격월 단위로 발간하던 사내 뉴스레터를 직원 수요에 맞춰 매월 발행으로 변경하고, 칭찬릴레이 캠페인, 직원 참여 굿즈 제작 등 지역과 부서에 구애받지 않는 다양한 콘텐츠로 긍정적 조직문화 형성에 힘쓰고 있다.

이외에도 한국산업기술시험원은 기관 브랜드 검색광고를 통해 소통채널 접근성을 끌어올리고 있다. 기관명을 포함한 유사 키워드 검색만으로도 포털사이트(네이버) 내 기관 대표 홈페이지, SNS채널, 웹진 등 다양한 소통채널이 노출되고 있다.

타깃이 반응하는
실질적 정보

한국산업인력공단의 오리지널 콘텐츠

한국산업인력공단은 국가 인적자원의 효율적 개발 및 활용을 통해 국가 경쟁력 강화하기 위해 설립된 고용노동부 산하 준정부기관(공공기관)이다. 국가기술자격 관리, 직업능력개발, 국제 협력, 고용 및 인력 수급 지원 등의 역할을 담당하고 있다.

한국산업인력공단 SNS 채널은 ① 현장성과 전문성을 바탕으로 한 정보 전달, ② 감성과 실용 정보의 결합으로 국민 공감대 형성, ③ 채널 간 연계로 다양한 세대를 어우를 수 있는 콘텐츠 제공이라는 세 가지 핵심 전략을 바탕으로 운영되고 있다.

어떤 일을 하는 곳이지?
궁금증을 호감으로

한국산업인력공단은 MZ세대와의 접점을 확대하고 기관 친밀도를 높이기 위해 공단의 역할과 사업 내용을 자연스럽게 알리는 콘텐츠를 기획했다.

인기 크리에이터 채널 '레이지래빗'과 협업해 제작한 〈초긴장한 면접자가 실제 직원에게 말을 건다면?〉 콘텐츠는 사회실험 카메라로, 실제 면접 상황을 재현하면서 공단 직원과의 자연스러운 대화를 통해 직무, 조직 문화를 유쾌하게 전달한다. 공단 직원들이 긴장한 면접자에게 자신의 경험을 들려주고 긴장을 풀 수 있도록 도와주는 모습은 일자리 지원 전문기관인 공단의 역할을 잘 드러내고 있다.

▲ 공단의 역할과 사업 내용을 자연스럽게 알리는 영상 콘텐츠

예능형 리얼 토크 〈한국산업인력공단 신규직원 인터뷰〉도 취업 준비를 하는 청년층의 큰 관심을 받았다. 신입 직원 4인이 출연해 취업 준비부터 합격 꿀팁, 공단에 대한 솔직한 리뷰를 들려준다. 예능형 리얼 토크 형식을 도입한 이 콘텐츠는 청년층 시청자들이 공감하고 웃으며 공단의 역할과 분위기를 이해하는데 큰 도움을 주었다.

이 자격증 따면
임금은 얼마나 받을까?

공단 주요 사업인 자격증 관련 내용을 주제로 한 릴스도 시청자들의 관심과 반응을 도출해내고 있다. 주목받는 자격증, 자격증과 연계한 직종 및 임금 분석 등의 내용은 공단만이 보여줄 수 있는 오리지널 콘텐츠이다. 자격증 관련 콘텐츠는 주목도가 높아 〈자격시험 현장 밀착 취재〉 릴스 영상 같은 실질 정보가 담긴 콘텐츠는 조회수 11만 회를 넘어서고 있다.

실용성 있는 전문 정보를 담은 콘텐츠는 월간 사보 및 웹진 등 다른 플랫폼으로

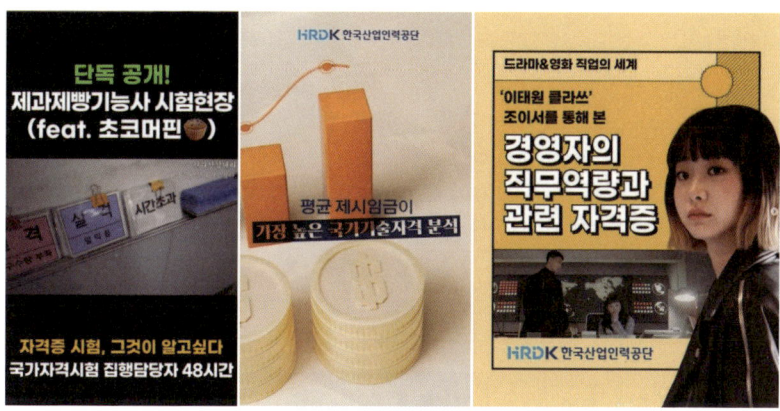

▲ 자격증과 시험에 관련된 내용을 담은 인스타그램 콘텐츠

의 확장, 연계해 다양한 독자들에게 전달된다. 〈최고인터뷰 & 멘토링〉는 현직 기능인, 전문가의 경험담과 조언을 전하는 인터뷰형 콘텐츠로, 직업선택과 경력 개발에 실질적인 도움을 제공한다.

〈요즘 난리난 자격증〉 시리즈는 자격 취득자의 임금·취업 현황, 직무 트렌드 등 국민이 궁금해하는 데이터를 한눈에 이해할 수 있는 인포그래픽 카드뉴스로 제작돼 제공된다.

한국산업인력공단은 2025년 상반기 자체 만족도조사를 통해, 공단 인지 경로 1위가 SNS63%인 것을 확인했다. 한국산업인력공단은 기관 인지도 확산의 핵심 창구인 SNS 채널을 더욱 강화해 나가기 위해 정확한 정보제공, 친근감, 감성을 모두 아우르는 다양한 콘텐츠를 개발하기 위해 노력하고 있다. 특히 채널별로 타깃을 분리해 MZ세대인스타그램부터 중장년층페이스북까지 폭넓은 공감대를 형성 하고 있으며, SNS 콘텐츠의 60%를 월간 사보 및 웹진 콘텐츠와 연계해 시너지 효과를 내고 있다.

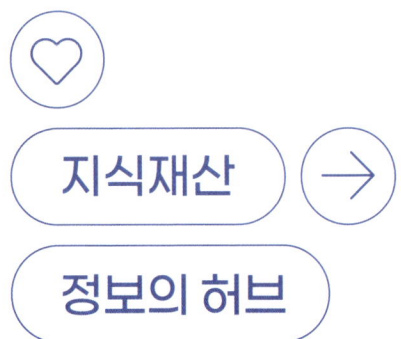

지식재산 →

정보의 허브

한국지식재산보호원의 채널별 콘텐츠

한국지식재산보호원은 SNS를 통해 최근 글로벌로 영향력을 펼치고 있는 K-브랜드의 산업재산권특허, 디자인, 상표을 보호하기 위한 홍보 활동을 추진하고 있다. 국내뿐만 아니라 해외까지 영향력이 커지고 있는 우리 기업의 지식재산을 지키기 위한 노력의 일환으로, 위조상품 문제, 지식재산 보호 방안, 한국형 증거개시제도 등 다양한 법제도 및 지식재산 관련 정보를 국민 대상으로 알리고 있다.

관련 정보를
쉽게 풀어내는 블로그

한국지식재산보호원 블로그는 일반 대중에게 다소 낯선 지식재산 보호 관련 정보를 쉽게 전달하는 소통 창구이다. 지재권 침해 예방과 보호 제도, 국내외 이슈, 보호원의 주요 사업 성과 등을 다양한 콘텐츠로 소개하며 지식재산 보호의 중요성을 알리고 있다.

지식재산 이슈를 쉽게 전달하는 〈IP톡! 한입뉴스〉는 지식재산 보호 교육·캠페인, 관련 세미나, 알아두면 좋은 제도 변경, 정책 이슈 등을 간결하게 전하며 지식재산 정보를 한눈에 이해할 수 있도록 돕고 있다.

▲ 지식재산 이슈를 쉽고 간결하게 전달하는 〈IP톡! 한입뉴스〉

〈IP 인! 창작자 인터뷰〉 코너는 특허권, 디자인권, 상표권 등을 보유한 창작자들의 생생한 이야기를 전하는 콘텐츠다. 브랜드를 만들고, 아이디어를 현실로 구현해낸 이들의 경험과 지식재산 보호 노하우를 인터뷰 형식으로 담아 진정성 있게 전달해 시청자들의 많은 관심을 받고 있다.

서포터즈가 직접 기획, 제작하여 지식재산의 의미와 권리의 가치를 알리는 〈IP 서폿! 서포터즈〉도 긍정적인 반응을 얻고 있다. IP서폿! 서포터즈는 2025년 7월

▲ 창작자들의 생생한 이야기를 전하는 〈IP 인! 창작자 인터뷰〉

▲ 대중과의 공감 소통을 이끌어내는 〈IP서폿! 서포터즈〉

1기 15명을 선발해 다양한 지식재산 이슈를 쉽고 흥미롭게 풀어낸 콘텐츠를 선보이고 있다. 한국지식재산보호원의 블로그 채널은 지속적, 정기적으로 콘텐츠를 발행하며 꾸준히 성장 중이다. 누적 방문자 수는 700만 명을 넘었으며, 지식재산 보호의 필요성과 가치를 알리는 대표적인 온라인 채널로 자리잡고 있다.

국민과의
거리감을 줄이는 인스타그램

한국지식재산보호원 인스타그램은 어려운 내용은 웹툰이나 카드뉴스 등으로 풀어내어 대중과의 거리감을 줄이고 있다. 매월 퀴즈, 댓글 참여 등 참여형 이벤트를 통해 지식재산 개념과 사례를 흥미롭고 직관적으로 전달하고 있다. 또한 블로그 콘텐츠도 플랫폼에 맞춰 카드뉴스나 릴스 형태로 재구성하고 있다.

▲ 한국지식재산보호원 인스타그램의 카드뉴스와 릴스 콘텐츠

쇼츠 중심으로
더 트렌디하게, 유튜브

한국지식재산보호원 유튜브 채널은 MZ세대의 소통을 위해 쇼츠를 적극 활용

▲ 한국지식재산보호원 유튜브 채널의 쇼츠 콘텐츠

하고 있다. 위조상품 캠페인 영상, 실제 창작자들이 자신만의 IP를 완성해 나가는 스토리 등이 담긴 숏폼 콘텐츠는 사용자들의 호응을 얻고 있다. 그리고 이외에도, 실제 지식재산 침해에 대한 분쟁 대응 사례나, 위조상품 문제의 실태 등, 어려운 주제들을 설명하고, 지식재산 보호 법제도를 소개하는 롱폼 영상도 꾸준히 게시하고 있다.

내 생활을 스마트하게
만들어주는 정보

한국핀테크지원센터의 블로그 콘텐츠

한국핀테크지원센터는 혁신적 금융서비스와 핀테크 산업 성장을 지원하는 글로벌 핀테크 허브로서 SNS를 핵심 커뮤니케이션 채널로 삼아 일반 대중들에게 금융혁신정책, 핀테크 주요 사항, 금융혁신 및 포용에 관한 주요 사안을 친숙하게 홍보하여 핀테크에 대한 대국민의 관심도를 제고하고 있다. 한국핀테크지원센터는 현재 네이버 블로그, 유튜브, 페이스북, 인스타그램을 운영하고 있으며 각 계정에서는 일반 대중들에게 주요사업에 대한 효과적인 전달, 공감대 형성을 위해 소비자 눈높이의 다양한 홍보매체와 기법을 활용하고 있다.

알고 보면 이미
우리 생활 속에 있어요

한국핀테크지원센터 블로그는 핀테크의 모든 것이 담겨있는 핵심 소통 채널이다. 한국핀테크지원센터는 아직은 일반 대중들에게 어렵게 느껴지는 '핀테크'를 쉽고 편하게 느낄 수 있도록 하는 콘텐츠 개발에 중점을 두고 있다. 또한 핀테크 비즈니스 생태계에 참여하는 다양한 기업들의 서비스를 소개해 금융소비자와 핀테크 관련 기업 양쪽이 서로 필요한 정보를 얻어갈 수 있도록 콘텐츠를 발

▲ 생활 속에서 만날 수 있는 핀테크 서비스를 소개하는 〈이것도 핀테크?〉, 〈핀스틸러〉

굴하여 제공하고 있다.

기술 진화에 따라 새롭게 탄생하는 핀테크 서비스 분야를 소개하는 〈이것도 핀테크?〉는 우리 일상생활에 가까이 있지만 핀테크라고 인지하지 못하는 것들에 대한 정보이다. 금융은 물론 일상 편의 영역까지 확장된 핀테크 서비스를 폭넓게 다루고 있으며, 국내외 핀테크 기반 기술이 어떻게 활용되고 있는지 함께 소개한다. 어려울 수 있는 개념들도 일상적인 맥락 속에서 풀어내어 소비자들의 금융 생활에 실질적인 도움을 주고 있다. 〈핀스틸러〉는 미디어를 통해 볼 수 있는 핀테크를 모티브로 핀테크 기반 기술을 소개하는 콘텐츠다. 복잡하다고 느낄 수 있는 기술개념을 친숙한 미디어 사례를 통해 설명함으로써 이해도를 높이고 있다. 또한 카드뉴스 콘텐츠 시리즈들은 숏폼 영상으로 제작하여 블로그뿐만 아니라 유튜브, 인스타그램, 페이스북 등 다양한 채널에서 공유될 수 있도록 하고 있다.

소비자도 기업도
상생하는 콘텐츠

〈핀테크가 궁금해설〉은 금융규제 샌드박스에서 제공하는 다양한 지원 제도들을 채팅 형식으로 묻고 답하는 콘텐츠이다. 핀테크 산업에 새로운 비즈니스의

▲ 〈핀테크가 궁금해설〉과 〈한국핀테크지원센터 × 경제판다〉 인스타툰 콘텐츠

기회를 얻고자 하는 창업준비자들부터 신규 스타트업들에게 주요 정보를 제공하는 유용한 창의 역할을 하고 있다. 복잡한 제도나 절차도 구체적인 사례와 함께 소개되어 초기 창업자들이 겪는 시행착오를 줄이는 데 도움을 주고 있으며, 핀테크 분야 진출을 고민하는 이들에게 실질적인 가이드라인을 제공하여 현장의 궁금증을 해소하는 역할을 하고 있다.

〈한국핀테크지원센터X경제판다〉 인스타툰 시리즈는 얼어붙은 취업시장에서 일자리 매칭존 100% 활용법을 소개해 큰 호응을 얻었다. 팔로워 13만을 보유하고 있는 경제 인스타툰 작가 '경제판다'와의 협업을 통해 센터의 다양한 지원사업을 알기 쉽게 그림으로 소개했다. 작가 특유의 친근한 그림체와 유머러스한 설명이 결합되어 정보 전달력은 물론 콘텐츠의 재미까지 더했다.

핀테크에 관심 있는 청년층에게 실질적인 도움이 되는 콘텐츠로 다양한 세대의 이해도를 높이고, SNS 채널을 통해 자연스럽게 확산되며, 센터의 정책과 지원 프로그램에 대한 인지도를 높이는 데 효과적으로 활용되고 있다.

수요자의 입장에서 만든 콘텐츠

한국핀테크지원센터 기자단은 다양한 전공 분야로 구성된 대학생 기자단으로서 핀테크 앰버서더로 핀테크 서비스를 알기 쉽게 소개해 흥미와 관심을 가지는 계기를 마련하고 있다. 핀테크 현장 사업이 더욱 활성화되고 있는 최근의 흐름에 맞춰 기자단이 직접 참여하는 현장 취재, 인터뷰 등을 활용해 생생한 체감형 콘텐츠를 소개하고 있다.

카드뉴스, 영상, 숏폼, 웹툰, 글기사 등 다양한 형식으로 콘텐츠가 제작되고 있으며, 한국핀테크지원센터의 주요 사업 및 핀테크 산업 최신 정보 등을 대중들의 눈높이에서 알기 쉽게 풀이하여 소개하고 있어 핀테크 스타트업부터 일반 국민들에게도 관심을 받고 있는 콘텐츠이다.

▲ 〈핀테크 기자단〉 핀테크만 사용해서 하루 살아남기 – 대학생 편

한국핀테크지원센터는 현장감을 강화한 '생활 현장 중심의 콘텐츠'를 통해 국민에게 보다 유용한 정보 전달을 위해 힘쓰고 있다. 핀테크를 실생활에서 체감하고 활용할 수 있도록 도와주는 콘텐츠는 핀테크 산업 전반에 대한 국민의 이해와 공감대를 확산시키는 데 큰 역할을 하고 있다.

아이덴티티를 강화하는

양질의 정보

한국해양과학기술원의 블로그 콘텐츠

한국해양과학기술원은 해양 기초·응용과학 기술 개발을 통해 해양 부국의 꿈을 실현해 나가는 연구기관이다. 주 업무는 해양 과학 기술 및 해양산업 발전에 필요한 원천 연구, 응용 및 실용화 연구, 해양 및 극지 과학 기술 정책, 제도 연구, 해양 분야 우수 전문인력 양성 및 대국민 서비스, 해양 관련 기기·장비기술개발과 검·교정, 해양과학기지 등 해양 인프라 구축 및 운영이다.

한국해양과학기술원 SNS 채널네이버 블로그, 유튜브, 페이스북, 인스타그램의 전체적인 방향은 다소 어려울 수 있는 해양과학기술 소재를 일반 소비자의 눈높이에 맞춘 홍보 소재해양환경, 해양생물, 해양 생태계, 해양 안전, 해양 기술혁신, 해양 인재 양성 등를 통해 풀어내는 것에 맞추어져 있다.

전문정보로 소통하기 위한
최적의 플랫폼

한국해양과학기술원 SNS 콘텐츠는 크게 두 가지로, 한국해양과학기술원의 경제적 가치를 알리는 정보와 국민들에게 친근하게 다가갈 수 있는 재미요소를 담은 콘텐츠로 나눌 수 있다. SNS 채널 운영도 '정보와 재미'라는 메시지에 맞

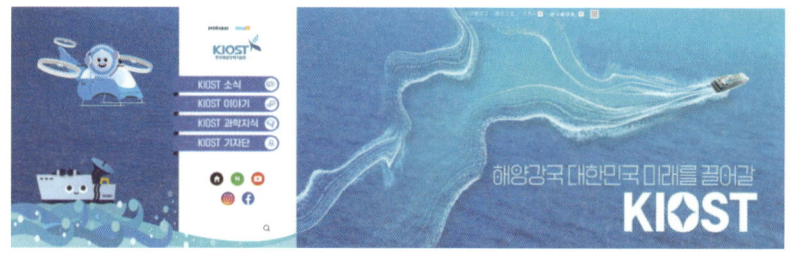

춰 대중들에게 해양과학기술원의 역할을 효과적으로 전달하기 위해 소비자와 눈높이를 맞추며 공감대 형성을 위해 다양한 채널과 기법을 활용하고 있다.

한국해양과학기술원은 연구기관이 발행하는 전문적 콘텐츠라는 특성을 제대로 활용하기 위해 블로그를 핵심소통 채널로 활용하고 있다. 해양 과학 기술 연구와 특허 기술부터 해양 관련 지식과 안전 등 자세한 내용이 필요한 정보를 보다 쉽고 재미있게 전달하기 위해서이다.

전문 정보의 이해도를 높이는 영상 콘텐츠

한국해양과학기술원에는 부산 본원을 포함한 4곳의 연구소가 있다. 분원 연구소 곳곳에서 진행되는 다양한 연구들을 알기 쉽게 설명하는 〈연구로그〉 영상 시리즈는 각 연구소에서 주로 연구되고 있는 분야를 소개한다. 또한 한국해양

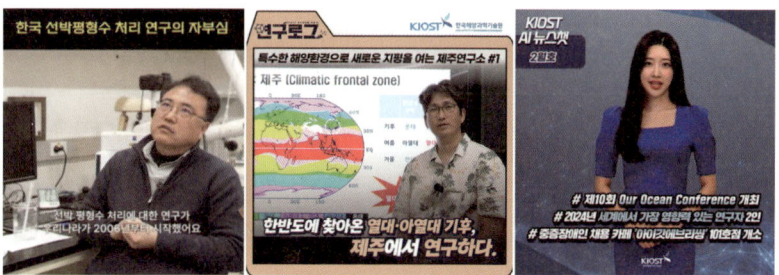

▲ 전문 정보의 이해도를 높이는 〈연구로그〉와 AI로 몰입도를 높인 〈AI뉴스챗〉

과학기술원만이 제공할 수 있는 독자적인 장소도 영상에서 만나볼 수 있다. 한국해양과학기술원은 〈연구로그〉를 통해 양질의 전문 정보를 국민과 공유하며, 우리가 살아가는 바다의 가치를 더욱 깊이 이해할 수 있도록 돕고 있다.

또한 건강한 사내 문화 활동과 환경정화 활동, 대외적인 MOU 등 다양한 활동을 대중들에게 전달하는 소통 창구로 주요 소식을 AI 아나운서가 브리핑하는 〈AI뉴스챗〉 코너를 운영하고 있다. 〈AI뉴스챗〉의 AI는 실제 사람과 거의 동일해 이질감 없이 몰입할 수 있으며, 첨단·혁신적인 이미지를 효과적으로 사용해 미래 해양 가치를 더욱 실감이 나게 보여주고 있다.

일상과 기술을
이어주는 정보

카드뉴스 형태의 정보 콘텐츠 시리즈 〈KIOST 기술 편의점〉은 한국해양과학기술원의 유망기술 및 특허 등을 소개한다. 이 콘텐츠는 기술이 일상에서부터 사업화까지 연결되어 있는 점을 쉽게 풀어 전달한다. 기술 내용뿐 아니라 시장 동향과 적용 분야까지 설명하여 한국해양과학기술원이 가지고 있는 기술의 경제적, 사업적 가치를 알리고 있다.

〈KIOST 기술 편의점〉은 어렵게만 느껴지던 해양 기술은 사실 우리 일상과 가

▲ 전문 정보를 쉽고 재미있게 전달하는 카드뉴스 형태의 콘텐츠

까이 이어져 있으며, 연구 성과가 산업으로 확장되며 새로운 가치와 일자리 만들어가고 있다는 점을 잘 전달하고 있다.

해양 과학 기술 관련 미래 유망직업을 소개하는 〈직업의 세계〉 코너도 인기를 얻고 있다. 인공지능, 블록체인, 빅데이터, 자율주행, 바이오 등이 해양 과학 기술 분야에 어떻게 접목하여 새로운 직업이 만들어지는지 소개해, 바다를 꿈꾸는 청소년들이 전공이나 진로를 선택할 때 필요한 정보를 제공한다

한국해양과학기술원의 연구와 기술의 자료를 접목한 〈SEATOX〉 시리즈 콘텐츠는 해양에서 건져 올린 디톡스Sea+Detox라는 콘셉트로 바이오 기술과 연계한 피부미용, 대체 연료, 환경생태계 연구를 통한 화장품 등을 소개하여 기술이 우리 생활 속에서 어떤 역할을 할 수 있는지 쉽게 설명하고 있다.

바다가 가진 무궁무진한 경제 가능성과 그 의미를 찾는 다양한 해양 과학 기술을 다룬 콘텐츠들은 다른 곳에서는 제공할 수 없는 전문 정보로, 한국해양과학기술원의 아이덴티티를 강화하고 브랜드 가치를 높이는 매개체로 기능하고 있다.

게임으로

체감하는 메시지

한국해양진흥공사의 Green Sailing 캠페인

국제사회와 해운업계에서는 국제해사기구IMO의 환경규제 강화로 인해 선박의 탄소배출과 오염물질 배출 저감이 핵심 과제로 부상하고 있다. IMO가 2050년까지 온실가스 배출량을 2008년 대비 50% 이상 감축하겠다는 목표를 설정함에 따라, 전 세계 해운 산업 전반에 친환경 전환 압력은 가속화되고 있다. 하지만 일반 국민, 특히 항만과 거리가 먼 수도권 시민들은 선박의 탄소·매연 문제에 대한 인식 수준이 낮아, 사회적 공감대 형성과 산업 전환의 필요성을 효과적으

로 전달할 새로운 접근 방법이 필요했다.

한국해양진흥공사는 '대한민국 해운·해양산업의 든든한 동반자'라는 기업 모토 아래, 국내 선사들의 친환경 선박 도입·전환을 지원하고, 동시에 국민에게 탄소배출 저감의 중요성과 친환경 선박의 가치를 쉽게 전달하기 위해 참여형 온·오프라인 캠페인을 기획했다.

홍보영상, 웹콘텐츠 중심의
캠페인에서 벗어나다

〈Green Sailing 캠페인〉은 홍보영상·웹콘텐츠 중심의 일방향적 방식에서 벗어나, 보드게임과 온라인 게임이라는 친숙한 매개체를 활용해 국민 참여와 체험을 이끌어냈다.

한국해양진흥공사는 캠페인 웹사이트를 열고 누구나 쉽게 참여할 수 있는 온라인 게임을 운영했다. 플레이어는 선박을 운영하며 전 세계 항만 도시를 순회하고, 친환경 설비 업그레이드를 통해 매연을 줄이는 방식으로 진행된다. 이 과정에서 실제 데이터를 기반으로 한 매연 배출 수치를 시각화하여 대형 선박의 오염물질 배출 위험성과 친환경 설비 도입 효과를 직관적으로 체감할 수 있도록 설계했다.

▲ Green Sailing 온라인 게임 화면과 오프라인 실물 보드게임

게임 내 한국해양진흥공사의 역할은 '금융지원 찬스'로 구현하여, 공사가 실제로 수행 중인 친환경 선박 전환 지원 사업을 반영했다. 아울러, 참여 확산을 위

해 랭킹 이벤트_{매연 저감량 경쟁 및 경품 지급}와 댓글 이벤트_{게임 소감·환경 인식 공유}를 함께 운영했다.

또한 실제 보드게임을 제작해 전국 413곳_{중·고등학교, 대학교 보드게임 동아리, 프랜차이즈 보드게임 카페 등}에 500개를 무료 배포했다. 게임은 교육 현장에서 친환경 교육 자료로 활용되었으며, 카페 매장에서는 시민들이 직접 플레이하며 선박 매연 문제와 친환경 전환의 필요성을 느끼는 계기가 되었다.

게임을 통해 실감한
해양환경의 가치

2025년 1월 한 달간 진행된 온라인 캠페인에서는 총 195,798회의 게임 실행_{모바일 134,486회, PC 61,312회}이 이루어졌다. 특히 매연 저감량을 겨루는 랭킹 이벤트에는 약 19만 명이 참여하여 높은 호응을 얻었으며, 댓글 이벤트에도 1,832명이 참여해 선박 매연의 심각성에 대한 인식과 소감을 공유하며 캠페인 확산에 기여했다.

또한, 디지털 참여와 실물 사회공헌을 연계하여, 항만도시 매연 취약 가구 7곳에 공기청정기를 전달하여 사회적 가치를 실현하는 활동을 진행했다.

캠페인 참여자들은 게임을 통해 실제 데이터를 기반으로 한 시뮬레이션을 경험하면서 선박 탄소 배출이 해양 환경에 미치는 심각성을 실감하게 되었고, 나아가 지속가능한 해양 산업을 위한 한국해양진흥공사의 노력을 이해하게 되었다는 의견도 있었다. 이러한 피드백은 Green Sailing 캠페인이 단순한 참여형 이

▲ Green Sailing 온라인 캠페인 화면

벤트를 넘어, 국민 인식 제고와 공공기관 역할 홍보라는 목적을 효과적으로 달성했음을 보여준다.

오프라인에서는 보드게임이 전국 413개 학교와 보드게임 카페에 배포되어 청소년부터 일반 시민까지 폭넓은 계층이 참여했다. 중·고등학교에서는 사회 과목에서 선박 탄소 배출로 인한 대기오염의 심각성과 친환경 선박 도입의 필요성을 알리는 교육 자료로 활용되었다. 히어로·더홀릭 등 유명 프랜차이즈 보드게임 카페 전국 매장에서는 Green Sailing 캠페인 홍보와 함께 누구나 게임을 직접 플레이할 수 있도록 운영되었다.

▲ 프랜차이즈 보드게임 카페 내 Green Sailing 게임과 중고등학교 수업 활용 장면

청소년부터 일반 시민까지 폭넓은 계층은 직접 캠페인에 참여하며 친환경 선박 전환의 필요성을 체감할 수 있었다. 친환경 선박 전환의 필요성을 온라인에서, 교육 현장과 생활 공간에서 직접 체험할 수 있었던 이번 캠페인은 전체적으로 총 735만 회 이상의 노출을 기록하며 성공적으로 마무리되었다.

사례로 보는
콘텐츠와 전략
지방자치단체 · 지방 공기업/공공기관

경상남도 · 경상북도개발공사 · 대구공공시설관리공단

대구광역시 관광과 · 대구교통공사 · 부산관광공사

부천시 · 안산시 · 인천관광공사 · 충청남도 · 하남문화재단

콘텐츠 인사이트 2026 ——————

AI, 기술을 넘어

감성으로

경상남도가 AI를 활용하는 방식

▲ 다양한 콘셉트와 방식으로 제작된 경상남도의 AI 콘텐츠

경상남도는 아름다운 자연과 산업, 경제 중심지로 잘 알려져 있다. 333만 명의 도민이 거주하고 있는 경상남도는 창원, 김해, 거제, 진주 등 각각 다양한 지역 특색을 가지고 있는 18개 시군으로 구성되어 있다.

경상남도는 다양한 문화와 배경을 가지고 있는 각 지역을 아우르고, 정책과 행정의 공감대를 형성하기 위해 SNS를 적극 활용하고 있다. 경상남도의 SNS는 '오직 경남만이 가진, 경남만이 보여줄 수 있는' 다양한 매력을 콘텐츠에 담는다는 캐치프레이즈로 매일매일 도민과 만나고 있다.

2025년 경상남도의 SNS 콘텐츠에서 눈에 띄는 점은 크게 두 가지이다. 첫째는 적극적 AI 활용이고, 둘째는 공무원이 직접 참여해 만드는 콘텐츠이다.

AI로 콘텐츠의 품질과
제작 속도를 높이다

전 세계적인 AI 기술에 대한 관심과 활용이 급증하고 있지만 콘텐츠 제작에 적극적으로 도입·운용하는 지방자치단체는 그리 많지 않았다. 경상남도는 미래지향적 기술에 대한 인사이트를 바탕으로 콘텐츠 기획 및 제작의 핵심 동력으로 AI를 선택했다.

생성형 AI를 활용한 경상남도의 콘텐츠들은 수요자의 관심을 촉발하고, 정책 메시지를 쉽게 전달하고, 나아가 도민과 전국민과의 공감대를 형성하는 데 큰 역할을 하고 있다. 지방자치단체 최초로 생성형 AI를 활용한 경상남도의 도정 홍보 콘텐츠는 다수 언론에 보도되는 등 사회적으로도 큰 관심을 끌었다.

▲ 산불 피해 주민들을 위한 위로와 치유의 AI 뮤직비디오 '봄은 언제나 그 자리에'

경상남도는 작사, 작곡, 노래, 시나리오, 영상까지 AI를 활용한 애니메이션 뮤직비디오 〈그AI작사 그AI작곡〉 시리즈를 발행했는데, 특히 경남 산불 피해지역을 위로하는 뮤직비디오는 피해 주민에게 위로와 희망의 메시지를 전달하며 도민과 전국민의 따뜻한 사회적 연대감을 형성해 큰 화제가 되었다.

▲ 전래동화를 AI로 재구성해 도정 정보를 전달하는 〈알고있지만〉

정책 이해도 제고를 위한 창의형 AI 활용 콘텐츠도 개발되었다. 〈알고있지만〉 시리즈는 AI 이미지와 사투리 성우를 활용해 전래동화를 재구성한 콘텐츠로 ESG, 저출생 대책지원 등 도정 주요 메시지를 알기 쉽고 재미있게 전달했다.

▲ 귀여운 캐릭터와 최신 유행의 AI 기술을 활용한 〈경남의 특산물을 소개합니다!〉

경남의 특산물을 AI로 소개하는 〈경남의 특산물을 소개합니다!〉 시리즈도 제작됐다. 귀여운 캐릭터와 최신 유행의 AI 기술을 활용해 지역 특산물, 명소를 재미있게 소개하는 이 영상 콘텐츠는 MZ세대의 이목 집중시켜 2차 확산 효과도 거두었다.

▲ AI로 흑백영상을 컬러로 복원한 〈경남늬우스〉

세대를 잇는 감성 콘텐츠 〈경남늬우스〉도 AI의 터치를 가미했다. 1950~90년대 경남 일상·문화 영상을 현대적으로 재구성한 이 콘텐츠는 생성형 AI 기술로 흑백 영상을 컬러로 복원해 경남의 과거와 현재를 연결하는 공감형 콘텐츠로 재탄생했다. 이 시리즈는 누적 621만 회 재생을 달성해 경남 SNS 최고 조회수 달성하며 많은 사랑을 받았다.

직접, 빠르게!
공무원 오리지널

경상남도 SNS 콘텐츠의 또다른 특이점은 공무원이 직접 만드는 자체 제작 콘텐츠로 클릭률을 확보했다는 것이다. 여러 지자체에서 발행하는 공무원 자체 제작 콘텐츠는 그동안 많은 주목을 받으며 그 효과성을 입증했다. 하지만 공무원 개개인의 역량과 열의에 의존하는 측면이 커서, 그 한계도 명확했다.

이러한 문제에 대응해 경상남도는 시의성 있는 도정 이슈에 즉각 대응 가능한 공무원 중심 체계를 구축해 자체 제작 능력을 강화해 나갔다. 공무원이 '기획+출연+촬영+편집' 올인원 1인 제작 콘텐츠는 주제 선정이나 쉽고 빠른 정보 전달, 공신력, 진정성에서 큰 강점을 가진다. 기술적으로 부족한 부분은 일부 전문가나 AI의 도움을 받고, 시청자와의 공감대 형성이 비교적 쉬운 유행 밈이나 B급 감성을 접목하는 형태로 차츰 제작 역량을 끌어올렸다.

▲ 최고 인기 자체제작 시리즈 콘텐츠 〈주무관이 간다〉

지난 2022년부터 지속된 공무원 자체 제작 콘텐츠 〈주무관이 간다〉는 시의성 있는 정보·정책·행사·관광 명소 등 다채로운 소식 전달을 목표로 한 경상남도의 대표적 오리지널 콘텐츠이다. 주무관들의 진솔하고 다면적인 모습을 전달하는 일상 브이로그 형식을 통해 시청자들의 큰 호응을 얻었고, 2025년에는 다양한 '챌린지' 형태 콘텐츠를 진행하여 시청자의 몰입도를 증대시켰다. '만 칼로리 챌린지' 에피소드의 경우 조회수 약 4.2만 회, 좋아요 921회를 기록하는 등 긍정적인 반응이 쇄도했다.

예측 불가능 상황에서 발생하는 유머 요소, '살신성인' 주무관들의 몸 사리지 않

▲ 웃음로 시청자들을 사로잡는 숏폼 콘텐츠 〈10초컷〉

는 모습은 시청자들의 공감을 이끌어내며 긍정적 인식을 형성시켰다.

〈10초컷〉은 공무원이 직접 만드는 숏폼 콘텐츠로 밈, 패러디, B급 감성을 기반으로 시청 진입 장벽을 낮추고 있다. 〈10초컷〉은 인터넷에서 유행하는 짤과 밈meme 활용해 경남의 주요 정책, 정보들을 재미있게 전달한다. 시리즈 중 하나인 '대나무 행주 리믹스' 영상은 조회수 3.2만 회와 높은 시청자 참여율을 기록했다.

이 외에도 경상남도의 공무원 직접 제작 콘텐츠는 다양하다. 〈찾아가는 경남의 매력〉은 공무원이 경남의 매력적인 여행지를 직접 여행하며 생생한 현장감을 담아 생생하게 소개하는 콘텐츠이고, 〈직찍 투어〉는 공무원 PICK! 시즌별 경남의 숨겨진 매력적 여행지를 직접 출연·촬영·편집하는 가이드 콘텐츠이다.

공무원 직접 제작 콘텐츠는 다양한 사람들의 SNS로 바이럴되며 그 파급력을 입증하고 있다. 하지만 실제 제작에 참여하는 공무원들의 입장에서는 부담이 큰 것도 사실이다. 이제 공무원 직접 제작 콘텐츠는 공무원 개인의 역량이나 희생에서 나아가 시스템으로서 어떻게 발전시켜 나갈지에 대한 고민이 필요한 시기를 맞고 있다.

도정에 대한
관심을 증폭시키는 채널 운영

경상남도의 도정 홍보에서 SNS가 차지하는 비중은 계속 늘고 있다. SNS는 경남도민 도정 소식 이용 경로 중 2위(28.9%)로 인터넷 포털이나 홈페이지보다 많이 이용되는 채널이 되었다. 이중 유튜브·인스타그램 등 매체 이용률이 83%로 압도적으로 높게 나타나 경상남도는 해당 채널 중심으로 콘텐츠를 강화해 나가고 있다.

경상남도 공식 유튜브 채널인 '경남TV'는 단순한 콘텐츠 제작을 넘어 구독자 및 지역 주민과의 적극적 소통, 필요 파악, 지역 정보의 효과적 전달로 확장하기 위해 유튜브 커뮤니티 기능을 적극 활용하고 있다. 커뮤니티 탭을 활용해 다채

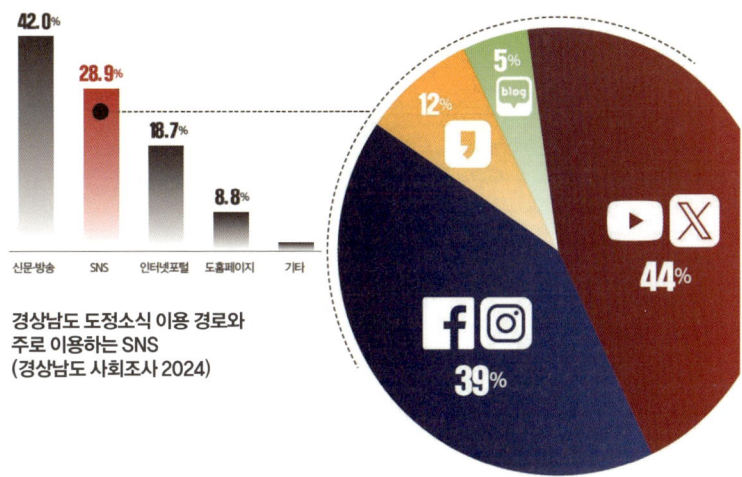

경상남도 도정소식 이용 경로와
주로 이용하는 SNS
(경상남도 사회조사 2024)

로운 콘텐츠 연계 참여형 이벤트 기획 및 진행하고, 커뮤니티 투표 기능을 활용해 쌍방향 소통을 이끌어냈다.

경상남도 유튜브 채널은 2022년 1만7천 명이던 구독자 수를 2025년 18만7천여명으로 10배 이상 증가시켰다. 특히 적절한 AI 활용과 공무원들의 적극적인 노력이 담긴 자체제작 콘텐츠는 도정에 대한 주민과 국민들의 관심을 증폭시키는 견인차가 되고 있다.

38.

도움되는 정보를

더 친근하게

경상북도개발공사의 콘텐츠 전략

경상북도개발공사GBDC는 도내 지역개발 및 도시·주택사업 등의 공익적 사업을 수행하며 지역 발전을 견인하고 있다. 경상북도개발공사의 SNS는 공사의 주요 사업, 지역 개발 현황, 부동산 관련 정보 등을 쉽고 친근하게 전달한다.

특히 기관 특성상 주거, 부동산, 지역사회 등 생활밀착형 정보에 대한 관심이 높은 이용자층이 많은 점을 고려하여, 도민의 눈높이에 맞춘 콘텐츠를 각 채널별로 운영하고 있다.

실질적 정보를
제공하는 콘텐츠

경상북도개발공사의 대표 영상 플랫폼 유튜브 채널은 월간뉴스, 토크쇼, 행사 취재 등 다양한 지역 활동 현장을 영상 콘텐츠로 생생하게 담아내고 있다.

공사의 다양한 현장을 담은 〈GBDC 월간뉴스〉는 '읽는' 텍스트 기반의 콘텐츠에서 벗어나, 시청자가 직접 '보고 느낄 수 있는' 영상으로 공사의 다양한 소식을 전달함으로써 도민의 관심과 몰입도를 높이고 있다.

잘 알려지지 않았던 공사의 실질적 역할을 담은 핵심 내용을 시각적 요소로 쉽고 명확하게 풀어내 이해도를 높였으며, 콘텐츠 곳곳에 등장하는 마스코트 '하우리'의 앙증맞은 리액션을 더해 소소한 재미와 친근함을 전하고 있다.

▲ 정보가 담긴 〈월간뉴스〉와 온라인에서 집을 둘러볼 수 있는 〈주택 미리보기〉

경상북도개발공사는 공공임대주택 건설 및 매입임대주택사업을 지속적으로 추진하고 있다. 도민들이 주택 세대 내부를 직접 방문하지 않더라도 마치 가상 체험하듯 공간을 둘러볼 수 있도록 영상 콘텐츠를 제작해 주거 공간에 대한 궁금증을 해소하고 접근성을 높이고 있다. 현장 방문 없이도 직관적으로 공간을 이해할 수 있어 시간과 노력을 절약할 수 있으며, 수요자가 체감할 수 있는 실질적인 편의성을 제공한다.

지역사회와
더 가까이

경상북도개발공사는 지역에서 열리는 2025년 APEC 정상회의의 성공적인 개최 응원과 지역 홍보를 위해 도민과 함께하는 백일장 형식의 〈픽춘문예APEC+신춘문예〉 영상 콘텐츠를 제작했다.
영상은 도민이 직접 창작한 응원시 중심으로 구성되었으며, APEC 개최 도시인 경주의 상징적 장소대릉원와 경주 지역 명물 간식 등을 자연스럽게 노출해 과도하지 않으면서 효과적인 지역 홍보를 병행했다.
또한, 단순 영상 콘텐츠에 그치지 않고 온라인 이벤트와 연계함으로써 콘텐츠에 대한 주목도와 참여도를 높였다. 그 결과, 총 4,300여 회의 조회수와 2,057개의 댓글을 기록하며 높은 호응을 이끌어냈다.

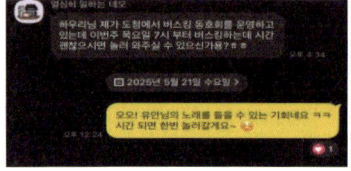

▲ 도민 참여 〈펙춘문예〉 콘텐츠와
  채팅을 활용한 소통 사례

지역의 현안인 저출생 위기 극복을 위한 콘텐츠도 기획됐다. 임신·출산·육아 과
정에서 도민들이 직접 겪은 생생한 경험과 진솔한 이야기를 담은 리얼 토크쇼
〈그때 우리는 몰랐다〉는 도민들이 공감할 수 있는 실제 사례와 솔직한 대화를
통해 사회적 공감대를 확산시켰다. 또한 저출생 문제 해결을 위한 경상북도개발
공사의 역할과 책임에 대해 함께 생각해 보는 계기로 작용했다. 경상북도개발공
사는 콘텐츠 제작에만 그치지 않고 단체 채팅방과 1:1채팅을 활용하고 있다. 스
몰토크, 도민 의견 적극 수렴, 담당자의 현장 직접 참여 등의 밀착 소통은 시청
자과 함께 콘텐츠를 발전시키며 신뢰와 유대감을 한층 강화시키고 있다.

복잡한 정보를
쉽고 명확하고 유용하게

경상북도개발공사 인스타그램의 모든 모든 게시물은 업로드 즉시 스토리에 공
유되어 콘텐츠 확산을 유도하고, 주요 게시물은 하이라이트 기능을 적극 활용

▲ 생활밀착형 정보로 재구성된 카드뉴스와 정보형 콘텐츠

해 최신 소식을 한눈에 확인할 수 있도록 구성되어 있다.

주요 사업의 핵심 포인트를 시각적으로 강조한 카드뉴스는 복잡한 정보를 쉽고 명확하게 전달하고 있다. 다량의 텍스트가 포함된 공고문도 가시성이 높은 카드뉴스 형태로 재구성해 정보 전달의 효율성을 높이고 있다. 까다로운 주택 관련 정보도 일상생활에 자연스럽게 적용할 수 있는 생활밀착형 정보로 재구성하여 도민들의 이해를 돕고 실질적인 도움이 될 수 있도록 가공했다.

▲ 주택관련 생활정보 콘텐츠와 인스타그램 연계 카드뉴스

경상북도개발공사는 공사 관련 검색량이 높은 키워드를 중심으로 주거정보, 부동산 등 실생활에 유용한 내용을 담아 월 1회 기획 원고를 발행한다. 내용을 쉽게 이해할 수 있도록 심층적으로 풀어내고, 카드뉴스 형식으로 요약·재가공하여 인스타그램과 연계함으로써 정보 접근성과 확산력을 높였다. 공사와 연관성 높은 다양한 정보를 제공해 도민들이 실질적으로 활용할 수 있도록 돕고, 브랜드 정체성도 확립하는 일석이조의 전략이다.

실수요자를 위한
맞춤형 콘텐츠

공사의 정책 정보와 사업 안내가 필요한 부동산 실수요자들은 바쁜 일상으로 인해 다양한 SNS 채널을 일일이 확인하기 어려운 경우가 많다. 이에, 경상북도 개발공사는 즉각적 확인이 가능한 카카오톡 메시지를 통해 부동산 관련 정보를 제공해 고객 만족도를 높이고 있다. 또한, 공사 소식과 대구·경북 중심 부동산 동향 정보를 함께 제공하여 실수요자의 관심을 충족시키고, 이후 메시지 발송 시 클릭률을 높이기 위해 '오늘의 유머' 등 가벼운 콘텐츠를 곁들여 소소한 즐거움도 함께 전하고 있다.

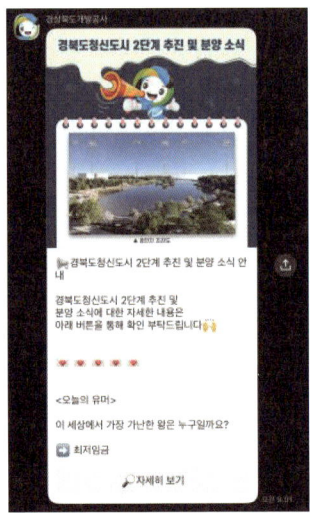

▲ 경상북도개발공사
　카카오 채널 메시지

경상북도개발공사의 SNS는 실질적인 도움이 될 수 있는 유익한 정보를 쉽고 재미있게 전달하는 채널로 자리잡으며 도민들에게 사랑받고 있다. 그리고 이런 관심과 사랑은 자연스럽게 공사에 대한 신뢰로 이어지고 있다.

순도 100%,
직접 만든 콘텐츠

직원, 시민이 함께 만드는 대구공공시설관리공단의 SNS

대구공공시설관리공단은 2015년 페이스북 개설을 시작으로 2022년 통합 출범과 함께 유튜브, 블로그, 인스타그램, 페이스북을 하나로 통합해 브랜드 정체성과 운영 효율성을 강화했다.

통합 이후 SNS 채널은 정책, 시설 소식, 생활 정보를 일관된 메시지로 전달해 시민의 정보 접근성을 높였고, 팔로워·구독자 수와 콘텐츠 반응률도 꾸준히 상승하고 있다.

내부 인력이 직접
기획, 제작, 운영하는 SNS

대구공공시설관리공단 SNS의 가장 큰 특징은 독자적인 운영·관리와 시민 참여 중심의 콘텐츠 구성이다.

모든 콘텐츠는 내부 인력이 직접 기획·제작하며, 시민기자단 활동과 참여형 이벤트 등 시민 참여를 적극 유도해 '시민 눈높이'에 맞춘 양방향 소통 채널로 자리잡기 위해 노력하고 있다.

핵심 공공정보 전달을 위한
〈공공ON〉 콘텐츠

시민들의 생활과 밀접한 정보나 안내가 많은 공단의 특성상 시민과의 효과적 소통을 위해 다양한 SNS 채널을 활용하고 있다. 특히 정보의 신뢰성과 접근성을 높이기 위해 매체별 특성을 고려한 콘텐츠를 제작·운영하고 있다.

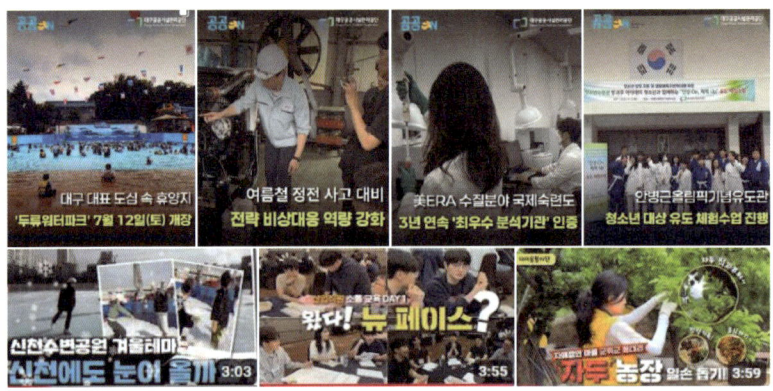

▲ 〈공공ON〉 인스타그램(위)와 〈공공ON〉 유튜브(아래)

인스타그램/페이스북에서는 시각 중심의 콘텐츠를 통해 핵심 정보를 간결하고 직관적으로 전달하며, 이미지와 짧은 설명으로 시민들의 흥미를 유도하고 있다. 유튜브는 공단 주요 행사 및 현장 중심의 영상을 제작하여 실감 나는 정보를 제공하고 있으며, 스케치 영상 등을 통해 공공시설 운영 현장의 생동감을 전하고 있다. 블로그는 정책, 시설 이용 정보, 행사 후기 등을 보다 깊이 있게 다루며, 사진과 설명을 병행하여 시민들의 이해도를 높이고 있다.

시민과 함께
운영하는 SNS

대구공공시설관리공단은 '시민 서포터즈'와 '청년자문단'을 통합하여 시민기자단을 운영하고 있다. 심사를 통해 선발된 총 30명의 기자가 매월 공단이 운영하는 공공시설을 직접 방문, 체험한 공공서비스를 시민의 입장에서 솔직한 기사로 작성한다소정의 활동비 지급.

▲ 시민기자단이 제작한 숏폼 영상 콘텐츠

시민기자단이 제작한 콘텐츠는 공단 블로그, 유튜브 등 다양한 채널을 통해 공유되며, 시민 눈높이에 맞춘 소통형 홍보 자료로 활용되고 있다. 또한 해당 콘텐츠는 공단 정책 안내, 시설 이용법 소개, 시민 불편사항 제안 등 다양한 의견을 반영하는 창구로 기능하며, 공공서비스 품질 향상에도 기여하고 있다.

또한 공단은 시민이 직접 참여한 각종 행사, 견학 프로그램, 이용 후기 등을 영상 콘텐츠로 제작해 유튜브와 SNS 채널을 통해 공유하고 있다. 다양한 연령대의 시민들이 직접 목소리를 내고 공공시설 이용 경험을 공유하는 현장 중심 콘텐츠는 시민 참여를 바탕으로 공공서비스에 대한 신뢰도와 소통 기반 강화에 크게 기여하고 있다.

지역사회의
생생한 알짜 정보

공단은 시민의 정보 접근성과 시설 이용 편의를 높이기 위해, 공공시설을 영상으로 소개하는 〈랜선투어〉 시리즈를 발행하고 있다. 해당 콘텐츠는 시설의 외관, 내부 구조, 편의시설은 물론, 이용 방법과 유의사항을 직관적으로 전달하며, 시민들이 방문 전 꼭 알아야 할 핵심정보를 효과적으로 제공하고 있다.

영상에는 시설 관리자 인터뷰와 전문가 해설을 함께 담아 시민의 궁금증을 사전에 해소했다. 대표 사례인 두류워터파크 편 영상은 약 2.6만 회의 조회 수를 기록하며, 시민들의 높은 관심도와 공공 콘텐츠의 중요성을 입증했다.

▲ 대구 공공시설에 관한 생생 현장 정보를 담은 〈랜선투어〉

또한 공단 직원들이 직접 추천하는 공공시설 인근의 숨은 맛집을 소개하는 콘텐츠 〈공공미식회〉 시리즈도 인기다. 직원들의 경험을 바탕으로 대구 곳곳의 잘 알려지지 않은 맛집을 발굴하고, 이를 통해 시민의 관심을 유도하며 공단 시설에 대한 자연스러운 홍보 효과를 얻고 있다.

▲ 공단과 지역사회의 공감대를 형성하는 〈공공미식회〉

해당 콘텐츠는 '음식'을 매개로 공단과 시민 간의 공감대를 형성하고, 공공시설과 지역 상권간의 연계를 통해 지역경제 활성화에도 기여하고 있다.

이외에도 공단은 정기적인 SNS 이벤트로 시민 참여 기회를 확대하고 있다. 구독·팔로우, 퀴즈 참여, 영상 시청 등 시민이 직접 쉽게 참여할 수 있는 온라인 이벤트는 물론 온·오프라인을 연계한 참여형 이벤트로 시민 접점을 다양화하고 있다.

취향 저격 콘텐츠로

Fit하게

대구관광 공식 SNS 'VISIT DAEGU'

대구관광 공식 SNS '비깃대구VISIT DAEGU'는 대구 즐길거리, 먹거리, 가볼 만한 곳
등을 한눈에 담은 트렌디한 콘텐츠로 관광객들의 눈을 사로잡는다.

비깃대구는 실용적이고 알찬 정보를 알리는 여행 가이드로, 다양한 콘텐츠로,
재미와 이야기를 전하는 여행 스토리텔러로 관광객들에게 없어서는 안 될 대구
여행의 친구가 되고 있다.

비깃대구는 국문/해외 채널 총 11개 채널을 운영하고 있으며, 각 채널의 관심사
에 맞게 콘텐츠를 운영하고 있다.

20~40대 사용자가 많은 유튜브/인스타그램에서는 숏폼 형태의 영상으로 시청
자들 수요 기반맛집, 카페, 체험기관 콘텐츠를 제작하고 있으며, 블로그에는 계절별 관

광 명소사진찍기 좋은곳 중심으로 매거진 형식으로 세부적인 정보를 제공하고 있다.

대상별, 취향별
타깃팅 콘텐츠

사람들의 성격이 다양한만큼 여행의 취향도 천차만별이다. 비짓대구 유튜브 채널은 기획 단계에서부터 여행 목적별로 타깃을 나누고 거기에 맞춘 콘텐츠를 만들고 있다.

대구 제1관광시장인 대만관광객을 타깃으로는 대만 인기 유튜버의 첫 태교 여행이라는 콘셉트로 〈대구 힐링 태교 여행〉이라는 콘텐츠를 제작했고, MZ 타깃으로는 요즘 인기 있는 소도시 관광을 테마로 〈가요이 대구군위 다녀감〉 콘텐츠를 제작했다.

▲ 타깃과 여행 목적에 세분화된 유튜브 영상 콘텐츠

스포츠팬을 대상으로는 요즘 대세인 프로야구 경기 관람과 연계한 대구 관광 콘텐츠를 발행했으며, 미식 여행객들을 위한 '미식 도시 대구' 홍보 마케팅 콘텐츠도 제작됐다.

1일 1발행 인스타그램과
매거진형 블로그

인스타그램에서는 인스타 인플루언서와 협업하여 숨은 관광지를 소개하는 트렌디한 숏폼 콘텐츠 〈숏플루언서〉 시리즈, 주요 축제/전시/물놀이 등 그 달의 가장 핫한 주제를 선정하여 정보를 제공하는 월간 뉴스레터 〈대구머하노〉 등 다양한 콘텐츠가 정기적으로 발행되고 있다. '릴스' 형식의 숏폼 영상은 구독자의 유입과 반응을 유도하고, 시의성 있는 정보 제공으로 타깃이 필요로 하는 정보를 제공한다.

▲ 릴스 중심의 비짓대구 인스타그램 콘텐츠

블로그는 여행 정보 수집 채널로, 여행 큐레이션 역할을 한다. 키워드 중심의 매거진형 포스팅으로, 방문객들에게 세부적인 정보를 제공하여 여행가이드의 역할 수행한다. 콘텐츠는 검색 상위 노출을 위한 키워드 기반으로 제작해 홍보 효과를 극대화하고 있다.

또한 블로그는 대구에서 진행되는 모든 소식의 집합체로, 외부 기관과의 협업해 이벤트 소식의 장으로서 기능하고 있다.

해외 팬을 사로잡는
맞춤 운영 정책

▲ 각 언어 문화권 별로 특화된 콘텐츠

비짓대구는 높아진 해외의 관심을 실제 관광수요로 연결하기 위해 국가별 특성과 선호도에 맞춰 관광 콘텐츠를 제작하고 있다. 하나의 콘텐츠를 언어만 바꿔 게시하는 것이 아니라 문화권에 따라 다른 감성으로 이미지를 제작하는 등 타깃 맞춤형 콘텐츠 제작에 심혈을 기울이고 있다.

▲ 멀리 있을수록 더 친절하게! 상시 모니터링 및 댓글/DM 통한 응대

해외 고객과의 긴밀한 소통도 비짓대구의 큰 강점이다. 대구관광은 해외 SNS 채널을 상시 모니터링하며 댓글, DM으로 응대하고 있다. 해외 고객과의 친절하고 신속한 직접 소통은 대구에 대한 호감도를 올리는 데 큰 역할을 하고 있다.

▲ 글로벌 서포터즈들이 제작한 콘텐츠

대구관광 주요 시장대만, 홍콩, 동남아, 일본에 대응하는 글로벌 서포터즈도 운영되고 있다. 글로벌 서포터즈는 어권별 다양한 대구관광 정보를 전파하며 대구관광 SNS를 세계화해 나가고 있다. 한국인보다 대구를 더 잘 아는 일본인, 경북대 재학생으로 공부하며 여행하기를 좋아하는 MZ인도네시아인, 배우로 활동하며 다양한 협업 콘텐츠를 제작하고 있는 영국인 등의 서포터즈들이 제작하는 콘텐츠는 현지인들은 물론 내국인들에게도 큰 인기를 얻고 있다.

해외관광객의 중요성은 날로 증가하고 있다. 중문으로 운영되는 비짓대구의 웨이보 팔로워는 약 50만 명이다. 대구관광은 앞으로도 해외 고객을 대상으로 하는 전용 콘텐츠의 비중을 계속 높여갈 계획이다.

지하철이 이어주는

우리 동네 이야기

대구교통공사의 지역 밀착 소통

대구 도시철도 1~3호선을 운영하는 대구교통공사는 도시철도를 매개로 활발한 소통을 이어가고 있다. 대구교통공사 소셜미디어 채널에는 도시철도에서만 전할 수 있는 이야기부터 대구 곳곳의 즐거움과 일상 속 공감을 담은 콘텐츠가 고스란히 담겨있다.

친근한 소통을
앞에서 이끄는 마스코트

대구교통공사는 지난 2023년부터 SNS 채널의 원활하고 친숙한 소통을 위해 마스코트인 타구와 바쿠를 제작하여 대구교통공사의 행사 및 콘텐츠 이미지 제작 시 적극적으로 활용하고 있다.

타구와 바쿠는 그동안 캐릭터 일러스트 공모전, '우리동네 캐릭터 대상' 투표 독려 이벤트 등 꾸준한 시민 참여 이벤트를 통

▲ 대구교통공사의 공식 마스코트 타구와 바쿠

해 대구 시민들의 생활 속에 깊숙이 정착하면서, 대구교통공사를 더욱 친근한 '시민의 발'로 인식시키는 데 큰 역할을 했다. 공사는 앞으로도 캐릭터 굿즈 개발 등의 다양한 사업과 세계관 스토리의 확장 등을 통해 시민들과의 만남을 더 넓혀갈 나갈 계획이다.

지하철 타고 떠나는 대구 관광지

대구교통공사 SNS는 도시철도를 이용한 관광정보도 제공해 좋은 반응을 얻고 있다. 대구교통공사는 다양한 채널을 이용해 시즌에 맞는 대구 관광지를 소개하고, 도시철도로 해당 장소를 방문하는 방법을 안내한다.

관광정보 콘텐츠는 지역 관광지 활성화 및 지역 주민들과 공감대 형성에 큰 역할을 하고 있다. 또한 다른 지역에서 방문객들에게 유용한 관광 정보를 제공하고 도시철도 이용을 유도하는 역할도 하고 있다.

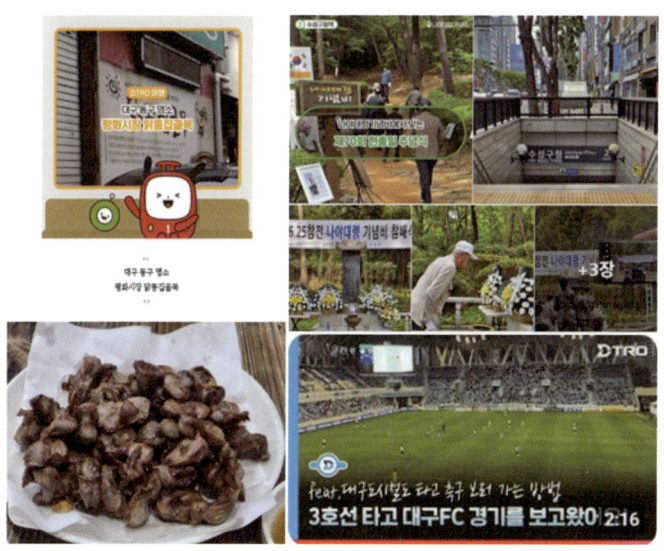

▲ 좌측부터 블로그 관광정보 콘텐츠, 페이스북과 유튜브의 관광정보 콘텐츠

직원이 알려준다!
함께 나누고 싶은 이야기

대구교통공사는 지역사회의 일원인 직원들이 직접 참여하는 콘텐츠로 시민들과 더 가깝게 소통하고 있다. 일반인들은 접하기 힘든, 대구교통공사 직원만이 알려줄 수 있는 취업 꿀팁, 직원들의 일상, 철도 시설·관리와 관련된 정보는 대구교통공사만의 특색 있고 차별화된 콘텐츠이다.

▲ 다양한 포맷의 직원 참여 콘텐츠

최신 SNS 트렌드를 반영한 직원 출연 콘텐츠도 높은 관심과 공감을 얻었다. 기관사가 직접 소개하는 〈What's in my bag!〉 콘텐츠는 기관사의 필수 장비와 일상 아이템을 공개해 높은 조회수를 기록했다. 또한 대구교통공사는 철도에 관심이 많은 분들을 대상으로 타기팅을 세분화해 팬층을 늘려가고 있다.
대구교통공사는 지역사회 주민들의 목소리를 수용해 계속 발전해 나가는 SNS 채널이 될 수 있도록 매년 정기적으로 SNS 만족도조사를 시행한다. 만족도조사 결과는 차후 콘텐츠 제작 및 SNS 운영에 적극 반영하고, 시민들이 궁금해하는 모든 것에 대해 더 나은 방식으로 소통할 수 있도록 노력하고 있다.

SNS에 담긴

K-POP 파워!

부산관광공사 유튜브의 콜라보 콘텐츠

부산관광공사에서 운영하는 유튜브 채널 'VISIT BUSAN'은 2014년 개설한 이래 매년 2배가 넘는 구독자 증가세를 보이며 성장해, 2025년 9월 기준 유튜브 구독자 15.6만 명을 넘기며 '실버 버튼'을 획득한 상태이다.

'VISIT BUSAN'은 '일상을 여행처럼, 여행을 일상처럼, 인생의 모든 순간은 여행이 된다.' 라는 슬로건 아래, 국내외 K-컬쳐 트렌드를 활용한 감각 있는 콘텐츠를 통해 부산 곳곳의 놀거리, 볼거리, 먹을거리를 부산만의 브랜드 메시지와 스토리로 전달하는 부산관광 대표 소통 채널이다.

푸른 바다의 역동성을 담은
아이덴티티

부산관광공사 유튜브 채널은 'Play, Work, Live'라는 부산관광 브랜드 슬로건을 중심으로 '놀고, 일하고, 살고 싶은 도시 부산'의 이야기를 영상에 담아내려고 노력하고 있다. 채널아트와 썸네일 제작에도 블루 컬러톤의 BI를 적용하여 부산 바다의 청량함과 에너지 넘치는 역동적 채널 톤&매너를 유지하고 있다.

아울러 시청자들이 홈에서 재생목록을 통해 원하는 영상 스타일과 주제의 콘텐츠를 쉽고 빠르게 찾아서 시청할 수 있도록 카테고리화하는 등 오래도록 VISIT BUSAN 채널에 머물면서 영상 시청시간도 늘릴 수 있는 방안을 끊임없이 고민하고 있다.

다년간 유튜브 채널을 운영해온 인사이트를 바탕으로 미식, 인생사진 스폿, 액티비티 등 다양하고 풍부한 부산만의 관광 매력을 브랜드 메시지와 함께 전달하기 위해 매년 전세계인들에게 영향력 있는 K-POP 스타들과의 콜라보를 통해 리얼리티 부산여행 체험기 시리즈를 선보이고 있다.

세계인의 관심이 집중되는
콜라보 콘텐츠

'VISIT BUSAN'은 국내뿐만 아니라 일본, 대만을 비롯한 아시아 지역을 기반으로 베트남, 태국, 인도네시아 등 동남아시아 시장으로 영역을 확장하면서 해외 MZ세대를 타깃으로 부산의 매력을 알리기 위해 노력하고 있다. 특히, 최근 전세계에 K-POP 문화의 위상이 높아짐에 따라 '뉴진스', '스테이씨', '제로베이스원', '이즈나(IZNA)' 등 글로벌 인기 아이돌 그룹과의 협업도 활발하게 진행했다.

'VISIT BUSAN'의 영상 콘텐츠는 시청자가 연속성 있게 영상을 감상하며 채널 내에 오래 머물 수 있도록 유도하기 위해 단편적인 주제의 관광 홍보영상이 아닌 웹예능 및 드라마 등 시리즈물 형태의 콘텐츠로 제작되고 있다.

K-POP 5세대 대표 아이돌 '제로베이스원'과 협업하여 부산의 볼거리, 먹거리, 즐길거리를 직접 체험하며 소개하는 리얼리티 예능 프로그램 〈제로베이스원픽

〈ZEROBASEONE Pick〉은 많은 팬덤의 유입을 형성하여 채널 확장을 이뤄냈다. 2025년에는 오디션 프로그램 'I-LAND2'를 통해 데뷔한 신인 걸그룹 '이즈나'와 콜라보하여 웹 예능을 제작하였으며, LG U+와의 협업을 통해 IPTV로 콘텐츠 홍보를 확장하여 다채널 통합 홍보 체계를 구축하고 있다.

▲ K-POP 스타들과의 협업으로 제작된 유튜브 콘텐츠

〈이즈나의 XOXO Trip〉은 글로벌 슈퍼 루키로 떠오르는 이즈나의 첫 단독 리얼리티 예능으로 티저 영상 공개부터 엉뚱 발랄한 멤버들의 모습에 팬들의 기대감을 증폭시켰다.

글로벌 팬들의 기대감 속에 공개된 본편 1화에서는 두 팀으로 나눠 맛집, 체험 등 모든 일정을 직접 XO로 양자택일하면서 여행하는 독특한 콘셉트를 선보이며, 1박 2일 동안 동부산과 서부산을 넘나들며 다양한 부산의 먹거리와 즐길거리를 소개했다.

또한, 인스타그램, X, 유튜브, 틱톡 등 개인 SNS 채널에 'XOXO Trip' 시청 후기를 공유하면 추첨을 통해 이즈나 친필 싸인 굿즈를 경품으로 제공하는 이벤트도 동시에 진행해 2차 바이럴 효과도 누리면서 꾸준히 채널 팬덤층을 형성하고 있다.

주고받는 댓글 속에
피어나는 애정?!

K-POP 스타와의 콜라보레이션은 MZ세대가 재미있게 참여할 수 있는 다양한 참여형 이벤트로 영향력을 극대화하고 있다. 많은 이목이 집중되는 K-POP 아이돌 여행 리얼리티 예능 프로그램 오픈 시점에 맞춰 국내외 유튜브 구독자 및 잠재관광객에게 필요한 정보를 제공하기 위해 예고편 콘텐츠를 제작하고, 예능 본편에 대한 기대감을 조성하기 위해 예고편 영상에 응원 댓글을 남기는 이벤트 등을 진행한다.

또한 팬들이 직접 예능을 홍보하고 바이럴 확산을 할 수 있도록 SNS 공유 이벤트를 진행해 국내는 물론 일본, 대만, 필리핀, 인도네시아 등 전 세계 각국 시청자의 참여를 이끌어냈다.

▲ 이즈나 예능 런칭 이벤트 인스타그램 홍보용 카드뉴스

부산관광공사 유튜브 채널은 다양한 경품 혜택을 제공하는 이벤트로 고객 만족을 도모하고 있다. 채널 커뮤니티 기능을 활용해 고객이 이벤트를 놓치지 않고 참여할 수 있도록 소개함과 동시에 이벤트 당첨자 발표 등 고객 소통 창구 역할을 수행한다. 주기적으로 진행하는 구독 및 댓글 이벤트와 타 SNS 채널을 연

계한 영상 공유 이벤트도 더 많은 고객 참여와 부산 관광 브랜드 만족도를 높이는 데 기여하고 있다.

바이럴을 돕는
숏폼 콘텐츠

'VISIT BUSAN'은 MZ세대 중에서도 메인 타켓인 10대~20대의 취향에 맞춰 최신 유행 밈 챌린지 등을 활용한 트렌디한 쇼츠 영상을 기획하여 young한 이미지의 부산 브랜드 인지도를 높이는 커뮤니케이션 전략을 통해 시청자와 소통의 폭을 넓히고 있다.

▲ 〈이즈나의 XOXO Trip〉 숏폼 영상

오리지널 웹예능 〈이즈나의 XOXO Trip〉은 예능 본편뿐만 아니라, 본편 영상의 주요 장면을 세로형 클립으로 재편집한 숏폼 콘텐츠로 바이럴 확산을 도모했다. 또한 예능 촬영 시 출연 아이돌과 함께 최근 유머/밈 트렌드를 적극 활용하여 다양한 챌린지 숏폼 콘텐츠를 제작하여 MZ 시청자와의 친밀도와 참여도를 높이는데 더욱 주력하고 있다.

또한 공식 틱톡 채널을 비롯해 협업 아티스트의 인스타그램, X, 틱톡 등 타 SNS 플랫폼에도 동시에 홍보하는 등 더 많은 Z세대들이 함께 콘텐츠를 즐길 수 있도록 노력하고 있다.

'VISIT BUSAN'의 주 시청자 층은 국내 및 일본, 대만, 동남아시아 지역의 2~30대 여성으로, 이들의 니즈에 최적화되어 있다. 그리고 다양한 포맷과 플랫폼을 활용한 콘텐츠, 이벤트 운영은 쌍방향 소통을 증가시키며 더 강한 유대감을 형성했다.

부산관광공사 유튜브는 앞으로도 지속적인 댓글 관리 및 시청 현황 분석을 체크하여 시청자의 요구사항에 즉각 대응과 맞춤형 콘텐츠 제공에 집중할 계획이다.

시민과의

거리를 좁히는 소통

부천시의 캐릭터, 시민 참여 콘텐츠

부천시는 2025년 출발과 함께 시정보고회를 열고 2025년 5대 분야 정책을 발표하고, 그 제일 첫 머리에 '소통·참여 열린 도시'라는 시정 계획을 올렸다.

부천시는 시민과의 소통을 강화하기 위해 시장부터 솔선수범하고 있다. 온오프라인에서 직접 시민과 소통하는 '열린시장실'을 통해 시민들의 의견을 수렴하고 있으며, 부천시장과 부천시의 SNS 채널을 이용해 젊은 세대 등 다양한 계층과 문화를 아우르는 소통 통로를 넓히고 있다.

젊고 친근한
도시 이미지를 만드는 캐릭터

부천시는 공식 캐릭터 '부천핸썹' 마케팅을 통해 부천을 젊고 친근한 도시로 홍보하고 있다.

생활과 시정 정보를 알리는 콘텐츠에 통일감 있게 캐릭터를 활용해 정보 전달력을 높이고 시민과의 거리를 좁히고 있다. 요즘 유행하는 '밈' 등의 적절한 사용도 캐릭터 '핸썹이'의 인기를 높이는 비결이다.

부천시는 공식 캐릭터 '핸썹이'를 다양한 포맷의 콘텐츠에 활용하고 있다.

부천시는 시민의 SNS 참여 기회를 확대하고 더 많은 콘텐츠를 공유하기 위해 다양한 이벤트를 기획·추진하고 있는데, 이러한 이벤트에도 '핸썹이'를 활용하여 일관된 톤 앤 매너를 유지하고 있다.

그리고 부천시는 보다 많은 시민들과 만나기 위해 이벤트를 페이스북, 인스타그램은 물론 카카오톡, 당근마켓 등 다양한 채널에서 진행하고 있다.

▲ '핸썹이'를 이용한 밈 콘텐츠와 당근마켓 콘텐츠(맨 오른쪽)

부천시는 지역 중고거래 플랫폼 '당근'도 시의 중요한 SNS 채널로 활용하고 있다. 지역 기반이라는 '당근'의 특성을 활용해 부천시 소식과 다양한 정보를 발빠르게 올려 시민들에게 큰 호응을 받고 있다.

시민이 주도하는
참여 콘텐츠

부천시는 SNS 서포터즈를 운영하여 매월 취재 자료를 받고 있다. 기사가 게시되는 플랫폼은 인스타그램/페이스북, 블로그, 숏폼 영상이며 사진, 영상과 함께 기사를 작성하면 심사를 통해 인센티브를 제공한다.

▲ 부천시 SNS 서포터즈의 콘텐츠

시민의 눈으로 바라보고 체감하는 부천시의 정책과 행사를 기사로 담아낸 콘텐츠는 시민 중심의 정보 전달이라는 좋은 평가를 받고 있다. 현재 부천시 시민 서포터즈는 총 18명이 활동 중으로, 매월 활발하게 취재중이다.

짧게, 심플하게,

친근하게

메시지 전달력을 극대화하는 안산시의 영상 콘텐츠

안산시는 2010년 9월 X구 트위터 개설을 시작으로 시민과 쌍방향 소통을 강화하기 위해 다양한 SNS 플랫폼의 성격에 맞춰 채널을 운영하고 있다. 현재 안산시는 총 7개의 SNS 채널을 운영 중이다. 그중 유튜브 채널은 안산을 대표하는 SNS 채널이다. 안산시의 정책, 복지, 문화, 시정 소식 등의 정보를 영상으로 제작 및 아카이빙하며 커뮤니케이션 거점 채널로 기능하고 있다. 다양한 연령·직군의 시청자들을 고려하여 여러가지 방식의 영상을 기획, 제작을 통해 메시지 전달의 밀도를 높이고 있다.

핵심 키워드를
제대로 전달하는 숏폼

짧은 시간 안에 많은 콘텐츠를 소비하려는 경향에 발맞춰 안산시도 정책 및 캠페인을 30초 내외의 영상으로 제작하여 홍보하고 있다.
시민에게 실질적으로 도움이 되는 안산시 소식 및 시책, 정책, 캠페인 정보에 스토리라인을 부여하여 흥미롭게 각색한 것이 특징이다. 짧고 임팩트 있는 스토리로 핵심 키워드만 남기고 불필요한 정보는 과감히 생략하여 숏폼 이용자들의 니즈를 맞췄다. 이러한 안산시 숏폼의 문법은 평소 숏폼 이용자가 즐기는 숏폼의 성격과 비슷하며, 어렵다고만 생각한 정책 등의 선입견을 방지하고 친근하고 재밌게 다가가고 있다.

▲ 짧고 임팩트 있는 스토리로 짜여진 안산시의 쇼츠

시청이 아니라
체험하는 정책

안산시 유튜브의 시리즈 영상 〈안산극장〉은 시정 홍보나 공공 캠페인을 설명 중심이 아닌, 패러디와 스케치 코미디 형식으로 변환하여 전달한다. 이러한 방식은 일방적인 정책 전달이 아닌 시민이 정책을 간접적으로 체험하게 만드는 접근으로 친근감 및 공감을 얻는다.

또한 전문 배우가 아니라 끼와 재능이 넘치는 안산시 공무원 유튜브 시정홍보단 '안산시 유튜브 갓 탤런트'가 직접 출연하여 연기한다.

공무원이 직접 배우로 변신해 정책 메시지를 패러디 및 숏폼, 스케치 코미디로 풀어내며 세대와 직급을 넘나드는 유연성을 가지고 시민에게 친근하게 다가가는 이미지를 형성한다.

▲ 영상 시리즈 콘텐츠 〈안산극장〉 '우리 우정… 뽀에버…?' 편

〈안산극장〉은 3~5분 내외의 짧은 러닝타임으로 정책의 핵심만 빠르게 전달한다. 바쁜 일상 생활 속에서 정책이 어떻게 실행되는지, 어떤 이에게 필요한 정책인지 혹은 자신에게 정책이 어떤 영향을 미치는지 등의 맥락과 요지를 단시간에 흡수 가능하다.

또한 이러한 소비 속도가 빠른 MZ 세대의 젊은 층을 노린 기획이기도 하다. MZ 세대가 아니더라도 드라마 시청자라면 누구나 한 번쯤 클릭하고 싶게 만드는 제목을 기획하여 클릭율을 높였다. 또한 최근 트렌드에 맞는 접근과 유머러스한 기획으로 딱딱한 정책 콘텐츠의 진입장벽을 허물었다.

빼놓을 수 없는
공공 채널의 기능

〈안산 줌인〉은 시민이 알고 싶은 안산의 행정 소식을 인포그래픽과 자료화면을 통해 쉽고 빠르게 전달한다는 점에서 큰 강점을 가지고 있다. 줌인$_{Zoom-in}$이라는 제목처럼 안산시의 주요 정책, 변화, 행사 등을 집중하여 다룬다.

▲ 정보를 깔끔하게 정리해 전달하는 〈안산줌인〉

복잡하고 추상적인 행정 정보를 누구나 쉽게 이해할 수 있도록 요약하고 시각 자료와 아나운서가 설명하는 뉴스 콘텐츠이다. 이용 연령대가 높은 안산시 유튜브 시청자에게 익숙한 포맷으로 거부감 없이 정책 콘텐츠를 제공할 수 있다는 장점이다. 평소 시청자들이 알기 어렵거나 놓치기 쉬운 안산시 정보를 행정 전 분야에 걸쳐 소개하며, 공공 채널로서의 기능을 충실히 수행한다.

▲ 시민이 직접 목소리를 내는 공공 라디오 〈안산보라〉

〈안산보라-안산 보이는 라디오〉는 보이는 라디오형 토크 콘텐츠로, 시민 DJ가 안산의 이야기와 일상을 직접 전하며 시민 중심의 커뮤니케이션이라는 공공 미디어의 본질을 실현 중이다. 총 10명의 시민 DJ는 지난 3월 공개모집을 통해 선발되었으며, 연말까지 순차적으로 주 2회씩 방송을 운영 중이다

산업 도시, 자연 친화적 도시, 다문화 도시, 청년 친화 도시 등등 다양한 성격을 가지고 있는 안산시 답게 시민 DJ들 또한 다양한 연령대와 직업군을 가지고 있다. 10대 중학생부터 30대 댄스 크리에이터, 40대 주부, 60대 작가까지 안산시가 품고 있는 다양한 세대·문화·삶을 시민 DJ를 통해 보여준다. 이들은 안산 추천 명소, 추억 놀이문화 탐방, 영화, 다문화, 시 낭송 등등 시민의 실생활과 맞닿은 콘텐츠를 중심으로 시민의 공감을 이끌어내고 있다.

복잡한 행정 이야기, 실무자의 경험으로 쉽게

〈새로토크〉는 시정 소식이나 정책 소식을 '실무자 인터뷰'로 풀어낸다는 점에서 일반적인 공공 영상과 차별점을 가지고 있다. 예를 들어 청년 정책은 당사자인 청년과 칭소년 수련관 실무사가, 안산선 철도지하화 우선추진사업에 대해서는 철도경제자유과의 실무자가 등장하여 직접 정책을 설명함으로써 행정의 신뢰성과 투명성을 강화한다.

MC는 시민 시점으로 정책에 대한 궁금점을 질문하고 해소함으로써 누구나 쉽게 안산시 정책을 이해할 수 있도록 돕는다. 시민과 정책 담당자 시점을 동시에 다루며 정책에 대해 다양한 방식으로 볼 수 있도록 돕는다.

▲ 〈새로토크〉 안산선 철도지하화 우선추진사업 편

안산시 공식 유튜브 채널의 콘텐츠들은 친절하고 자세한 전달 방식으로 메시지 효율을 극대화하고 있다. 안산시 유튜브는 SNS 채널 간의 연계 및 활성화의 근간이 되는 콘텐츠 중심축으로 지역 소통과 시민 공감을 이끌어 내고 있다.

채널별 타깃에  최적화된 콘텐츠

인천관광공사의 어권별 SNS 운영 콘셉트

인천관광공사는 '여행은 인천이지'라는 슬로건 아래, 인천의 다채로운 문화와 관광자원, 그리고 지역 고유의 이야기를 바탕으로 숨은 명소부터 최신 여행 트렌드까지 다양하게 소개하며 인천 관광의 가치를 높이고 있다.

특히 인천만의 고유한 관광 자원을 새롭게 해석하고 재조명하는 동시에, 지속 가능한 콘텐츠 개발과 육성에 주력하고 있다. 이러한 콘텐츠는 인천관광공사 공식 SNS 채널을 통해 더욱 생동감 있게 전달되고 있다. 인천관광공사는 5개 어권(국문, 영문, 일문, 중번, 중간)별 총 11개의 SNS 채널을 운영하고 있는데, 특히 해외 채널은 각국 트렌드를 반영한 해외 맞춤형 콘텐츠를 통해 글로벌 관광객 유치에 힘쓰고 있다.

콜라보 콘텐츠로
시선을 집중시키는 유튜브 채널

인천관광공사 유튜브 채널은 인천 여행에 대한 심리적 장벽을 낮추기 위해 연예인 및 공중파 채널과 협업을 진행했다.

배우 전노민 씨가 인천 개항장 곳곳을 방문하며, 살아 숨 쉬는 개항의 흔적을 탐방하며 소개하는 〈한국기행 인천편〉, 가수 현서 노래인 '춘몽'에 맞춰, 인천의 봄 여행지를 감성적으로 담아낸 뮤직비디오 〈인천가요〉, 트와이스 정연이 진행하는 유튜브 채널 〈유튜브 감별사〉 '인천 상상플랫폼' 편 등이 그 대표적 사례이다.

▲ 연예인 및 공중파 채널과 협업한 영상 콘텐츠

이러한 영상 콘텐츠들은 단순한 흥미 유발을 넘어 인천의 도시 이미지를 긍정적으로 강화하고, 실질적인 방문을 유도하는데 많은 영향을 미쳤다. 또한, 본 영상은 쇼츠 등 다양한 형식의 2차 콘텐츠로 재가공하여 채널별 확산과 지속 노출에 활용되었으며, 온라인 이벤트와 연계하여 잠재 관광객의 관심과 참여를 이끌어냈다.

취향별 콘텐츠를 제공하는
국문 페이스북 & 인스타그램

▲ 개인의 취향과 최신 여행 트렌드를 접목한 페이스북, 인스타그램 콘텐츠

국문 페이스북과 인스타그램은 다채로운 매력을 지닌 인천을 각자의 취향에 맞

게 여행할 수 있도록 개인 맞춤형 큐레이션 및 테마별 여행 코스를 소개한다. 관심사 기반 콘텐츠를 통해 자연, 맛집, 역사 등 다양한 테마의 인천 명소를 세분화하고, 해시태그와 실시간 트렌드를 적극 활용함으로써 콘텐츠의 확산력도 높이고 있다.

유용하고 자세한 정보를 담은
국문 블로그

▲ 최신 정보를 담은 블로그 콘텐츠

국문 블로그는 월별 인천 행사, 신규 명소, 트렌디한 여행지 등 인천의 최신 정보를 기사 형식으로 깊이 있게 소개하는 채널이다. 여행자들이 관심 가질 만한 실질적인 코스와 동선을 제안해, 직접 여행 계획을 세우는 데 유용한 자료를 제공한다. 이를 통해 자연스럽게 인천 방문까지 유도하며, 빅데이터 기반 검색어 분석을 통해 검색 접근성을 높이고 콘텐츠 노출 효과를 극대화하고 있다.

서로 다른 문화와
정서에 맞춘 해외 채널

인천관광공사는 전 세계 여행자들에게 인천을 알리기 위해, 4개 어권과 7개의

▲ 영문 페이스북 & 인스타그램　▲ 일문 페이스북 & 인스타그램

▲ 중문 간체 웨이보 & 샤오홍슈　▲ 중문 번체 페이스북

해외 채널을 통해 인천 여행지를 소개하고 있다. 매달 각국 현지의 트렌드를 반영한 맞춤형 콘텐츠를 기획하고 발행해 인천의 매력을 글로벌 시각에서 소개하고 있다. 각각의 언어 문화에 맞춘 콘텐츠들은 다양한 배경을 가진 여행자들에게 인천을 친숙하게 알리고, 세계인의 관심을 유도하고 있다.

더 세련되게,
더 사랑스럽게

충청남도는 2025년 공식 캐릭터 '충청이-충나미'를 업그레이드했다. '충청이-충나미'는 도정 소식은 물론 다채로운 문화 관광 콘텐츠를 정책과 여행지를 친근하게 소개하고 있다. 더 매력적인 디자인과 세계관을 반영한 새 캐릭터는 단순한 홍보를 넘어 도민의 일상에 스며들며 정서적 팬덤을 형성하는 공감형 캐릭터 콘텐츠에 활용되면서 큰 사랑을 받고 있다.

▲ 기존 캐릭터와 리뉴얼된 2D, 3D 캐릭터를 이용한 콘텐츠

캐릭터가 변하니
콘텐츠도 변한다

리뉴얼된 캐릭터는 콘텐츠 제작에도 변화를 가져왔다. AI 기반 숏폼부터 밈 콘

텐츠까지 다양하게 이용되는 캐릭터는 충남의 일상과 매력을 표현하는 데 큰 역할을 하고 있다. 또한 리뉴얼 된 캐릭터가 도민들의 생활 속에 보다 친근하게 자리잡기 위해 카카오톡 이모티콘도 제작해 배포했다.

▲ 영문을 병기한 AI 3D 관광정보 콘텐츠

리뉴얼된 캐릭터의 사용으로 콘텐츠의 표현 범위도 넓어졌다. 캐릭터를 이용한 AI 3D 등 최신 트렌드를 활용한 영상은 시청자들의 관심도를 증대시켰고, 심플한 2D 캐릭터는 도정 소식을 알기 쉽게 전달하는 정보 콘텐츠에 사용되어 보다 쉽고 친근하게 정보를 전달하는 비주얼 요소로 활용하고 있다.

충청남도는 2025년 '충남 방문의 해'를 맞아 외국 여행객을 대상으로 하는 영문 페이스북을 운영하고 있다. 글로벌 타깃 채널에도 언어와 문화의 장벽이 없는 캐릭터를 적극 활용하는 중이다.

'충청이-충나미'는 이제 충남 사람들에게 사랑받는 캐릭터를 넘어 세계인이 사랑하는 글로벌 SNS 스타의 자리를 노리고 있다.

즐거움은 더 크게,
공감은 더 깊게

하남문화재단의 문화예술 콘텐츠

하남문화재단은 하남시를 대표하는 복합문화예술공간 '하남문화예술회관'과 '하남역사박물관'을 중심으로 시민의 일상 속 문화적 가치 확산을 위해 다양한 사업을 추진하고 있다. 하남문화재단 SNS는 문화예술 가치 확산을 위해 공연·축제·교육 등 문화예술 정보를 효과적으로 전달하여 생활 속 문화 향유 기회를 확대하는 역할을 하고 있다.

몰입도를 증폭시키는
가이드 콘텐츠

하남문화재단 SNS에는 단순한 공연정보나 행사 안내를 넘어 생활 속에서 문화예술을 더 잘 향유할 수 있게 도와주는 콘텐츠가 담겨있다. 2025년 가장 인기 있는 콘텐츠 역시 공연 실황이 아니라 공연을 더 잘 이해하고 공감할 수 있도록 도와주는 콘텐츠였다.

〈HA:남다른 인터뷰〉는 하남에서 활동하는 예술인, 감독, 배우 등을 인터뷰 형식으로 조명하는 정기 연재 콘텐츠이다. 공연 주제와 제작 비하인드를 아우르는 스토리텔링으로 예술 현장의 생생한 목소리를 전달한다.

▲ 예술 현장의 생생한 목소리를 전하는 〈HA:남다른 인터뷰〉

〈알고보면 더 즐겁다〉 시리즈도 공연의 다양한 면을 보여주는 콘텐츠이다. 공연의 기획 의도, 장르적 특성, 출연진 이야기 등 차별화된 정보를 제공한다. 단순 정보 전달을 넘어 공연의 문화적 의미를 해석함으로써 공연에 대한 이해와 몰입도를 증대시키고, 하남 문화예술 전반에 대한 시민의 관심을 자연스럽게 확대시키고 있다.

▲ 〈알고보면 더 즐겁다〉 카드뉴스 표지

참여와 공감으로
시민과의 거리를 좁히다

〈하남문화엿보기〉 콘텐츠는 최신 밈과 패러디 등 디지털 밈 문화를 재단 SNS 채널에 접목한 정규 콘텐츠로, 하남문화재단만의 사용자 친화적 온라인 소통 전략을 보여주는 대표 사례이다. 이 콘텐츠 시리즈는 주 이용층인 10대~30대 (1030세대)의 언어 감각과 디지털 문화를 적극 반영하여 제작하고 있다. 공연명

▲ 최신 밈으로 만나는 흥미로운 문화 이야기, 〈하남문화엿보기〉

과 출연진 소개에서도 '칠Chill한 공연', 'GPT, 어화둥둥체'와 같은 재치 있는 문구, 이모지, 짤 형식의 구성을 활용해 자연스럽게 주목도를 높이고 있다.

〈하남문화엿보기〉는 단순한 공연 정보 전달을 넘어 재단의 브랜드 친밀도를 높이고, 공공 기관의 권위적인 이미지를 탈피해 시민에게 더욱 가까운 문화 플랫폼으로 다가가게 하는 매개 역할을 하고 있다. 나아가 MZ세대에게는 '재미있고 유쾌한 문화 브랜드'로, 기성세대에게는 새로운 소통 방식을 보여주며 세대 간 문화 교류 확산에도 기여하고 있다.

▲ 〈STAGE 하남〉 카드뉴스 표지

하남시 대표 거리공연 브랜드 〈Stage 하남〉은 재단의 주력 사업으로, 시민 누구나 문화의 주체로 함께할 수 있는 참여형 문화 활동이다. 재단은 단순한 무대 프

▲ 유튜브 이벤트, 인스타그램 이벤트, 페이스북 이벤트

로그램을 넘어 시민이 직접 참여하고 즐길 수 있도록 정보 접근성을 높여 왔다. 특히 SNS를 통해 시즌별 공연 일정, 참여 방법, 출연 아티스트 정보를 카드뉴스 형식으로 제작·배포하여 가독성과 확산성을 동시에 확보했다.

이제 〈Stage 하남〉은 지역 내 공연 문화에 대한 시민의 관심과 참여를 확대하는 거점형 정보 콘텐츠로 자리잡고 있다.

이벤트 안내 역시 기존 공공기관의 일방적 공지에서 벗어나, '보는 재미'와 '참여 동기'를 동시에 자극하는 시각 콘텐츠로 재구성되었다. 이러한 시도는 시민과의

▲ 참여를 이끌어내는 쇼츠 형태의 콘텐츠 및 이벤트

거리감을 좁히고 '친근한 문화 플랫폼'으로서의 브랜드 이미지를 공고히 하는데 기여하고 있다.

또한, 하남문화재단은 시민의 적극적인 참여를 이끌어내기 위해 쇼츠 형태의 이벤트를 발행하고 있다. 공연 포스터, 음향 효과, 밈을 활용한 텍스트 등 시청각적 요소를 결합하여 흥미를 자극하는 콘텐츠로 재구성하고, 참여자가 즐겁게 몰입할 수 있는 룰렛 이벤트와 같은 인터랙티브 방식을 접목해 재미있는 콘텐츠 소비와 참여를 이끌어낸다.

하남문화재단 SNS 콘텐츠는 시민과의 거리를 좁히고 문화재단이 '시민 가까이의 문화 플랫폼'으로 자리매김하는 데 큰 역할을 하고 있다. 하남문화재단은 앞으로도 계속 공감도를 높이는 콘텐츠와 쌍방향 소통을 기반으로 재단의 정체성과 대표성을 강화해 나갈 예정이다.

콘텐츠 인사이트 2026

1판 1쇄 인쇄 2025년 11월 10일
1판 1쇄 발행 2025년 11월 13일

지은이   박혜진·더콘텐츠연구소
편집   황재용
디자인   유노아트
제작 인쇄   유노아트
펴낸곳   ㈜더콘텐츠
주소   서울시 서초구 강남대로 309
www.the-contents.kr

ISBN 979-11-965361-3-8 13320